Fischer

**Psychologie in der Sprechstunde**

# Für die medizinische Praxis

**Autor**

**MR Prof. Dr. sc. med. Wolfgang Fischer**
Leiter der Abteilung Psychiatrie und Psychotherapie
der Klinik für Neurologie und Psychiatrie
der Ernst-Moritz-Arndt-Universität Greifswald

# Psychologie in der Sprechstunde

Wolfgang Fischer

Mit 5 Abbildungen und 17 Tabellen

VEB Gustav Fischer Verlag Jena · 1989

Fischer, Wolfgang:
Psychologie in der Sprechstunde. — 1. Aufl. —
Jena : Gustav Fischer Verl., 1989. — 206 S. : 5 Ill., 17 Tab.
(Für die medizinische Praxis)

ISBN 3-334-00186-5

1. Auflage

Lizenznummer 261 700/107/89
LSV 2074
Gestaltung Schutzumschlag und Einband: Lothar Reher, Berlin
Lektor Bernd Rolle
Hersteller Hans Kubik
Printed in the German Democratic Republic
Gesamtherstellung Druckwerkstätten Stollberg
Bestellnummer 534 573 1

02970

# Vorwort

*Das ist der größte Fehler bei der Behandlung von Krankheiten,
daß es Ärzte für den Körper und Ärzte für die Seele gibt,
wo beides doch nicht getrennt werden kann.* PLATO

Wer ein Buch schreibt und damit bedrucktes Papier vermehrt, muß sein Tun rechtfertigen. Es gibt in der DDR Bücher zur Neurosenlehre und Psychotherapie sowie ein Hochschullehrbuch „Medizinische Psychologie", die von hervorragenden Autoren geschrieben worden sind. Mit ihnen will ich nicht in Konkurrenz treten. Das von mir vorgelegte Buch soll ein Helfer für die Praxis sein, soll den Zugang zu soziopsychosomatischen Störungen in der Sprechstunde erschließen und eine medizin-psychologische Denkweise transparent machen. Damit sind alle in der ambulanten Grundbetreuung tätigen Ärzte, vor allem die Fachärzte für Allgemeinmedizin, die Psychologen und andere in der Betreuung tätigen Mitarbeiter des Gesundheitswesens angesprochen. Für Studenten ist das Buch eine Ergänzung des Hochschullehrbuches.

Woher nimmt ein vorwiegend klinisch tätiger Psychiater und Psychotherapeut die Anmaßung, für die in der ambulanten Praxis Tätigen zu sprechen? Da sind einmal die Erfahrungen in der Sprechstunde für Patienten mit Neurosen, psychosomatischen Störungen und Psychosen. Zum anderen gaben mir die langjährige Zusammenarbeit mit Fachärzten für Allgemeinmedizin im Greifswalder Problemfallseminar sowie der Dialog mit meinen Mitarbeitern wichtige Anregungen.

Der Leser wird manches vermissen und manches anders sehen. Über kritische Hinweise würde ich mich freuen. Mein besonderer Dank gilt meiner Sekretärin, Frau BRIGITTE BUTZEK, die unermüdlich und gewissenhaft das Manuskript geschrieben hat. Dem VEB Verlag Volk und Gesundheit sei für das Entgegenkommen und Herrn Lektor B. ROLLE für die Unterstützung bei der Realisierung des Vorhabens gedankt.

Greifswald W. FISCHER

# Inhaltsverzeichnis

# 1. Medizinpsychologische Grundlagen der Beziehung zwischen Arzt (Therapeut) und Patient

## 1.1. Biopsychosozialer Zusammenhang

Erfahrene Allgemeinmediziner geben an, daß bei etwa einem Drittel bis zur Hälfte ihrer Patienten keine organischen Schäden feststellbar sind. Es liegen oft psychosozial bedingte Störungen vor, die das Wohlbefinden erheblich beeinträchtigen und das Bild von Funktions- oder Organstörungen annehmen können. Aber nicht nur diese Gruppe der „Ohne-Befund-Patienten" drängt den Arzt in der Sprechstunde zur Korrektur einer rein organmedizinischen Einstellung. Auch bei Patienten mit organischen Störungen bestimmen psychische und soziale Faktoren wesentlich das Verhalten in prognostischer Hinsicht, sie sind für die Auseinandersetzung eines Menschen mit dem Krankheitsgeschehen bedeutsam. Bei rein somatischen Erkrankungen (Infektionskrankheiten, Frakturen, Malignome u. a.) führen spezifische soziale Lebensumstände und Eigenarten der Persönlichkeit dazu, daß die Erkrankung unterschiedlich erlebt, verarbeitet und bewältigt wird. Die nicht adäquate Bewältigung einer Krankheit ist häufig durch psychosoziale Störfaktoren verursacht. Erleidet ein mit Selbstwertproblemen belasteter Mensch, der in einer gestörten Beziehung oder ohne eine vertraute Bezugsperson lebt, eine chronische Krankheit, so kann die Krankheitsbewältigung mißlingen, der Patient fühlt sich hilflos, verlassen, hoffnungslos und entmutigt, sein Selbsthilfepotential liegt danieder. Weiterhin treten psychosoziale Einflüsse auch als Teilkomponenten der Ätiologie und Pathogenese von somatischen Krankheiten in Erscheinung (z. B. Bluthochdruck, Herzinfarkt).

Einige Krankheitsprobleme verdeutlichen in besonderer Weise die enge Beziehung zur menschlichen Lebensführung, das komplizierte Verhältnis somatischer, psychischer und sozialer Vorgänge:

- Nicht unerhebliche Anzahl von Patienten mit Befindlichkeitsstörungen und Zuständen nach psychosozialen Belastungen.
- Psychosomatische und neurotische Störungen.
- Alkohol- und Medikamentenabhängigkeit.
- Folgen gesundheitsschädigender Verhaltensweisen.
- Zunehmende Bedeutung depressiver und suizidaler Verhaltensweisen.
- Psychosozial bedingte Rückfälle bei chronischen Krankheiten (Folgen von Nichtbewältigung, mangelndem Befolgungsverhalten).
- Probleme im Umgang mit Patienten, die an therapieresistenten Krankheiten leiden oder vor dem Tode stehen.

Die Erfahrungen im Umgang mit diesen Patienten verweisen auf den nicht neuen Gedanken, daß nur die Beachtung somatischer, psychischer und sozialer Zusammenhänge zu einer ganzheitlichen Betrachtung des kranken

Menschen führt und das ärztliche Handeln in all seinen Teilbereichen sich darauf orientieren muß.

*Alle Erkrankungen sind das Ergebnis des Wechselspiels biologischer, sozialer und psychischer Bedingungen in unterschiedlicher Wichtung.*

Der Kranke leidet nicht nur an der gestörten Funktion oder dem gestörten Organ, sondern als ganzer Mensch in seinen sozialen Bezügen. So entwikkelt sich ein multikausaler und individualspezifischer Zugang zur Krankheit und zum Kranksein. Erkrankung und Erkrankter, Krankheit und Kranksein sind nicht voneinander zu trennen. Kranksein ist die bewußte und unbewußte Verarbeitung des durch eine Krankheit gestörten biologischen Gleichgewichts und der durch die Krankheit bedingten psychosozialen Veränderungen. Wir berücksichtigen in besonderem Maße die interpersonellen Beziehungen des Patienten mit seinen wichtigsten Bezugspersonen, zu denen auch der Arzt oder ein anderer intensiv an der Behandlung beteiligter Mitarbeiter des Gesundheitswesens gehört. Im interaktionellen Geschehen zwischen dem Patienten und seinen Bezugspersonen erkennen wir manche Fehlverhaltensweisen, z. B. die gelernte Hilflosigkeit, die lähmende Verklammerung und den sekundären Krankheitsgewinn, aber auch den iatrogenen Einfluß auf die Chronifizierung psychosomatischer oder neurotischer Störungen. Der Patient kann in seiner Ganzheit nur erfaßt werden, wenn sein Kommunikationssystem beachtet wird. Die Bedeutung der Familie für die Symptombildung, den Verlauf der Krankheit sowie die Möglichkeiten der Bewältigung oder Nichtbewältigung ist nicht zu unterschätzen.

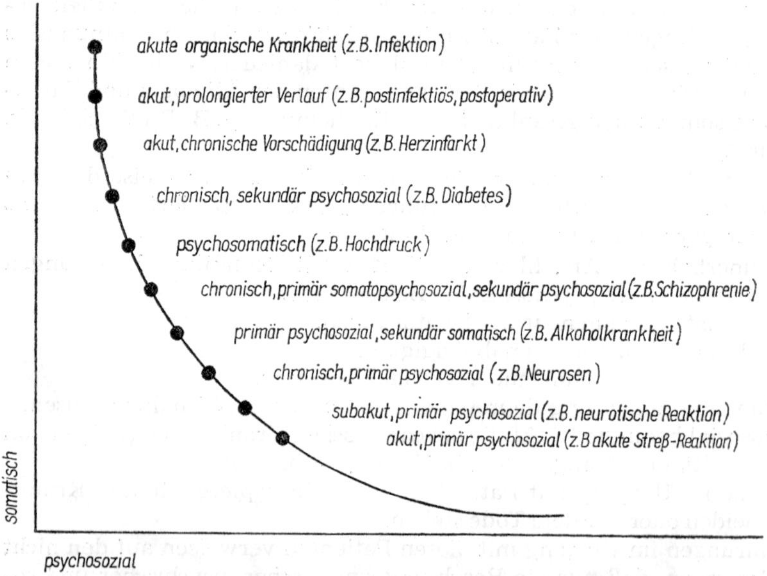


Abb. 1. Einordnung von Krankheiten unter psychosozialem Aspekt.

Das biopsychosoziale (soziopsychosomatische) Systemdenken umfaßt die Wechselwirkungen biologisch-organischer (biochemisch, physiologisch, genetisch, immunologisch etc.), psychologischer (Verhaltensweisen der Persönlichkeit), interpersoneller und sozialer Faktoren. Ein Faktor kann dabei das Primat haben, z. B. die Organstörung, eine interpersonelle Beziehungskrise oder ein Fehlverhalten nach einem lebensverändernden Ereignis, die anderen Faktoren können in unterschiedlicher Wichtung beteiligt sein, wobei die Wertigkeit im Verlauf der Erkrankung durchaus wechseln kann.

In der Sprechstunde ist immer daran zu denken: Krankheit und Kranksein sind das Ergebnis des Wechselspiels biologischer, sozialer und psychischer Faktoren in unterschiedlicher Wichtung (s. Abb. 1., Tabelle 1.).

Tabelle 1. Der biopsychosoziale Zusammenhang in der Sprechstunde

| Feststellung | Konsequenz für Praxis |
|---|---|
| ● Über ein Drittel der Patienten ist „o. B." | ● Frage nach Konflikten, lebensverändernden Ereignissen, psychosozialer Entwicklung |
| ● Interview ohne Hinweis auf Ursache | ● Frage nach Beziehungsstörung (Familie, Arbeitskollegen, Therapeuten) |
| ● Keine Beziehungsstörung eruierbar | ● Beratung mit Psychologen oder im Problemfallseminar |
| ● Keine psychosoziale Ursache eines Symptoms | ● Es gibt Beschwerden ohne Ursache, iatrogen induzierte Fehlhaltungen (Überdiagnostik) vermeiden. |
| ● Biologisch nicht erklärbarer ungünstiger Krankheitsverlauf | ● Befolgungsverhalten?, Familiensituation?, Persönlichkeit?, Aktivierung des Selbsthilfepotentials |

## 1.2. Hausärztliche Betreuung

Die Erfahrungen in Problemfallseminaren und Balint-Gruppen (Diskussionsgruppen mit Fallbericht über patientenzentrierte Diagnostik und Therapie sowie Beziehungsdiagnostik nach M. BALINT) zeigen, daß der Allgemeinmediziner die besten Möglichkeiten hat, sein Handeln auf eine biopsychosoziale Ganzheitsbetrachtung auszurichten. Aber auch andere Fachärzte orientieren sich zunehmend nicht nur an der Krankheit, sondern auch am Kranken. Sie suchen und verstehen die Zusammenhänge zwischen somatischen, psychischen und sozialen Faktoren.

Der Hausarzt erfüllt die Erwartungen des Patienten nach rascher Zugänglichkeit und Aufgeschlossenheit für alle Probleme. Dadurch ist eine hohe Patientenzufriedenheit gegeben, die Überweisungen an andere Fachärzte reduzieren sich, und es besteht eine gute Qualität der Vor- und Nachbetreuung. Der Allgemeinmediziner erkennt während seiner Entwicklung zum

Hausarzt seine Grenzen, er vermeidet eine falsche Universalität und entwickelt ein hohes Kompetenzbewußtsein.

**Vorteile des Hausarztes** für ein patientenorientiertes Handeln:

- **Erstkontakt.** Der Erstkontakt (das erste Gespräch, die erste Untersuchung) in der Sprechstunde oder im Wohnbereich führt zur Begegnung mit dem Patienten am Anfang seiner Patientenentwicklung im unorganisierten Stadium seiner Krankheit. Der Patient hat eine eigene Vorstellung von seiner Krankheit entwickelt. Diese Vorstellung ist ernst zu nehmen, enthält sie doch nicht selten in versteckter Form die Ursachen psychosozial bedingter Störungen.
- **Soziale Nähe.** Der Hausarzt steht dem Lebens- und Tätigkeitsbereich des Patienten nahe. Auf dem Lande lebt er oft in der Nachbarschaft. Der Informationsfundus über die Patientenfamilie und die Beziehungen im Arbeitskollektiv befähigen den Hausarzt, rasch die Bedeutung psychosozialer Bedingungen im Krankheitsgeschehen zu erkennen. Damit ist ein Zeitgewinn verbunden, unnötige Untersuchungen und Überweisungen können vermieden werden.
- **Konstanz einer vertrauensvollen Beziehung.** Der Hausarzt betreut seine Patienten eine lange Zeit. Auf der Basis mehrjähriger Kontakte besteht eine besonders vertrauensvolle Beziehung zum Patienten und seiner Familie. Je länger der Hausarzt die Menschen in ihrer konkreten Umwelt kennt, desto schärfer wird der Blick für psychosozial bedingte Störungen. Damit werden epidemiologische Aussagen über die Häufigkeit z. B. neurotischer Störungen relativiert. Ein über viele Jahre in einem Bereich tätiger Hausarzt mit einer Orientierung auf psychosoziale Störungen wird mehr derartige Patienten angeben können als ein erst kurze Zeit tätiger Facharzt mit einem nur auf die Diagnose von Organstörungen orientierten Konzept.

  Manche Patienten haben eine große Angst, als „psychiatrischer Fall" angesehen zu werden. Hier kann der Hausarzt Ängste abbauen und in enger Zusammenarbeit mit dem Psychiater nicht wenige Patienten, z. B. mit depressiven Störungen, selbst behandeln.
- **Spezialist für Integration und Kooperation.** Der Hausarzt verkörpert die Einheit der am diagnostischen, therapeutischen und rehabilitativen Geschehen beteiligten Ärzte und Mitarbeiter des Gesundheitswesens.

  Dies setzt einen guten Informationsfluß voraus und das Bemühen der Ärzte auf Zeit, den Kontakt zum Hausarzt des Patienten, vor allem bei durch Multimorbidität bedingten Mehrfachverhältnissen, als wesentlichen Teil der Patientenbetreuung anzusehen. Der Hausarzt hat Anteil an der Dispensairebetreuung häufiger Krankheiten und verfügt über Elemente aller Fachrichtungen, wobei vor allem eine starke internistische Ausrichtung erkennbar ist.
- **Einheit des ärztlichen Handelns.** Es besteht bei der hausärztlichen Betreuung eine weitgehende Einheit des präventiven, diagnostischen, therapeutischen und rehabilitativen Handelns. Der Hausarzt gewährleistet eine umfassende Betreuung und die unbedingte Zuständigkeit bei jeglichen Befindens- und Gesundheitsstörungen. Eine ausgewogene Relation

zwischen der Diagnostik und der Therapie ist für den Patienten bedeutsam. Bei fehlender oder bescheidener Therapie nach einer intensiven Diagnostik hat der Patient gelegentlich das Gefühl, er werde nur benutzt, um eine Krankheit zu diagnostizieren. Oftmals muß der Hausarzt bei falschen organdiagnostischen Etikettierungen, bei einer unnötigen zeitaufwendigen Diagnostik und bei einer nicht abgestimmten, verzettelten Therapie ein Wiedergutmachungsgespräch führen.

*Der Hausarzt hat durch seine Nähe zum Patienten, durch seine Verfügbarkeit, durch die Konstanz einer vertrauensvollen Arzt-Patient-Beziehung und durch die Einheit des diagnostisch-therapeutischen Prozesses die besten Voraussetzungen für ein patientenorientiertes Handeln* (s. Abb. 2., Tabelle 2.)

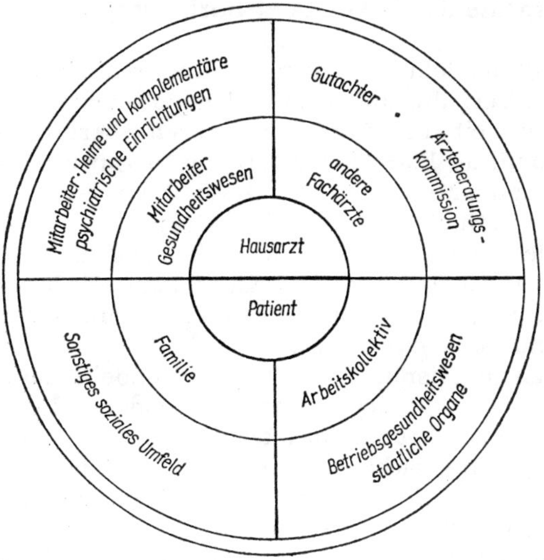


**Abb. 2. Hausarzt als Spezialist für Integration und Kooperation.**

Tabelle 2. Hausärztliche Betreuung

| Feststellung | Konsequenz für Praxis |
|---|---|
| ● Erstkontakt entscheidend für Patientenverhalten | ● Gründliche körperliche Untersuchung, effektives Erstgespräch |
| ● Fachliche Kompetenz schafft Vertrauen | ● Weiterbildung, Lehrgänge, Problemfallseminar (Balint-Gruppe) |
| ● Zusammenarbeit der Ärzte ist im Interesse des Patienten | ● Gegenseitige Information, schnelle Mitteilung wichtiger Befunde, Problemfallseminar |
| ● Gemeindeschwester – ein wichtiger Partner | ● Zusammenarbeit, regelmäßige Beratungen |

Fortsetzung Tabelle 2.

| Feststellung | Konsequenz für Praxis |
|---|---|
| • Familienhilfe unterstützt den Heilprozeß | • Kontakt zur Familie, Familiengespräch beim Hausbesuch |
| • Konflikte im Arbeitsbereich werden oft unterschätzt | • Kontakt mit Leiter des Arbeitskollektivs und Vertrauenspersonen |
| • Zu wenig Patienten haben einen Hausarzt | • Organisatorische Festlegungen in Polikliniken und Ambulanzen (Konstanz der Beziehung) |

## 1.3. Medizinpsychologische Aspekte der Arzt-Patient-Beziehung

In einer Arzt-Patient-Beziehung handeln Menschen mit unterschiedlichen Einstellungen, Erwartungen und Verhaltensweisen mit dem optimalen Ziel, daß der Patient gesund wird oder bleibt und damit der Arzt seine berufliche Erfüllung erlebt. Dies gilt in ähnlicher Form für andere am therapeutisch-rehabilitativen Geschehen beteiligten Mitarbeiter des Gesundheitswesens.

Einstellungen, Erwartungen und Verhaltensweisen des Arztes:

- Ausreichende, aber unterschiedliche Kenntnisse und Erfahrungen.
- Unterschiedliche psychologische Kompetenz (Einstellung zum psychosozialen Problem, Interviewtechnik, Beziehungsdiagnostik, Erkennen von Kommunikationsbarrieren und Abwehrverhalten).
- Unterschiedliche Einstellungen zum konkreten ärztlichen Handeln (partnerschaftliche Beziehung, Überidentifikation mit der traditionellen Rolle des Helfers und Arzt-Vaters, Bevorzugung eines krankheitsorientierten oder patientenorientierten Handelns, sachlich-distanzierte Einstellung).
- Ein unterschiedliches Bedürfnis nach Zusammenarbeit mit anderen Ärzten, Psychologen und anderen Mitarbeitern des Gesundheitswesens.
- Unterschiedliche Einstellungen zum Patienten (Forderung nach Mitarbeit, Informationsbereitschaft und Genesungswillen; passives akzeptierendes Verhalten).
- Unterschiedliche Einstellung zum Problem der oft knapp bemessenen Zeit für den Patienten (Routinesprechstunde, Neigung zur Überforderung, organisatorische Reserven; falsche Einstellung, daß patientenorientiertes Handeln zu viel Zeit koste).

Einstellungen, Erwartungen und Verhaltensweisen des Patienten:

- Somatisches Krankheitsangebot. Der Patient ist im allgemeinen darauf eingestellt, dem Arzt seine Mißempfindungen und Beschwerden als körperliche Störung mitzuteilen oder er möchte aus Angst vor einer psychiatrischen Einstufung auf der somatischen Ebene bleiben.
- Grundbedürfnis nach Ganzheitsbetrachtung. Das somatische Krankheitsangebot verdeckt die Tatsache, daß der Patient mit seinen Schmerzen, Ängsten, Schwächen und Depressionen als ganzer Mensch krank ist und

im Innersten das Bedürfnis hat, als ganzer Mensch und nicht als Organträger angenommen zu werden.

- Grundfragen: Was habe ich? Wie werde ich behandelt? Was wird mit mir?
- Unterschiedliche Einstellung zur Krankheit (passives-abwartendes Geschehenlassen, Selbsthilfe und Selbstkontrolle, Leidensdruck, Krankheitsgewinn, gesundheitsfördernde und gesundheitsschädigende Verhaltensweisen).
- Unterschiedliche Erwartungen an den Arzt (fürsorglich-tröstend, beruhigend, Zuwendung, neutrale distanzierte Beziehung, aktiv, Partner bei der Krankheitsbewältigung, Untersuchung und Behandlung als Dienstleistung auf Verlangen).
- Ausreichende zeitliche Verfügbarkeit des Arztes.
- Arzt als Experte und Partner. Der Patient braucht einen Fachmann, der ihm hilft, seine Beschwerden und seine eingeschränkte Leistungsfähigkeit zu überwinden. Und er braucht einen Partner, um aus seiner sozialen Isolierung herauszukommen und seine existentiellen Ängste zu ertragen.

Es nimmt nicht wunder, daß bei den unterschiedlichen Erwartungen und Einstellungen Kommunikationsprobleme und Fehlverhalten auftreten können. Es ist die Aufgabe des Arztes, des Psychologen und der Schwester und anderer Mitarbeiter des Gesundheitswesens, zur Vorbeugung gestörter Beziehungen zum Patienten bestimmte medizinpsychologische Verhaltensweisen zu kennen und anzuwenden. Die wichtigsten Verhaltensweisen, deren Training eine Aufgabe des Therapeutenkollektivs sein muß, seien nachfolgend aufgeführt.

- Erkennen und Verarbeiten der eigenen affektiven Beteiligung, ständige Selbstprüfung und Selbstbefragung: Warum empfinde ich gerade bei diesem Patienten ein überstarkes Mitgefühl, Unsicherheit, Ärger, Unzufriedenheit, Gleichgültigkeit? Warum ist trotz ehrlichen Bemühens von beiden Seiten die Arzt-Patient-Beziehung oft unbefriedigend? Weisen meine Problempatienten nicht auch auf meine Probleme hin? Überweise ich einen Patienten nicht mit dem Hintergedanken, ihn abzuweisen?
- Verstehen der Beziehung als eine interaktionelle Aufgabe. Arzt und Patient handeln in einer partnerschaftlichen Beziehung. Der Patient muß den Eindruck gewinnen, daß wir bereit sind, uns seinen Gefühlen auszusetzen, ohne uns ihnen auszuliefern. Wir fragen uns: Was will der Patient? Was will ich als Therapeut? Was spielt sich zwischen uns ab?
- Erkennen und Verarbeiten der Gefühle des Patienten durch die Sensibilisierung für nichtsprachliches (nonverbales) Verhalten sowie die Verbalisierung emotionaler Erlebnisinhalte. Der Patient muß erleben, daß der Arzt ihn ernst nimmt. Der Arzt strebt danach, aus den verbalen und nonverbalen Äußerungen des Patienten ein möglichst genaues Abbild seines psychischen Zustandes zu rekonstruieren, sich das individuelle Erleben zu vergegenwärtigen. Entlastende Gefühlsäußerungen und regressives Verhalten werden zugelassen und gefördert, um die emotionale Stabilität gemeinsam neu aufzubauen. Das Erleben von Angst beim Pa-

tienten sollte zum Gespräch über die Angst führen, nicht aber zur Ablehnung des angebotenen Gefühls. („Sie brauchen keine Angst zu haben.“).

- Realisierung von Eigenschaften wie Offenheit, Empathie und Wertschätzung.
- Erkennen von psychischen und interpersonellen Konflikten hinter dem Symptomangebot des Patienten.
- Analyse der Patientenentwicklung. Wie hat sich der Patient seit der vorärztlichen Phase entwickelt? Welchen Einfluß hatte die Arzt-Patient-Beziehung auf diese Entwicklung? Gibt es Hinweise für iatrogen entstandene Fehlhaltungen beim Patienten?
- Zugang zum Patienten über seine Biographie? Wie ist er? Was ist er für ein Mensch? Wie hat er bisher Krankheiten bewältigt?
- Hoher Erkenntniswert der Selbstaussagen des Patienten. Es besteht bei manchen Ärzten eine Neigung, nur soviel und solche Informationen zu erlangen, die der eigenen Hypothese von der Krankheit gerecht werden. Die Beachtung der Ansichten des Patienten über seine Krankheit kann uns aber wichtige Hinweise auf psychosoziale Probleme geben.
- Aktivierung der Selbsthilfe und Familienhilfe. Der Patient muß verstehen, daß seine Krankheit mit seiner Biographie, seiner sozialen Situation, seinen Gefühlen und Denkinhalten verknüpft ist. So gewinnt er ein aktives Verhältnis zur Krankheit und zu ihrer Überwindung. Wir ermöglichen dem Patienten in einem zeitweiligen ichstützenden Arbeitsbündnis den Zugang zur Selbsthilfe und Selbstkontrolle. Die Einbeziehung der Familie in den Bewältigungsprozeß ist von ebenso großer Bedeutung.
- Partnerschaftliche Beziehung zu anderen Ärzten und den Mitarbeitern. Die Entwicklung dieser Beziehungen erfordert ein ständiges Bemühen. Einen wichtigen Beitrag stellt die Teilnahme an Balint-Gruppen und das regelmäßige beziehungsorientierte Gespräch mit den Mitarbeitern dar.
- Bedeutung des Gesprächs. Für die Realisierung der genannten Verhaltensweisen ist das Gespräch die wesentliche Rahmenbedingung, das aktive Zuhören eine Grundvoraussetzung.

Die Arzt-Patient-Beziehung entwickelt sich im Rahmen eines Arbeitsbündnisses („Weggenossenschaft“ nach M. Balint), in dem Diagnosen, Therapien und andere Maßnahmen vereinbart und nicht gestellt oder angeordnet werden. Dem Patienten wird soviel wie möglich Verantwortung selbst überlassen. Er lernt, welche und wieviel Hilfe er erwarten kann und wieviel Angst, Unbehagen und Beschwerden er ohne ärztliche Hilfe durch die erlernte Selbsthilfe ertragen muß. Der Patient weiß, wann er das Recht hat, Hilfe und Erleichterung von seinem Arzt zu fordern. Bei der Aktivierung einer sinnvollen Selbsthilfe sind die Vorstellungen des Patienten über die Krankheit sowie seine Behandlungserwartungen zu nutzen. Es ist ein verfehltes Konzept, bei psychosozialen Störungen – mit Ausnahme von Krisensituationen – dem Patienten sofort maximale Hilfe aufzudrängen. Der Patient kann sich nur durch eine Änderung seiner Einstellung und seines Verhaltens helfen, der Therapeut schafft im Rahmen einer partnerschaftlichen Beziehung hierzu die Voraussetzungen. Der Patient mit psychosozialen Störungen kann erfolgreich behandelt werden, wenn er mit Hilfe des Therapeuten lernt, die Krankheit als Teil seiner Lebensgeschichte zu betrachten und die Bedeutung der eigenen Mitarbeit erkennt. Eine durchgängige therapeutische Grundhaltung, die den Patienten als passiven Partner umsorgt, Lebensprobleme regulieren will und Befriedigung in einer abhängigen Beziehung findet („Helfersyndrom"), entwickelt sich aus der eigenen Hilflosigkeit oder ist Zeichen einer Fehlhaltung des Therapeuten. Die Fehlhaltung wird deutlich, wenn der Arzt auf Grund des ihn enttäuschenden Verlaufes der Krankheit plötzlich sein Verhalten ändert und dem Patienten die prompte Wunscherfüllung (z. B. Rezept für ein Beruhigungsmittel) versagt. Die darauf einsetzende inadäquate Reaktion des Patienten sollte Anlaß sein, die Beziehungsklärung einzuleiten. Die Aktivierung zur Selbsthilfe setzt eine aktive lebensbewältigende Einstellung des Therapeuten auch bei eigenen persönlichen Schwierigkeiten voraus.

Jede ärztliche Handlung hat einen suggestiven Effekt (Paracelsus: „Der Arzt ist die beste Arzney", M. Balint: „Droge Arzt"). Das erste Gespräch, die Vereinbarung einer diagnostischen Maßnahme und deren Interpretation, das therapeutisch-rehabilitative Handeln, der Hausbesuch – immer beinhalten diese Maßnahmen eine starke, in der Regel positive emotionale Komponente. Die Worte des Arztes und seiner Mitarbeiter können lange nachwirken, leider auch gelegentlich mit einem negativen suggestiven Effekt. Alte Patienten können den Arzt mit der Bitte nach einer physiotherapeutischen Behandlung aufsuchen, dahinter verbirgt sich der Wunsch, das Alleinsein und die Einsamkeit durch die Arznei des Arztkontaktes zu lindern. Der Arzt und seine Mitarbeiter sind durch ihr verbales und nichtverbales Verhalten an allen Maßnahmen der Betreuung beteiligt und bestimmen deren Bedeutung.

Ein besonderes Training erfordert das bewußte Erleben, Erkennen und Verarbeiten der eigenen Gefühle, Haltungen und Einstellungen zum Patienten. Hierzu gehört auch die Reflexion von Konflikten, die sich aus der Spannung zwischen Aktivität und Passivität, Nähe und Distanz, Wunscherfüllung und Konfrontation ergeben. Der Arzt und seine Mitarbeiter lernen, ihre Gefühle zum Patienten wie Sympathie, Antipathie, Wut, Langeweile, Spannung und Unzufriedenheit zu verbalisieren. Sie interpretieren diese Gefühle als eigene Schwierigkeiten und als Symptom der psychosozialen Störung des Patienten. Die aufkommende Langeweile im Gespräch mit einem Patienten kann Zeichen einer Gegenübertragung sein, z. B. einer Abneigung gegenüber rationalisierenden Menschen als Projektion eigener Rationalisierungstendenzen. Diese Langeweile kann aber auch auf ein Problem des Patienten verweisen, der im Umgang mit Bezugspersonen eine solche Reaktion hervorruft. Der Patient kann so den Arzt auch müde machen, ihm Kopfschmerzen bereiten oder zur Ungeduld verleiten. Es sollte zur inneren Befragung bei Problempatienten gehören, die eigenen Vorerfahrungen zu prüfen, inwieweit sie in die aktuelle Situation eingehen. Durch die innere Befragung erkennt der Arzt auch, ob er schon die Standfestigkeit erworben hat, seiner eigenen persönlichen Grundhaltung verpflichtet zu sein und auf der Ebene der Selbstreflexion unterschiedlichen Patienten gerecht werden kann. Er kann prüfen, ob er seinen Gefühle nachgibt und z. B. den Wiederholungszwang eines neurotischen Patienten stärkt, der dann erlebt, daß sich der Arzt ebenso verhält wie seine soziale Umwelt. Es kommt darauf an, die eigenen Gefühle und Einstellungen zu beurteilen, aber nicht das Handeln danach auszurichten.

Ein weiteres Problem besteht darin, wie der Arzt sich im Spannungsfeld zwischen krankheitsorientiertem und patientenorientiertem Handeln verhält, wie er diesen „psychosomatischen Konflikt" bewältigt, wie er sowohl den Erfordernissen der naturwissenschaftlich-biologischen wie auch der psychosozial-interpersonellen Ebene gerecht wird. Er muß die Gefahren sehen, die durch die Überbetonung der Techno- und Pharmako-Medizin entstehen. Eine unkritische Anwendung diagnostischer und therapeutischer Maßnahmen kann zur iatrogenen Chronifizierung psychosozialer Störungen führen. Andererseits dürfen weder biologische Faktoren noch unmittelbare Umweltfaktoren zugunsten einer ausschließlich psychologischen Betrachtungsweise ausgeklammert werden. Zur medizinpsychologischen Grundhaltung gehört, etwas Neues in Form der biopsychosozialen Gesamtschau und der Beziehungsanalyse zu tun, ohne Altes, Bewährtes in Form von Spezialkenntnissen in Diagnostik und Therapie zu vernachlässigen. In Abhängigkeit von der naturwissenschaftlichen und medizinpsychologischen Einstellung ist der Arzt somit einmal objektiver Beobachter, der die Befunde analysiert, eine Diagnose nach der WHO-Klassifikation stellt und eine wissenschaftliche Verordnungsweise anstrebt. Zum anderen ist er emotional beteiligter Partner des Patienten, der Informationen aus dem Erlebnisbereich des Patienten schöpft, eine Ganzheitsdiagnose anstrebt und einer medizinpsychologisch orientierten Therapie (Psychotherapie) verpflichtet ist.

Das biopsychosoziale Konzept ist mit einer Aufteilung der Patienten in solche mit somatogenen und solche mit psychogenen Störungen nicht vereinbar. Der biologisch faßbare Krankheitsprozeß hat seine psychischen und sozialen Konsequenzen. Bei Neurosen können diskrete zerebrale Vorschädigungen vorhanden sein, bei der Alkoholkrankheit bestehen Hinweise auf genetisch wirksame Faktoren und psychosoziale Störungen können zu biologischen Veränderungen führen (Streßkonzept, sogenannte psychosomatische Erkrankungen). Die Vermeidung der genannten Begriffe beugt auch dem Nachteil vor, daß manche Patienten durch die Einstufung ihrer Krankheit als psychogen oder psychisch eine negative Bewertung, ja sogar eine Diskriminierung befürchten. Nicht wenige Patienten haben Störungen, deren Ursachen multifaktoriell und in ihrer Wechselwirkung oft schwer durchschaubar sind. Es kann zum Nacheinander oder Miteinander von Organbeschwerden, neurotischen Verhaltensweisen, Alkoholabhängigkeit mit sekundären Organstörungen sowie depressiven und suizidalen Verhaltensweisen kommen. Der junge Arzt wird es rasch verlernen, nach seinem „Lehrbuch-Patienten" zu suchen, den er sich vielleicht am Anfang noch durch eine vorgeprägte Anamnese und eine Kosmetik der Befunde modelliert. Eine Fehlhaltung würde dann eintreten, wenn der Arzt nicht umdenkt, sondern durch direkte geschlossene Fragen den Patienten zum Symptomträger erzieht, der in das erlernte Nosogramm hineinpaßt.

*Die Orientierung am Patienten und nicht allein an seiner Krankheit beinhaltet alle ärztlichen Verhaltensweisen, die den Patienten auf jede nur mögliche Weise an der Wiedererlangung der Gesundheit beteiligen. Die medizinpsychologische Grundhaltung dient der Aktivierung seiner persönlichen Möglichkeiten.* (Tabelle 3.)

Tabelle 3. Reflexion der Arzt-Patient-Beziehung

| Feststellung | Konsequenz für die Praxis |
|---|---|
| ● Unzufriedenheit und Unsicherheit des Arztes sind Zeichen einer gestörten Beziehung. | ● Fragen: Was macht mich unzufrieden und unsicher bei diesem Patienten? Was will ich und was will der Patient? |
| ● Gefühle und Konflikte zeigen sich oft nur in nichtverbalen Verhaltensweisen. | ● Erkennen und Ansprechen nonverbaler Gefühlsäußerungen (Angst, Spannung, Ärger) |
| ● Patient ist nur auf eine Organdiagnostik orientiert. | ● Rechtzeitiges Ansprechen möglicher psychosozialer Ursachen. |
| ● Patient ist nur auf passive Erwartung von Hilfe orientiert. | ● Aktivierung der Selbsthilfe, Mitarbeit bei der Therapie, Hervorhebung der gesunden Anteile, Gesundheitserziehung. |
| ● Fehlhaltungen des Patienten können iatrogen bedingt sein. | ● Fragen: Habe ich zuviel und zu lange diagnostiziert? Habe ich zu oft überwiesen und dem Patienten das Gefühl der Abweisung gegeben? Habe ich etwas gesagt, was den Patienten verunsicherte oder ängstigte? |

## 1.4. Kommunikation zwischen Arzt und Patient

Die Kommunikation als ein Austausch von verbal und nonverbal angebotenen Mitteilungen hat einen Inhalts- und Beziehungsaspekt. Der Inhaltsaspekt umfaßt den Tatsachenteil (Fakten, Daten, Namen), wird vorwiegend verbal auf der logisch-kognitiven Ebene vermittelt und ist in den zeitlichen Ablauf von Vergangenheit, Gegenwart und Zukunft eingeordnet. Die Mitteilungen sind meistens eindeutig. Es können aber auch durch die Sprache Mitteilungen verschlüsselt oder Abwehrverhaltensweisen formuliert werden. Dieses „Was" einer Information ist verbunden mit dem „Wie". Der Beziehungsaspekt enthält die Gefühle, Einstellungen und Übertragungen, er wird vorwiegend nonverbal auf der emotionalen Ebene vermittelt und ist in das „Hier und Jetzt" — so erlebe ich dich und mich in dieser Situation — einer Beziehung eingeordnet. Die Mitteilungen sind meist mehrdeutig, so können z. B. Tränen Ausdruck der Trauer oder der Freude sein, nervöses Fingertrommeln kann Zeichen einer positiven oder negativen Erwartungshaltung sein, das Geschenk an einen Arzt kann Dank oder Forderung sein. Die Frage „Sind Sie angemeldet?" enthält einen Tatsachenteil, doch wie sie ausgedrückt wird (freundlich, ablehnend) entscheidet über die aktuelle Beziehung zwischen dem Arzt und dem Patienten.

Die nonverbale Kommunikation hat entscheidende Bedeutung für die Beziehung zwischen Menschen. Wenn Dialoge heftig werden, verlieren die Worte an Bedeutung, es verschlägt einem die Sprache, dennoch ist durch das nonverbale Verhalten eine Kommunikation vorhanden. In der Arzt-Patient-Beziehung beobachten wir folgende objektive interaktionale nichtsprachliche Verhaltensweisen, die wir reflektieren und verbalisieren können.

- Körperexpression und Körperkinetik: ängstliche Mimik, fordernde Gestik, ablehnender Blickkontakt, zittrige Nervosität, nervöses Fingertrommeln, angstvolle Atempause, tränenfeuchte Augen, schleppender bedrückter Gang, gebeugte Haltung;
- Raumverhalten und Zeitausnutzung: Distanz und Nähe, Wartenlassen;
- Paralinguistische Phänomene: Stimmlage, Tonhöhe, Sprechpausen, stotterndes Sprechen;
- Gegenständliche Handlungen: schenken, kleiden, Verhalten beim Rezeptschreiben;
- Psychovegetative Reaktionen: Erröten, Erbleichen, Erbrechen, angstvoll geweitete Pupille.

Der subjektive, nicht beobachtbare Bereich nonverbaler Verhaltensweisen umfaßt Gefühlsübertragungen (z. B. Sympathie, Antipathie, Echtheitsgefühl bei vorgebrachten Beschwerden) und wird oft erst im Mitgefühl und Mitagieren für den Therapeuten deutlich.

Kommunikation ist bei jeder Begegnung vorhanden, das menschliche Verhalten ist ständig bedeutungshaltig. Es gibt keine Nicht-Kommunikation. Auch im Schweigen, Nicht-aufeinander-eingehen und Nichterscheinen wird dem anderen etwas mitgeteilt. In einer guten Therapeut-Patient-Beziehung kann das Gespräch über die Kommunikation (Metakommunikation) interaktionelle Störungen aufdecken und den therapeutischen Prozeß voranbringen (Wie gehen wir miteinander um?: wir lassen uns nicht zu Wort kommen, wir zerreden alles, wir bleiben an der Oberfläche, wir schweigen uns an).

Eine gestörte Kommunikation liegt vor, wenn zwischen der sprachlichen Mitteilung und dem Verhalten ein Widerspruch besteht. Der Arzt sagt z. B. „Ich freue mich, daß Sie mich wieder aufsuchen“, zeigt aber ein widersprüchliches Verhalten: weiß den Namen des Patienten nicht mehr, wendet sich gelangweilt ab, telefoniert und beachtet den Patienten nicht weiter. Der Patient ist verunsichert und weiß nicht, ob er der freundlichen Begrüßung glauben, und wie er nun reagieren soll.

Die Kommunikation wird auch von den unterschiedlichen Kenntnissen beeinflußt. Der Arzt benennt eine Störung des Patienten als „psychogen“ und verbindet damit ein bestimmtes Modell der Symptomentstehung. Bei dem Patienten kann diese Bezeichnung Unwillen hervorrufen, denn er betrachtet diese Einstufung als benachteiligend. Es ist notwendig, durch weitere Informationen und Therapieangebote den Patienten mit den Modellvorstellungen des Arztes vertraut zu machen.

Die Kommunikation ist von der Gleichheit oder Ungleichheit der Partner abhängig. In der Arzt-Patient-Beziehung ist die durch die Schwere der Krankheit und immer seltener von einer traditionellen Arztrolle geprägte Dominanz des Arztes nach dem Modell Mutter – Kind bekannt. Aus dem notwendigen Betreuungsauftrag bei einer akuten Erkrankung, z. B. dem Herzinfarkt, kann es zur Progression einer gegenseitigen Abhängigkeit von Helfer und Hilflosem kommen. Gefördert wird dies, wenn die Beziehung auf eine gegenseitige Ergänzung angelegt ist: depressiver Patient mit Anklammerungswünschen und fürsorglich-dominanter Arzt. Das Visitengespräch ist zum Teil noch ein Musterbeispiel für eine asymmetrische Kommunikation.

Folgende Verhaltensweisen des Arztes wirken kommunikationsfördernd:

- Relative Gleichgewichtigkeit der Aktivitäten: partnerschaftliche Beziehung, Arbeitsbündnis.
- Medizinpsychologisches Gesprächsverhalten.
- Mit dem Patienten zuerst und allein sprechen.
- Ungeteilte Aufmerksamkeit, aktives Zuhören und angemessene Fragen.
- Einfühlen und Verstehen.
- Auseinandersetzung mit den eigenen Gefühlen, Voreingenommenheiten und Vorurteilen.
- Gutes Gedächtnis.
- Pünktlichkeit.
- Alle Verhaltensweisen, die die Wichtigkeit und Bedeutung der Arzt-Patient-Beziehung signalisieren.

Dementsprechend wirken folgende Verhaltensweisen kommunikationsbehindernd:

- Dominanz eines Partners (autoritärer Arzt und unterwürfig-folgsamer Patient, fordernder Patient und nachgiebiger Arzt).
- Fragestil, der nicht auf das Anliegen des Patienten eingeht.
- Unreflektierte Gefühle.
- Vorurteile (z. B. durch einen Überweisungsbrief mit abwertenden Hinweisen; negative Einstellung zu Neurosekranken, hysterischen Verhaltensweisen, Alkoholkranken, parasuizidalen Handlungen).
- Falsche Erwartungen (z. B. Patient befolge hundertprozentig alle Anweisungen).
- Schlechtes Gedächtnis (Vergessen des Namens, unnötiges Nachfragen).
- Abwertende Begrüßung („Na Kleiner“ zum Jugendlichen, „Wie geht's, Opa“).
- Unaufmerksamkeit, Unpünktlichkeit.
- Zuerst mit anderen Personen über den Patienten sprechen.
- Alle Verhaltensweisen, die auf eine Abwertung der bestehenden Arzt-Patient-Beziehung hinweisen (ständiges Telefonieren im Beisein des Patienten, Bevorzugung anderer Patienten, unzureichende Information).

*Besonders bei psychosozialen Störungen und chronischen Krankheiten ist die ständige Reflexion des Arztes und seiner Mitarbeiter über die Kommunikation mit dem Patienten eine wichtige Grundhaltung, um die Beziehung transparent zu machen und Fehlverhaltensweisen vorzubeugen.*

## 1.5. Entwicklung zum Patienten („Patientenkarriere")

*Die Entwicklung zum Patienten ist ein dialogischer Prozeß mit den Bezugspersonen einschließlich des Arztes und beinhaltet eine Änderung der Rolle im Sozialfeld. Die Beachtung der Entwicklungsstufen gehört zu einer patientenorientierten Einstellung.*

### 1.5.1. Der Gesunde

Feststellung: Ich bin gesund und tue etwas für meine Gesundheit.

**Verhaltensweisen:**
- Teilnahme an Vorsorgeuntersuchungen, Reihenuntersuchungen, Impfungen, Kariesprophylaxe.
- Unterstützung von Maßnahmen des Gesundheitsschutzes.
- Gesundheitsfördernde Maßnahmen: aktives Freizeitverhalten, gesunde Lebensweise im Urlaub, Sport, Entspannung, Abhärtung, Sauna, kulturelle Betätigung.
- Ablehnung gesundheitsschädigender Verhaltensweisen.
- Psychohygiene und Psychoprophylaxe.
- Förderung einer gesunden Lebensweise in der Familie, im Arbeitskollektiv, in der Schulklasse.
- Beratung mit Ärzten und Mitarbeitern des Gesundheitswesens als Fachleute des vorbeugenden Gesundheitsschutzes.

**Fehlverhaltensweisen:**
- Gesundheitsschädigendes Verhalten: Alkohol-, Nikotin- und Medikamentenmißbrauch, Fernseh-Freizeit, Bewegungsarmut, unkontrolliertes Eßverhalten mit Übergewicht.
- Nichtteilnahme an Vorsorgeuntersuchungen.
- Unverständnis für prophylaktische Aufgaben des Gesundheitswesens.
- Falsche Einstellungen: man lebt nur einmal, sich keine Vorschriften machen lassen.

Das Gesundheitsverhalten beinhaltet die Einstellungen und Verhaltensweisen, die darauf ausgerichtet sind, Gesundheit zu erhalten und Krankheit zu vermeiden.

### 1.5.2. Symptomwahrnehmung

Feststellung: Mit mir stimmt was nicht, ich verspüre ... ich kann nicht ...

**Verhaltensweisen:**
- Maßvolle Selbstbeobachtung und Selbstkontrolle (Pulsfühlen, Fiebermessung, Blutdruckmessung, Stuhl- und Urinbeobachtung, Abtasten des Bauches, Beobachtung von Zunge und Rachen).

- Mitteilung an Bezugspersonen mit unterschiedlichen Reaktionen derselben.
- Beobachtung und Untersuchung durch Bezugspersonen.
- Weiterführung der sozialen Aufgaben.
- Orientierung an früherer Symptomerfahrung.

**Reaktionen der Umgebung:**
- Erklärungsversuche.
- Beruhigung oder Ängstigung.
- Zuwendung oder Bagatellisierung.
- Orientierung auf Schonung.
- Abwartehaltung.

**Fehlverhaltensweisen:**
- Hypochondrisches Verhalten mit Belastung der Bezugspersonen, übertriebene Selbstbeobachtung und Selbstkontrolle.
- Übertriebene Informationssuche.
- Verleugnung, Flucht nach vorn mit gesteigerter Aktivität.
- Sofortiger Griff zur Tablette bei Befindlichkeitsstörungen.

Eine Krankheit oder Störung beginnt mit der Wahrnehmung und Erfahrung eines Symptoms, eines Ungleichgewichts. Eine Funktion ist gestört, eine Veränderung wird empfunden, körperliche Beschwerden machen sich bemerkbar: Schmerzen, Unwohlsein, Leistungsminderung, „etwas stimmt nicht", „etwas ist anders, komisch". In Abhängigkeit von der Einstellung zu Gesundheit und Krankheit sowie vom Kenntnisstand über Krankheiten wird die Aufmerksamkeit mehr oder weniger auf das Symptom gerichtet. Das Kausalitätsbedürfnis führt zu ersten Erklärungen: Wettereinfluß, Erkältung, Überarbeitung, Nahrungsunverträglichkeit, Ärger, Konflikte. Auf die Mitteilung der Beschwerden erlebt der Symptomträger, wieviel Äußerung von Angst, Schmerz, Unwohlsein und Verunsicherung ihm von anderen gestattet wird. Von Bedeutung sind die Reaktionen der Eltern auf Symptome bei ihren Kindern. „Harte" Eltern bagatellisieren Schmerzen, Übelkeit und leichtes Fieber, sie verwehren Schonung und Zuwendung. Das Kind lernt, mit seinen Beschwerden allein zu sein, nicht ernst genommen zu werden. Hieraus kann sich auch eine Vertrauensstörung zu Ärzten entwickeln. „Weiche" Eltern geraten schon bei belanglosen Beschwerden in Unruhe, veranlassen ärztliche Konsultationen und orientieren auf Schonung. Das Kind lernt, daß es durch seine Symptome eine starke Zuwendung und die Entlastung von Pflichten erreicht.

### 1.5.3. Annahme der Krankenrolle

Feststellung: Ich fühle mich krank.

**Verhaltensweisen:**
- Eigendiagnose unter Berücksichtigung von Erfahrungen, der Beratung anderer und der Informationssuche (Gespräche, Aufklärungsschriften).

Beispiel: ich bin herzkrank, magenkrank, darmkrank; ich habe Durchblutungsstörungen, einen Nervenzusammenbruch, Krebs, ich bin überfordert.

- Änderung des Alltagsverhaltens: Verringerung sozialer Aufgaben, eingeschränktes Freizeitverhalten, Aufgabe gesundheitsschädigender Angewohnheiten, neue Aktivitäten (Ablenkung durch Arbeit, Sport), passives Verhalten (Ruhe, Schonung, Rückzug).
- Selbstmedikation: „Grippemittel", Schmerztabletten, Schlafmittel.
- Selbstbehandlung: Hausmittel, Tee, Diät, Bettruhe, Bäder, Wärme, Umschläge.
- Konsultation von nichtärztlichen Angehörigen des Gesundheitswesens, z. B. der Gemeindeschwester.
- Forderung nach Anerkennung der Krankenrolle durch andere Personen.
- Inanspruchnahme von Laienhilfe.

**Reaktionen der Umgebung:**

- Hinweise zur Verhaltensänderung: Ruhe, Schonung, Ablenkung.
- Hinweise zur Eigendiagnose, Selbstmedikation und Selbstbehandlung.
- Verweigerung der Legitimation der Krankenrolle, Bagatellisierung (hab' dich nicht so, nicht so schlimm, Kopf hoch, wird schon wieder).

**Fehlverhaltensweisen:**

- Ängstlich-hypochondrische Einstellung mit Verstärkung der Symptome.
- Verleugnung der Krankenrolle, übersteigerte Aktivität.
- Klagsam, Erheischen von Schonung.
- Ärztlich nicht legitimiertes Fernbleiben von der Arbeit, von der Schule.
- Eigenbeziehung von Erkrankungen und Todesfällen in der Umgebung.

Die verstärkte Symptomwahrnehmung führt zum Erleben des Krankseins. Der Kranke leidet unter seiner Störung, bezeichnet sich als krank und verarbeitet das Kranksein. Nach M. Balint handelt es sich um die unorganisierte autogene Krankheit.

### 1.5.4. Aufnahme der Beziehung zum Arzt

Feststellung: Ich muß zum Arzt.

**Verhaltensweisen:**

- Auswahl einer medizinischen Einrichtung (Arztpraxis, Ambulatorium, Poliklinik, Klinikambulanz) und eines Arztes (Hausarzt, von früheren Behandlungen vertrauter Arzt, bestimmter Facharzt, Betriebsarzt).
- Mitteilung des Anliegens an den Arzt: Beschwerdeschilderung, eigene Vorstellungen, Wunsch nach Untersuchung, Gespräch.
- Wunsch nach Bestätigung der Krankenrolle: Behandlungsvereinbarung, Arbeitsbefreiung.
- Einmaliger Arztbesuch: normaler Befund, Beruhigung, Abwarten.
- Unzufriedenheit, Aufsuchen eines anderen Arztes, Abbruch der Beziehung.

**Reaktionen:**
- Verweigerung der Bestätigung der Krankenrolle durch den Arzt.
- Unterstützung oder Ablehnung der Entscheidung zum Arztbesuch.
- Beratung, welcher Arzt aufzusuchen ist.

**Fehlverhaltensweisen:**
- Ungerechtfertigter Abbruch des Arztkontaktes.
- Häufiger Arztwechsel.
- Aufsuchen paramedizinisch tätiger Laien (Besprecher).

Die Entscheidung zum Arztbesuch erfolgt meist unter dem Eindruck sich verstärkender Symptome, dem Druck der Umgebung, dem Gefährdungsgefühl, der Minderung der sozialen Aktivität, der Nichtbewältigung zwischenmenschlicher Krisen oder dem Gefühl existentieller Not. Manche Menschen wenden sich an den Arzt, weil sie mit ihren Lebensproblemen nicht allein fertig werden oder in der Umgebung niemand finden, der helfen könnte.

### 1.5.5. Annahme der Patientenrolle

Feststellung: Ich bin krank und in Behandlung.

**Verhaltensweisen:**
- Annahme der Patientenrolle nach der professionellen Bestätigung.
- Annahme, Ablehnung und Anzweifeln der ärztlichen Diagnose.
- Auseinandersetzung mit der Beeinträchtigung durch die Krankheit, Krankheitsbewältigung.
- Kooperatives Verhalten bei ärztlichen Festlegungen.
- Selbsthilfe und Selbstkontrolle zur Unterstützung der Behandlungsvereinbarung.
- Ablehnung der Patientenrolle (z. B. bei manchen psychischen Störungen infolge fehlender Krankheitseinsicht).

**Reaktionen der Umgebung:**
- Patientenrolle wird akzeptiert.
- Unterstützung bei der Befolgung ärztlicher Vorschriften, Familienhilfe.
- Kontaktaufnahme von Freunden, Arbeitskollegen, Vorgesetzten (Krankenbesuch).
- Ablehnung der Patientenrolle (schon wieder krank … wer weiß … immer diese Arbeitsausfälle).

**Fehlverhaltensweisen:**
- Ablehnung der Patientenrolle (Verleugnung der Krankheit).
- Sekundärer Krankheitsgewinn: Gewöhnung an Schonung, Zuwendung, Entlastung.
- Unterordnung der familiären Aktivitäten unter die Patientenrolle (Sanatoriumsklima).
- Vortäuschung und Verstärkung von Symptomen mit dem Ziel der Arbeitsbefreiung.
- Nicht patientengerechtes Verhalten: Rauchen, Alkohol, Nichteinhaltung

einer Diät, Kfz-Benutzung trotz Fahrverbot, die Genesung behindernde Lebensweise, Verstöße gegen Bestimmungen der Sozialversicherung.

Im Stadium der iatrogen organisierten Krankheit (M. Balint) wird eine Diagnose gestellt und eine Behandlung vereinbart. Der Arzt wird das Problem einer diagnostischen Etikettierung beachten, da manche Patienten die Diagnose einer psychischen Störung als Belastung empfinden. Es wird auch die unorganisierte autogene Phase der Krankheit bei der Exploration berücksichtigt („Was sehen Sie als Ursache Ihrer Krankheit an? Welche Vorstellungen haben Sie von der Behandlung?"). Die Patientenrolle wird nicht unwesentlich von der Haltung des Arztes, der Mitarbeiter des Gesundheitswesens und von dem Betreuungsklima der Institutionen geprägt. Das Gefühl des Ausgeliefertseins an eine perfekt organisierte und technisierte medizinische Institution oder an einen dominanten, bestimmenden Arzt kann zu regressiven Verhaltensweisen führen. Der Arzt formt das Bild der Krankheit, und er muß dem Patienten helfen, seine Störung neu zu sehen. Dabei ist die Erfahrung von Arzt und Patient, daß ein Symptom nicht nur Exponent einer körperlichen Krankheit, sondern auch eines emotionalen oder interpersonellen Vorganges darstellen kann, von fundamentaler Bedeutung.

### 1.5.6. Genesung und Rehabilitation

Feststellung: Ich werde gesund. Ich habe viel gesundes Leben und werde mit der Krankheit fertig.

**Verhaltensweisen:**
- Zunehmender Verzicht und Relativierung der Krankenrolle, Orientierung an den gesunden Funktionen.
- Stufenweise Rückkehr zur normalen Rollenerfüllung.
- Optimale Bewältigung.
- Aneignung gesundheitsfördernder Verhaltensweisen.
- Unterstützung der vorbeugenden Aktivitäten des Arztes.

**Reaktionen der Umgebung:**
- Förderung der Genesung und Rehabilitation seitens Familie, Betrieb und staatlicher Organe.
- Erleichterung der Rückkehr zur normalen Lebensbewältigung.
- Behindernde Verhaltensweisen: Vorwürfe, Ablehnung (z. B. bei Alkoholkranken).

**Fehlverhaltensweisen:**
- Vorzeitiger Abbruch der Beziehung zum Arzt.
- Rehabilitationsunwilligkeit.
- Beibehaltung der Krankenrolle wegen des sekundären Krankheitsgewinns.
- Aggravation und Simulation.
- Gesundheitsschädigende Verhaltensweisen.

## 1.6. Auseinandersetzung mit der Krankheit (Krankheitsbewältigung „Coping")

*Liegt die ärztlich festgelegte Tatsache einer Krankheit vor, so muß sich der Patient mit der neuen Situation auseinandersetzen. Jede Krankheit verlangt ein bestimmtes Maß an psychischer und sozialer Anpassung.*

Eine Krankheit gehört in das breite Spektrum belastender lebensverändernder Ereignisse und rangiert in der Wertigkeit für das Individuum nach dem Verlust von Bezugspersonen. Die Krankheit kann das Leben bedrohen, die Intaktheit des Körpers in Frage stellen, die Zukunftsplanung beeinflussen, das Selbstkonzept beeinträchtigen und soziale Rollen verändern.

Die Auseinandersetzung mit einer Krankheit ist von verschiedenen Faktoren abhängig:

- Persönlichkeitseigenschaften wie Frustrationstoleranz, Angstbereitschaft, emotionale Stabilität, Sicherheits- und Kontrollbedürfnis, „Ich-Stärke".
- Erfahrungen bei der Auseinandersetzung mit früheren Erkrankungen.
- Allgemeines Bewältigungsverhalten bei Belastungen, welches auch Lernerfahrungen bei der Anpassung der Eltern an sich ändernde Lebenssituationen beinhaltet.
- Schwere und Dauer einer Krankheit mit der davon abhängigen Realangst.
- Soziales Umfeld (Familie, Freunde, Arbeitskollegen).
- Arzt-Patient-Beziehung.

Das Individuum muß versuchen, sich auf die neue, durch den manifestierten Krankheitsprozeß entstandene Situation einzustellen. Die notwendige Adaptationsleistung beinhaltet Aktivitäten im kognitiven, emotionalen und handelnden Bereich, um folgende Ziele zu verwirklichen:

- Minderung von Spannung und Mißbehagen.
- Aktivierung von Genesungskräften zur Wiederherstellung reversibel geschädigter Funktionen.
- Bereitschaft zur Kompensation bei chronischer Krankheit und irreversiblen Behinderungen.
- Aufrechterhaltung eines positiven Selbstbildes und Selbstwertgefühls.
- Weitgehende Gewährleistung des emotionalen Gleichgewichts.
- Stabilisierung und Fortsetzung positiver interpersonaler Beziehungen und Sozialkontakte.

Die Bewältigung (s. Abb. 3) hängt wesentlich davon ab, ob der Patient realitätsgerecht wahrnimmt, und wie er diese Wahrnehmung kognitiv verarbeitet. Die kognitiven Prozesse umfassen das Bewerten (Einschätzung der Bedrohung), das Suchen nach Alternativen und das Festlegen des Vorgehens. Eine ständige Neueinschätzung ist erforderlich. Die innere Aussage des Patienten lautet: Ich nehme die Gefahr an und setze mich mit ihr realitätsgerecht auseinander. Bei der Auswahl des geeigneten Bewältigungsverhaltens kann der Arzt Hinweise geben. Das eigene Urteil des Patienten, ob er mit der Situation fertig wird oder nicht, ist zu berücksichtigen. Die Dynamik des Krankheitsprozesses stellt diese Frage immer wieder neu. Eine effektive bewußte Bewältigung ist darauf orientiert, mit den Verlusten an

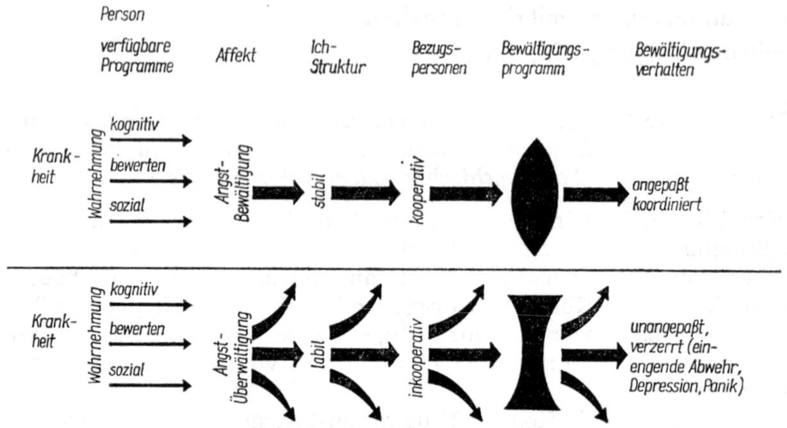


Abb. 3. Krankheitsbewältigung und Krankheitsnichtbewältigung.

Gesundheit und Leistung fertig zu werden, d. h. sich gesund zu verhalten ohne gesund zu sein. Die Bewältigung ist im Handeln und im psychischen Bereich erkennbar.

**Effektive bewußte Bewältigung im Handeln:**

- Neuorientierung oder Beibehaltung der Lebensführung: das Leben angenehm gestalten, sich etwas Gutes gönnen, reisen, lesen, Hobby, Freude an der Arbeit, Sport treiben, Kontakte suchen, „Ablenkungen", anderen helfen, für andere etwas tun, Tagebuch schreiben.
- Professionelle Fremdhilfe akzeptieren: gutes Befolgungsverhalten, kooperative Beziehung mit allen diagnostisch und therapeutisch tätigen Mitarbeitern, Information über die Krankheit.
- Fremdhilfe, speziell Familienhilfe akzeptieren und notfalls fordern (z. B. Besorgungen, Hilfe beim Kleiden, bei Toilettenbenutzung, beim Essen, Unterstützung von Behandlungsmaßnahmen; falsch: aus Scham Hilfe ablehnen).
- Realisierung der mit dem Arzt abgestimmten Selbsthilfe und Selbstkontrolle: Anpassung der Medikamente an wechselnde Krankheitszustände, Selbstbehandlung (Bandscheibengymnastik, Bewegungsübungen, Entspannungsverfahren), Selbstkontrolle (Blutdruckmessung, Fiebermessung, Glucose-Selbstkontrolle beim Typ-I-Diabetes mittels Blut-Selbstabnahme oder Glucosignal-Teststreifen).
- Beziehungen mit Bezugspersonen neu, enger und positiver gestalten, Thematisierung von Konflikten, Gespräche, neue gemeinsame Aktivitäten, Anpassung der Sexualität an die Krankheit oder Behinderung.
- Anschluß an Selbsthilfegruppen (Alkoholikerklub, Rollstuhlfahrer).
- Akzeptierung notwendiger Maßnahmen am Arbeitsplatz.

**Effektive bewußte Bewältigung im psychischen Bereich:**

- Problemanalyse und fortwährende Neueinschätzung der Situation, erforderliche Entscheidungen treffen, Auswahl von Alternativen, neue eingeschränkte Zielfindung, mögliche Probleme vorausschauend bedenken, ähnliche Lösungen von früher prüfen.

- Akzeptieren, mit Fassung tragen, inneres Gleichgewicht bewahren, Selbstbeherrschung.
- Zeitweiliges Ausleben von Emotionen (weinen, wütend sein, Dampf ablassen), gewisses Maß an Angst und Depressivität akzeptieren.
- Abwehrverhaltensweisen (Rückzug, Auflehnung) bewußt reflektieren, sich zeitweise gestatten, Chronifizierung vermeiden.

Bei schweren Krankheiten können bestimmte, meist unbewußte Abwehrverhaltensweisen der Bewältigung dienen. Durch eine Verleugnung, z. B. bei einer Malignomkrankheit, wird die offene Auseinandersetzung mit der Krankheit vermieden, es unterbleiben dadurch hochgradige Erregungen.

Eine ineffektive Auseinandersetzung mit der Krankheit (Nichtbewältigung) (s. Abb. 3) ist ebenfalls auf der Ebene des Handelns und im psychischen Bereich erkennbar.

**Nichtbewältigung im Handeln:**

- Rückzugsverhalten: Isolierung, allem aus dem Wege gehen, im Bett bleiben, nichts wissen wollen.
- Aggressives Verhalten: Wut ausleben, Reizbarkeit, Zorn auf die Gesunden (auch auf den gesunden Arzt).
- Sekundärer Krankheitsgewinn.
- Suizidales Verhalten.
- Betäubung durch Alkohol, Mißbrauch von Medikamenten.

**Nichtbewältigung im psychischen Bereich:**

- Dissimulation: herunterspielen, bagatellisieren, ignorieren, „alles halb so schlimm", demonstrative Gleichgültigkeit.
- Vermeiden: der Krankheit aus dem Weg gehen, „das alles geht mich nichts an".
- Belastende kognitive Überbeschäftigung mit der Krankheit, ständig daran denken, grübeln.
- Fatalismus, resignieren, sich aufgeben, „es nutzt alles nichts mehr".
- Auflehnung, Protest, mit dem Schicksal hadern, „warum gerade ich".
- Selbstbeschuldigung („ich verdiene es nicht besser").
- Überkompensation, Hyperaktivität.
- Hilflose Nichtengagiertheit, gelernte Hilflosigkeit.
- Die Bewältigung behindernde, langzeitig stabile Abwehrverhaltensweisen: Verdrängung und Verleugnung mit Vernachlässigung ärztlicher Maßnahmen, Regression (Sichgehenlassen), Projektion (andere für Probleme verantwortlich machen).
- Depressives Verhalten.

Zur Verdeutlichung sei ein Beispiel geschildert. Ein adipöser Patient mit einem Diabetes mellitus und einer arteriellen Hypertonie ohne wesentliche Beschwerden lehnt die Kranken- und Patientenrolle ab. Der Arzt wird durch Informationen und den Aufbau einer tragfähigen Beziehung versuchen, das Befolgungsverhalten zu aktivieren. Ein positives Ergebnis (Bewältigung) liegt vor, wenn der Patient seine Krankheit ernst nimmt, die notwendige Therapie sowie Änderung seiner Lebensgewohnheiten akzeptiert und sich gemeinsam mit der Familie der neuen Situation anpaßt. Ein negatives Ergebnis (Nichtbewältigung) besteht, wenn der Patient rationalisiert (auch andere sind dick und werden alt), verleugnet (ich will nichts davon wissen) oder regrediert (man lebt nur einmal, ich brauche gutes Essen, will gut leben).

## 1.7. Abwehrverhaltensweisen

### 1.7.1. Allgemeine Betrachtungen

Es wurde dargelegt, daß die Bewältigung von Krankheiten bestimmte kognitive, emotionale und soziale Aktivitäten der kranken Person umfaßt, um dadurch ihre körperliche und psychosoziale Integrität zu wahren, reversibel geschädigte Funktionen wiederherzustellen und möglichst weitgehend jede irreversible Behinderung zu kompensieren (Ich nehme die Krankheit an und setze mich mit ihr realitätsgerecht auseinander). Mit Hilfe seiner Wahrnehmungs- und Denkfähigkeit, seiner Kreativität und Erlebnisfähigkeit, seiner kommunikativen und sozialen Fertigkeiten kann das Individuum realitätsgerecht auf die Krankheit reagieren. Es handelt sich bei der Bewältigung um eine gelungene, bewußte, aktive und direkte Auseinandersetzung mit der Krankheit. Der Patient antizipiert mögliche negative Ereignisse (Verschlechterung, Schmerz), nimmt sein Kranksein und die Umwelt real wahr und erarbeitet Handlungskonzepte.

Wenn die Belastungen, Schmerzen und Ängste durch die Schwere einer Krankheit zu groß werden, so können bestimmte Abwehrverhaltensweisen auftreten. Hierbei kommt es zu einer vollständigen oder teilweisen Zurückweisung der Wirklichkeit bzw. ihrer Bedeutung für das Individuum. Der Kranke erweist sich einer wirklichkeitsgerechten Einschätzung nicht fähig und greift auf „unreife" Bewältigungsformen zurück. Bestimmte Abwehrverhaltensweisen können frei verfügbar und der Situation angepaßt sein. Sie dienen dann der Aufrechterhaltung harmonischer Beziehungen oder dem Schutz vor unerträglichen Ängsten und können vom Individuum reflektiert werden (z. B. Verleugnung einer Malignomkrankheit, um die Bezugspersonen nicht zu belasten). Abwehrverhaltensweisen sind wesentlich rigider als andere Formen der Bewältigung. In ihrer ausgeprägten Form treten sie automatisch und unangepaßt, nicht mehr der Selbstreflexion unterliegend auf. Die Abwehr der Krankheit steht im Vordergrund, nicht mehr die bewußte Bewältigung. Die Verhaltensweisen werden für andere im Umgang mit dem Patienten bzw. in dessen realitätsinadäquatem Verhalten (z. B. Verleugnung mit Nichtbefolgen notwendiger ärztlicher Maßnahmen) deutlich. Abwehrverhaltensweisen können zum Risiko für den Patienten und seine Beziehungen werden.

Der Begriff Abwehrverhaltensweisen anstelle von Abwehrmechanismen oder Abwehrtechniken wurde gewählt, um den psychosozialen Aspekt dieser Verhaltensweisen besser zu charakterisieren. Es besteht nicht nur eine psychische, sondern auch eine psychosoziale Dynamik, das Abwehrverhalten ist in die Interaktionen eingeordnet und kann bei unterschiedlichen Bezugspersonen wechseln.

In besonders starrer und sich ständig wiederholender Form kommen Abwehrverhaltensweisen bei Neurosekranken vor. Eine eigentlich notwendige Kommunikation wird abgewehrt, die Konfrontation vermieden. Es kommt zu gestörten Beziehungen, wesentliche Aspekte der Realität werden von der Wahrnehmung ausgeschlossen oder falsch wahrgenommen.

In der praktischen ärztlichen Tätigkeit tritt uns die Abwehr meist als Widerstand entgegen: viel schweigen oder reden, ein „Geheimnis“ bewahren, Ausklammern von Gefühlsäußerungen, einen bestimmten Eindruck hinterlassen wollen, Schuld auf andere schieben, Konfliktleugnung, Ablehnung des Angebots einer psychosozialen Störung, Verweigerung der Therapie, Nichteinhaltung von Terminen usw. Es nutzt wenig, wenn wir das Abwehrverhalten diagnostizieren, es dem Patienten benennen. Der Arzt muß so handeln, daß die Abwehrverhaltensweisen dem Patienten sichtbar und akzeptabel werden, um auf diese Weise zu seinen Konflikten zu gelangen. Die Chance des Hausarztes liegt dabei im Abwarten.

Das Abwehrverhalten wird oft besonders deutlich bei Patienten mit psychischen Störungen. Der Patient fühlt sich verunsichert oder gekränkt, wenn ihm das Angebot einer neurotischen Störung oder einer Depression gemacht wird. Er kämpft um seine Glaubwürdigkeit als somatisch Kranker, produziert neue Körpersymptome und verstärkt seine Panzerung durch Abwehrverhaltensweisen. Jemand, der es mit seinem Selbstbild nicht vereinbaren kann, Probleme mit Gefühlen und seinen interpersonellen Beziehungen zu haben, wird bei der Konfrontation mit seinen psychischen Anteilen zutiefst erschrecken und noch mehr Angst bekommen.

Schätzen Sie vor dem Weiterlesen einmal Ihre eigenen Reaktionen bei einer Frustration ein. Sie haben Ihren Tag mit der Sprechstunde und dem Hausbesuchsdienst ausgefüllt. Eine unumgängliche private oder dienstliche Angelegenheit erfordert plötzlich eine mehrstündige Abwesenheit. Wie reagieren Sie? Vergleichen Sie Ihre mutmaßlichen oder aus der Erfahrung bekannten Reaktionen mit den folgenden Abwehrverhaltensweisen.

- Ich bin wütend und rauche eine Zigarette oder esse etwas Angenehmes.
- Ich sage mir, es ist wichtig, es muß sein.
- Ich schimpfe und schätze den Verursacher der Störung als böse ein.
- Ich raufe mir die Haare oder schlage mit der Faust auf den Tisch.
- Ich arbeite weiter und denke, erst mal abwarten.
- Es kam schon vor, daß ich einen solchen Auftrag „vergessen“ habe.
- Ich überlege sachlich und suche nach den Gründen.
- Ich kann vor Erschöpfung dem Auftrag nicht nachkommen.
- Ich bin ganz froh, daß ich eine Pause machen kann.
- Ich schimpfe mit der Schwester oder anderen Personen.

### 1.7.2. Projektion

**Beschreibung:** Bei der Projektion werden Eigenschaften, Gefühle, Gedanken, Wünsche und Verhaltensweisen, die das Individuum bei sich nicht mag oder nicht ertragen kann, weil sie z. B. sozial nicht erwünscht sind (z. B. Aggression, Angst, Hilflosigkeit), bei einer anderen Person gesehen und bekämpft.

**Verhalten:** Die Person hat eine solche Einstellung, daß nicht sie etwas gegen einen anderen, sondern der andere etwas gegen sie habe. So entsteht eine Distanz zu den eigenen unliebsamen Gefühlen. Es wird die harte Erfahrung abgewehrt, daß eine Kommunikationsstörung hauptsächlich auf sich selbst zurückzuführen ist. Der verfehlte Lebensweg und die innere Spannung werden in die Umgebung projiziert. Die Umwelt ist böse, schlecht, feindlich, diese Schuldverteilung auf die Mitmenschen beschwichtigt das Individuum. So schützt die Projektion vor der schmerzlichen Einsicht in die eigenen negativen Emotionen und verhindert eine Kränkung des Selbstwertgefühls. Der innerpsychische Konflikt wird nach draußen verlagert, die Person bleibt sich selbst liebenswert. Es kommt zu einer falschen und verzerrten Wahrnehmung, zu Vorurteilen. Der Splitter im Auge des anderen, aber nicht der Balken im eigenen wird wahrgenommen.

Die reife Person wird mit der Projektion frei und elastisch umgehen können. Sie hilft ihr bei der Kritik an der Umgebung, regt zur Gegenwehr an, vermeidet, daß man ausgenutzt wird. Dem Individuum wird es meistens möglich sein, durch Selbstbesinnung oder im Gespräch die eigene Einstellung zu korrigieren, Fehlwahrnehmungen richtigzustellen, falsche Meinungen zu korrigieren und nach den Ursachen der Projektion zu suchen. Die kritisch geprüfte Projektion kann im Gespräch zu einer Beziehungsklärung führen.

**Arzt-Patient-Beziehung:** Im Gespräch ist an Projektionen des Patienten zu denken, wenn Bezugspersonen als Sündenböcke und Schuldige geschildert werden (der böse Partner, der böse Chef) oder über deren Angst und Hilflosigkeit gesprochen wird (der Malignomkranke mit großer eigener Angst: „Meine Frau macht sich über meinen Zustand große Sorgen, ihre Angst belastet mich, stehen Sie ihr bitte bei"). Der Arzt weiß, daß Projektionen ein verletzliches Selbstgefühl schützen und die Gefahr drohender Selbstverurteilung bannen sollen. Er wird deshalb weder kritisieren noch bestätigen, sondern durch ein wertschätzendes Handeln (Gespräch, Verfügbarkeit, gute somatische Behandlung) erreichen, daß der Patient die unnötige Selbstverurteilung in Frage stellen kann und offen über seine Gefühle spricht.

### 1.7.3. Identifikation

**Beschreibung:** Identifikation ist ein Vorgang, bei dem zur Erhöhung des Selbstwertgefühls sich eine Person einer anderen in irgendeiner Weise ähnlich macht.

**Verhalten:** Durch die Identifikation mit den Eltern und anderen wichtigen Bezugspersonen werden Einstellungen und Wertmaßstäbe entwickelt. Der Mensch erwirbt die Fähigkeit, sich in das Innenleben eines anderen zu versetzen und den anderen zu verstehen. Somit dient die Identifikation in besonderem Maße der Angleichung an die Realität. Eine starke Identifikation mit dem Partner oder einem Vorgesetzten kann hinderlich sein, wenn dadurch die eigenen Angelegenheiten völlig hintenangestellt werden und man das „liebe Kind“ ist. Dadurch wird die Entfaltung der Persönlichkeit behindert. Die Ursache einer solchen Abwehr kann die angstmachende, als bedrohlich erlebte Spannung zwischen eigenen Vorstellungen und denjenigen der gefürchteten Person sein. Oft ist dann die Identifikation mit einer Projektion von Zorn und Wut verbunden. Der Preis ist hoch: die eigenen Bedürfnisse werden verleugnet, die Selbständigkeit vermindert und der Konflikt verdeckt.

**Arzt-Patient-Beziehung:** In der Arzt-Patient-Beziehung kann es zur Identifikation mit dem Patienten kommen. Der ehrgeizige, mitleidende Arzt möchte dem Patienten nichts versagen, identifiziert sich mit dessen Wunsch nach Geborgenheit und sieht die ärztliche Aufgabe ausschließlich als Verständnis und Liebe zum Patienten. Durch eine solche Haltung werden neurotische Ansprüche gefördert.

### 1.7.4. Rationalisierung

**Beschreibung:** Bei der Rationalisierung werden nicht akzeptierte, nicht erlaubte Gefühle oder Verhaltensweisen durch rationale Begründungen vor sich und vor den anderen gerechtfertigt.

**Verhalten:** Durch die Rationalisierung werden vor allem Schuldgefühle, Selbstanklagen und Vorwürfe abgewehrt. Die tatsächlichen Beweggründe sind meist verborgen. Beispiel wäre ein Elternteil, das sein Kind verprügelt und diese Handlung mit pädagogischen Gründen tarnt. Rationalisierungen können sehr umfassend sein, komplexe Handlungsweisen auf die Verstandesebene bringen und ihres emotionalen Gehaltes entbehren. Die Verschleierung der wahren Motive kann zwar gelingen, doch geht dies auf Kosten von Spontaneität und Echtheit.

**Arzt-Patient-Beziehung:** Ein typisches Beispiel für eine Rationalisierung sind die Begründungen des Alkoholkranken, seine Alibis, seine Erklärungen, seine Alkoholikerphilosophie. Der Arzt kann eine ablehnende Haltung zu bestimmten Patienten rationalisieren und Schuldgefühle wegen der Verletzung seines ärztlichen Auftrags abwehren. Die Behandlung von Alkoholkranken wird als sinnlos und zu kompliziert bezeichnet, Patienten mit neurotischen Störungen werden aus Zeitmangel und wegen fehlender psychotherapeutischer Erfahrung abgewiesen. Rationalisierungen liegen auch dann vor, wenn ein Patient meint, nicht die Krankheit, sondern die Medikamente und das Krankenhaus machen ihm Angst. Bei der Verschiebung sind auch Rationalisierungen von Bedeutung. Der Patient bezieht seine Beschwerden auf ein emotional weniger hoch besetztes Organ oder Organsystem und erklärt dies. So beziehen Koronarpatienten manchmal ihre Ischämieschmerzen auf Muskelkater nach schwerer Arbeit oder Verdauungsbeschwerden.

### 1.7.5. Reaktionsbildung

**Beschreibung:** Bei der Reaktionsbildung werden angstbeladene Wünsche, Gefühle und Bedürfnisse getarnt und vermieden, indem gegenteilige Intentionen und Verhaltensweisen überbetont und als „Schutzwall" verwendet werden.

**Verhalten:** Aus Angst wird betonte Forschheit, aus Haß übertriebene Zärtlichkeit, aus Dominationslust unterwürfiges Verhalten, aus Zärtlichkeit ein rauhes Auftreten. Es kommt dadurch zu Verzerrungen, die dem anderen oftmals unecht vorkommen und ihn mißtrauisch werden lassen. Das Verhalten wird eingeengt, es bleibt wenig Flexibilität, die Reaktionsbildungen werden zwanghaft und rigide.

**Arzt-Patient-Beziehung:** Der Arzt muß ein unbedachtes Agieren vermeiden. Er soll den Unterwürfigen nicht dominieren, nicht jede rauhe Kritik als aggressives Verhalten deuten und dem Forschen nicht forsch kommen. Durch eine akzeptierende Haltung wird es möglich, die Reaktionsbildungen in Frage zu stellen, die tatsächlichen Gefühle und Bedürfnisse zu erkennen.

### 1.7.6. Kompensation

**Beschreibung:** Bei der Kompensation wird eine Schwäche durch die Überbetonung eines erwünschten Charakterzuges verhüllt.

**Verhalten:** Es kommt zu Ersatzhandlungen, zu Ersatzbefriedigungen oder zum Ausleben der Spannungen in ungefährlicher Umgebung. Die eigentliche soziale Konfliktsituation wird umgangen. Der Ausgleich von an anderer Stelle erlittenen Frustrationen kann als Verschiebung des Gefühlszustandes (z. B. Ärger mit einer Bezugsperson wird am Kind ausgelassen), als Ersatzbefriedigung (Eßgier) oder als Ersatzhandlung auftreten.

**Arzt-Patient-Beziehung:** Die Angst des Arztes vor der Konfrontation, indem er z. B. einen am Krankheitsgewinn orientierten Patienten zur Selbsthilfe aktivieren soll, kann durch die übermäßige Befriedigung in der Helferrolle kompensiert werden.

### 1.7.7. Verdrängen

**Beschreibung:** Bei der Verdrängung werden unliebsame Gefühle so weit aus der Aufmerksamkeit herausgedrängt, daß sie von der Person nicht mehr als zu ihr gehörig erlebt werden.

**Verhalten:** Die Person kennt Haß, Begierde, Neid, Hilflosigkeit, Geborgenheitswunsch nur bei anderen. Diese Gefühle bei sich zu entdecken, wäre eine herbe Enttäuschung. Die Verdrängung zeigt, wie offen ein Mensch für sich sein kann oder wie eng er sich sieht. Die verdrängten Vorstellungen, Wünsche, Ansprüche und Gefühle wirken weiter auf das Erleben und Handeln, obwohl sie verborgen (unbewußt) bleiben. Sie realisieren sich in Ersatzhandlungen, Ersatzvorstellungen oder Reaktionsbildungen. So kann jemand keine Haßgefühle äußern, aber den anderen mit seinem Leiden quälen. Die verdrängten psychischen Inhalte sind nur auf Umwegen erkennbar: Affektausbrüche, Fehlleistungen, Symptombildung.

**Arzt-Patient-Beziehung:** Das Verdrängen wird z. B. deutlich, wenn dem Patienten keine wesentliche Erinnerung mehr einfällt und wichtige Bezugspersonen bei der Exploration ausgelöscht sind.

### 1.7.8. Regression

**Beschreibung:** Regression beinhaltet die Reaktivierung älterer, unreifer, infantiler Verhaltensweisen, um ängstigenden Anforderungen auszuweichen.

**Verhalten:** Regression ist ein elementarer Schutzmechanismus, ein passiver Rückzug auf eine unmittelbar befriedigende Beziehungsform. Ein zeitweiliges regressives Verhalten kann der Bewältigung von belastenden psychosozialen Situationen dienen. Hierbei kann die Person das Maß ihrer Regression, das Sich-gehen-lassen, das Sich-fallen-lassen, selbst bestimmen. Regressives Verhalten kann aber auch zur Selbstaufgabe führen, zur Flucht vor der Verantwortung in eine Beziehungsform der Abhängigkeit und Unselbständigkeit.

**Arzt-Patient-Beziehung:** Der Bewältigung dienende regressive Verhaltensweisen bei Eingriffen, Schmerz und Unbehagen sollten als Schutzmechanismus akzeptiert werden, ohne übermäßig darauf einzugehen und ohne abzuwerten („Haben Sie sich nicht so, sowas Wehleidiges, wie kann man nur so dumm tun"). Ein regressives Fehlverhalten, z. B. übermäßiges Schonungsverlangen, Flucht in die Krankheit, Überbetonung von Hilflosigkeit und Schwäche, sollte rechtzeitig erkannt und korrigiert werden. Vor allem sind entgegenkommende Einstellungen und Verhaltensweisen (Helfersyndrom) zu vermeiden. M. Balint verbindet mit dem Begriff der „Grundstörung" insbesondere das Auftreten von Kommunikationsstörungen zwischen Arzt und Patient, die sich aus der therapeutischen Regression auf eine Mutter-Kind-Beziehung ergeben.

### 1.7.9. Wendung gegen die eigene Person

**Beschreibung:** Bei Frustrationen auftretende aggressive Gefühle können sich nicht nach außen entladen und wegen einer Angst vor Bestrafung auch nicht projiziert werden, sie richten sich gegen die eigene Person.

**Verhalten:** Es kommt zu Selbstvorwürfen, Minderwertigkeitsgefühlen, Depression, Selbstverletzung und zu suizidalen Handlungen. Die erlebte

Unzufriedenheit wird immer nur aus sich selbst kommend betrachtet. Es fehlt der Mut, die quälende Unzufriedenheit außerhalb seiner selbst zu suchen. Als eine Form der Bewältigung bedeutet ein solches Verhalten die Identifizierung mit dem Standpunkt des anderen. Dadurch unterliegen Konfliktsituationen einer gesunden Selbstkritik und man akzeptiert die Möglichkeit, nicht immer im Recht zu sein. Als Fehlhaltung werden aggressive Gefühle starr und automatisch gegen sich selbst gerichtet.

**Arzt-Patient-Beziehung:** Der Patient begegnet den Vorwürfen des Arztes wegen eines schlechten Befolgungsverhaltens. Er leidet unter den Vorwürfen, wagt aber nicht, den Arzt wegen schlechter Information oder ausgefallener Sprechstundentermine zu kritisieren. Der Patient übernimmt den Standpunkt des Arztes, identifiziert sich damit und kommt zu der Einstellung, daß er schlecht gehandelt habe. Er hat nun den Trost eines vermeintlich guten Arztes und geht einer vermeintlichen Abweisung aus dem Wege. In einer guten Arzt-Patient-Beziehung könnte der Arzt den Patienten fragen, warum er mit sich böse sein muß und dadurch ein Fehlverhalten korrigieren.

### 1.7.10. Isolierung

**Beschreibung:** Unter einer Isolierung (Abspaltung) von Gefühlen ist die Abtrennung emotionaler Regungen von angstbeladenen Situationen zu verstehen.

**Verhalten:** Durch die Isolierung gelingt es, rein intellektuell über Wut oder Zuneigung zu sprechen, ohne das entsprechende Gefühl zu empfinden. Die Isolierung kann auch einen Gedanken oder Verhaltenszug betreffen, z. B. bei Zwängen. Die Isolierung ist, gesund und elastisch verfügbar, ein ausgezeichneter Schutz bei Gefahren oder angstbetonten Ereignissen, z. B. in Form des Galgenhumors oder des Gleichmuts. Wenn eine Person mit einem Gefühl so umgehen kann, als sei es ein Erlebnis, das mit einem nichts zu tun habe, so ist sie nach innen und außen abgesichert. Dadurch kann ein Mensch in Gefahren ruhig und sicher handeln und die Angst erst nachher erleben. Wenn aber auf Grund frühkindlicher Störungen jedes Gefühl abgewehrt, isoliert und rationalisiert wird, so handelt es sich um ein neurotisches Phänomen.

**Arzt-Patient-Beziehung:** Bei Patienten, die zur Isolierung neigen, ergibt sich die Notwendigkeit, Gefühle konkret und unmittelbar anzusprechen. Ansonsten kommt es zur ermüdenden Kommunikation und dem beidseitigen Gefühl, daß Gefühle fehlen. Es gibt auch komplexe Verdrängungen belastender Gefühle und Beziehungen durch den Patienten. Das Bedürfnis nach affektiver Neutralität und sicheren, belastungsarmen Beziehungen reflektiert eine starke Angst vor Nähe. Innere Zustände werden durch konkrete Tätigkeiten gekennzeichnet. Die Leugnung einer tiefgreifenden Angst vor einem Zusammenbruch äußert sich in solchen komplexen Verhaltensweisen. Die sogenannte Alexithymie dürfte hier angesiedelt sein, die auch in der Arzt-Patient-Beziehung zu einer leeren, blassen Beziehung auf der rein somatischen Ebene führen kann. Die Isolierung ist auch bei einer fatalistischen Einstellung wirksam. Die Bedrohung wird zwar akzeptiert, aber der Gefühlsgehalt ist verlorengegangen. Patienten können bei einer Isolierung dramatische Ereignisse von Mitpatienten ohne Gefühlsregung wie hinter einem „psychischen Vorhang" beobachten.

### 1.7.11. Verleugnung

**Beschreibung:** Bei der Verleugnung handelt es sich um den Schutz vor einer unangenehmen Wirklichkeit oder vor verletzenden Gefühlen, indem diese nicht oder nur selektiv wahrgenommen werden.

**Verhalten:** Die meist angsterregende Wirklichkeit wird zurückgewiesen (Ich habe kein Karzinom; eigentlich brauche ich keinen Partner; daß ich verlassen wurde, macht mir nichts aus). Die Verleugnung als eine Form der Bewältigung beinhaltet die Aussparung belastender Anteile der Realität, so kann z. B. ein Teil der Lebensgeschichte verleugnet werden.

**Arzt-Patient-Beziehung:** Die Verleugnung, das Nicht-wahrhaben-wollen, ist eine der wirksamsten Abwehrverhaltensweisen bei Malignomkranken gegenüber Angsteinbrüchen. Die Patienten leben, obwohl informiert, als ob sie kein Malignom hätten. In einfacher Form kommt es zur Verharmlosung, zu überbetontem Optimismus, in komplizierter Form zur Ablehnung der Diagnose, der Arzt habe sich getäuscht. Die Verleugnung enthält bewußte und unbewußte Anteile. Bei der Verleugnung wird die soziale Funktion von Abwehrverhaltensweisen besonders deutlich. Der Patient schützt durch die Verleugnung sich selbst, aber auch die Familie sowie den Arzt mit seinen Helfern. Die Verleugnung schafft einen weitgehend angstfreien, zuversichtlichen, kooperativen Patienten, der nicht mit unangenehmen, beunruhigenden Fragen drängt. Er sichert sich dadurch die benötigte affektive Zuwendung und Verfügbarkeit, indem er mit seiner Angstverleugnung auch den Bezugspersonen Angst vor seiner Nähe und der unangenehmen Wahrheit nimmt. Es kann auch vorkommen, daß sich der Patient bei einer Bezugsperson verleugnend verhält, bei einer anderen nicht. Bei der Vermeidung verweigert der Patient das Reden über und das Denken an die Krankheit, um so am besten damit fertig zu werden.

### 1.7.12. Verkehrung ins Gegenteil, Ungeschehenmachen

Bei der Verkehrung ins Gegenteil bestimmt ein gegenteiliges Gefühl das Handeln. Eine Person, die man nicht mag, wird mit besonderer Höflichkeit bedacht oder eine Person, die man begehrt, wird zurückweisend behandelt. Dieses Abwehrverhalten wird im normalen Umgang häufig verkannt. Gelingt die Verkehrung ins Gegenteil nicht, so können abgewehrtes und gegenteiliges abwehrendes Gefühl gleichzeitig vorhanden sein (Haß — Liebe), wodurch Kommunikationsstörungen auftreten.

Das Ungeschehenmachen setzt ein, wenn man sein Innerstes verraten zu haben glaubt und einer Verurteilung (auch durch das eigene Gewissen) aus dem Wege gehen will (es war nicht so gemeint, wir wollen tun, als sei nichts gewesen). Dieses Abwehrverhalten dient der Vermeidung von Vorwürfen oder Schuldgefühlen.

### 1.7.13. Agieren

Beim Agieren handelt es sich um eine Situation, in der die verdrängten Aggressionen nicht mehr durch eine direkte Konfliktverarbeitung oder durch Abwehrverhaltensweisen in Schach gehalten werden können. Es kommt zum unmittelbaren Abreagieren unangenehmer Gefühle (Erregung, Jähzorn) als Ausdruck enormer Not und Hilflosigkeit. Ein unbedeutender Anlaß kann zum Ausbruch führen. Beispiele sind der gehorsame Schüler, der bei einem kleinen Tadel einen Aggressionsausbruch bekommt oder der freundliche angepaßte Heimbewohner, der bei einer belanglosen Anforderung wild um sich schlägt.

### 1.7.14. Konversion

Es wird angenommen, daß beim Versagen der psychischen Mittel der Konfliktbewältigung körperliche Abwehrvorgänge auftreten. Die unbewältigten Konflikte mit ihren Affekterregungen verbinden sich mit körperlichen Reaktionen und erscheinen als körperliche Symptome. Diese Somatisation schirmt einerseits den unbewußten konfliktbeladenen Vorgang ab, das Auftauchen des eigentlichen Konflikts wird verhindert. Andererseits befindet sich der Patient durch die körperlichen Symptome im sicheren Bereich einer krankheitsorientierten Medizin, er erlebt den Vorteil der Krankenrolle wie Sorge, Mitleid, Entlastung, Zuwendung, Organbehandlung.

### 1.7.15. Psychische Instanzen

In den Ausführungen zur Bewältigung und zum Abwehrverhalten wurden die Begriffe der Instanzenlehre Freuds vermieden. Es wäre aber auch möglich gewesen, die Konstrukte der Psychoanalyse vom Es, Ich und Über-Ich anzuwenden. Sie trennen zwar willkürlich die menschliche Psyche und sind sehr hypothetisch, wenn nicht spekulativ. Dennoch können sie bei der bekannten Schwierigkeit, psychische Verhaltens- und Erlebensweisen zu definieren, eine Hilfe in der praktischen Arbeit sein. Wichtig ist, daß man die Konstrukte nicht nur als intrapsychisches Phänomen versteht, sondern stets die soziale Beziehung im Sinn hat, wie dies auch bei Freud erkennbar ist. Das Eisberg-Modell der Psychoanalyse ist nach den Erkenntnissen über die Bedeutung von Kognitionen und Interaktionen sowie dem höheren Stellenwert der Ich-Funktionen nicht mehr haltbar. Nach diesem Modell ragt über einem gewaltigen und herrschenden Es, dem Unbewußten, mit einem verdrängten ontogenetischen und einem phylogenetischen Anteil (Urtriebe) aus der Oberfläche die kleine Spitze mit dem Bewußten hervor.

Die Es-Instanz umfaßt den sogenannten Triebpol (Sexualtrieb, Aggressionstrieb) der Persönlichkeit. Die angeborenen und erworbenen Inhalte sind überwiegend bewußt. Die Antriebe werden von Anfang an sozial mitgeformt. Die dem Bewußtsein verborgenen (verdrängten) Wünsche und Bedürfnisse sind an bestimmte Bedeutungszusammenhänge gebunden und drängen in bestimmten Situationen zum Erleben.

Die Instanz des Über-Ich beinhaltet die durch Identifikation (z. B. mit den Eltern oder anderen wichtigen Bezugspersonen des sozialen Umfeldes) übernommenen internalisierten Werte und Normen. Das Über-Ich enthält einschränkende Motive (Gewissen) und das Ich-Ideal (positiv gefärbtes Selbstbild).

Das Ich entspricht einem Anpassungssystem der Psyche. Es nimmt eine vermittelnde Position zwischen dem Es und Über-Ich ein und integriert diese mit der Realität. Ich-Funktionen sind: Kontrolle der Motorik, Wahrnehmung, Gedächtnisleistung, Denken, Wollen, Urteilen, Sprache, Entwicklung von Handlungsalternativen und -konsequenzen, Entwurf situationsadäquater Strategien, realitätsgerechtes Ausrichten des Verhaltens. Das Ich beinhaltet auch die meisten Abwehrverhaltensweisen.

## 1.8. Mitarbeit des Patienten (Befolgungsverhalten, „Compliance")

### 1.8.1. Allgemeines Befolgungsverhalten

Die Mitarbeit des Patienten bei der Realisierung kurativer und präventiver Maßnahmen, bei der Befolgung organisatorischer und diagnostischer Anordnungen ist Teil des Bewältigungsverhaltens in einer kooperativen Arzt-Patient-Beziehung. Die subjektive Einschätzung der eigenen Anfälligkeit gegenüber Krankheiten, das Gesundheitsverhalten und die Motivation zum Gesundwerden bestimmen entscheidend das Befolgungsverhalten. Die Mitarbeit erfaßt meist nicht gleichmäßig alle Bereiche. Ärztliche Anordnungen werden in Abhängigkeit von der notwendigen Anstrengung und Verhaltensänderung in verschieden hohem Maße befolgt.

Der Begriff „Befolgungsverhalten" oder „Compliance" legt die Arzt-Patient-Beziehung auf eine traditionelle einseitige Beziehungsform im Rahmen einer krankheitsorientierten Medizin fest. Compliance wird als das Ausmaß der Übereinstimmung des Verhaltens eines Menschen in bezug auf die Einnahme von Medikamenten, die Befolgung einer Diät und die Änderung des Lebensstils mit einem ärztlichen oder gesundheitlichen Rat definiert. Somit wird eine Interaktion zwischen einem anweisenden Arzt und einem folgsamen Patienten postuliert. Die Schuld der Nichtbefolgung wird dem Patienten zugeschoben. Ein Problem der patientenorientierten Medizin wird aus der Arzt-Patient-Beziehung isoliert und findet Eingang in eine krankheitsorientierte Betrachtung (Diagnose und Therapie der Non-Compliance).

Die nunmehr üblichen Begriffe Befolgungsverhalten und Compliance müssen aus der Sicht des kooperativen oder inkooperativen Verhaltens beider Partner betrachtet werden. Damit könnte auch von einem Befolgungsverhalten des Arztes und seiner Mitarbeiter hinsichtlich der Realisierung einer medizinpsychologischen Grundhaltung gesprochen werden. Die Mitarbeit des Patienten erfolgt innerhalb eines tragfähigen partnerschaftlichen Arbeitsbündnisses. Das Problem der Nichtbefolgung (Non-Compliance) durch den Patienten ist auch ein Problem des Arztes. Einen Patienten aufzufordern, zufrieden zu sein und mitzuarbeiten, ist genauso unsinnig wie der Rat an einen depressiven Patienten, sich zusammenzureißen. Zufriedenheit ist ein Gradmesser der Arzt-Patient-Beziehung und kann nicht verordnet werden.

Bei der Einschätzung des Befolgungsverhaltens sind drei Fragen zu stellen:

- Wie ist die spezifische Bereitschaft des Patienten im Rahmen der Arzt-Patient-Beziehung, den Anordnungen zu folgen?
- Ist der Patient unter Berücksichtigung seiner Krankheit (z. B. psychische Krankheit, körperliche Behinderung), seines psychischen Zustandes (z. B. Intelligenzminderung) und seines Alters fähig, die Anordnungen zu akzeptieren, zu verstehen und zu befolgen?
- Inwieweit ist die soziale Situation (z. B. Alleinsein, die Therapie ablehnende Bezugspersonen) von Einfluß auf die Befolgung oder Nichtbefolgung?

Der Arzt muß sich vor zwei Fehleinschätzungen hüten. Einmal stimmt es nicht immer, daß ein Therapieerfolg Beweis für ein gutes Befolgungsverhalten ist (Arzt: „Ich freue mich, daß die Medikamente geholfen haben". Patient: „Ehrlich gesagt, ich habe sie nicht eingenommen"). Oft wird uns der Patient in dem Glauben lassen, weiß aber selbst, wie unzuverlässig er war. Zum anderen sollte die übergroße Zufriedenheit über einen betont folgsamen Patienten zu kritischen Fragen Anlaß geben. Es kann sich dahinter eine hypochondrisch genährte Arztgläubigkeit, eine abhängige Beziehung mit dem Wunsch nach starker Zuwendung oder ein passives Verhalten ohne Eigenaktivität verbergen.

### 1.8.2. Kooperatives Befolgungsverhalten

Die Mitarbeit des Patienten wird durch folgende Faktoren positiv beeinflußt:

- Motivation des Patienten zum Gesundwerden, positives Gesundheitsverhalten.
- Partnerschaftliche Arzt-Patient-Beziehung (Arbeitsbündnis), Anbieten von Hilfe zur Selbsthilfe, Patient als aktiver selbstverantwortlicher Partner im Therapiekonzept.
- Ausreichende Aufklärung und Information.

- Einbeziehung der Familienhilfe.
- Allgemeine Ratschläge (z. B. Nikotinabstinenz, Alkoholabstinenz, Gewichtsreduzierung) sind nur sinnvoll, wenn die einzuschlagende Methode erörtert wird und in das Arbeitsbündnis Eingang findet.
- Gespräch über Konflikte, Ängste und Schwierigkeiten, die bei der Durchführung von vereinbarten Maßnahmen auftreten.

Die Aufklärung und Information sind auf folgende Schwerpunkte zu orientieren:

- Geduldiges und verständliches Erklären von Befunden, Diagnosen, Medikamentenwirkungen und -nebenwirkungen, Therapiemaßnahmen, Therapiezielen.
- Eine besondere Aufklärung über Folgen und Risiken der Krankheit ist bei solchen chronischen Erkrankungen erforderlich, die ohne wesentliche Beschwerden einhergehen (z. B. Hochdruckkrankheit).
- Der Patient muß ausreichende Möglichkeiten haben, Informationen zu erfragen.
- Der Arzt muß die Gewißheit haben, daß der Patient die Anweisungen verstanden hat, sie behält (eventuell schriftliche Information) und ihnen zustimmt.

Das Gespräch soll dem Patienten das Gefühl vermitteln, daß er offen über seine Schwierigkeiten bei der Befolgung angeordneter Maßnahmen sprechen kann. Der Arzt zeigt Verständnis für den Patienten, wenn dieser auf Grund von Nebenwirkungen ein Medikament abgesetzt hat oder aus Angst einer Untersuchung ferngeblieben ist. Er wird keine diktatorische Erfüllung von Verordnungen verlangen, sondern die Meinung des mündigen Patienten berücksichtigen und eventuell alternative Therapien erörtern. Eine besondere Bedeutung hat das Gespräch bei chronisch Kranken. Der Arzt wird aber auch Konsequenzen darlegen, wenn ein Patient mit dem Ziel der Verlängerung einer Arbeitsbefreiung bewußt ärztlichen Verordnungen nicht nachkommt.

### 1.8.3. Inkooperatives Befolgungsverhalten

Ganz allgemein gilt, daß ein Patient, der mit dem Arzt unzufrieden ist, auch dessen Anweisungen weniger befolgt. Es ist nicht ganz abwegig, einer mangelnden Mitarbeit des Patienten manchmal auch ein verständliches Maß an Abwehr gegen eine verordnende und anordnende Pharmako- und Techno-Medizin zuzuschreiben. Die Nichteinnahme mancher verordneter Schlaf- und Beruhigungsmittel, das Ablehnen der soundsovielten Venenpunktion oder die Verweigerung einer gründlichen stationären Durchuntersuchung kann auch Schutzbedürfnis sein. Die Mitarbeit des Patienten wird durch folgende Faktoren negativ beeinflußt:

- Allgemeine negative Einstellung zu Ärzten und zum Gesundheitswesen auf Grund realer oder vermeintlicher ungünstiger Erfahrungen und Erlebnisse.
- Negatives Gesundheitsverhalten.

- Autoritäre Beziehung des Arztes zum Patienten, unbedingtes Durchsetzen von Anordnungen (Prestigedenken).
- Unzureichende oder fehlende Information und Aufklärung des Patienten und seiner Angehörigen.
- Unzufriedenheit mit der ärztlichen Behandlung (Wartezeit, Arztwechsel).
- Die Anordnungen zur Änderung der Lebensgewohnheiten sind zu komplex und zu einschneidend. Zuviel Verbote und Ratschläge führen zur Dekompensation des Befolgungsverhaltens (Der größte Streß ist das Einhalten aller streßvermeidenden Maßnahmen).
- Die Notwendigkeit einer Behandlung wird bei Krankheiten mit geringem Leidensdruck (z. B. Hochdruckkrankheit, Diabetes) nicht eingesehen.
- Handlungsdivergenzen des Arztes (Absetzen von Medikamenten ohne objektiven Grund) oder mehrerer Ärzte (unterschiedliche diagnostische und therapeutische Anordnungen).
- Krankheitsbedingte Non-Compliance; z. B. bei psychotischen Patienten ohne Krankheitseinsicht, bei Patienten mit hirnorganischen Psychosyndromen oder Intelligenzminderung, bei Alkoholkranken.
- Persönlichkeitsbedingte Non-Compliance: z. B. dissoziale Persönlichkeit.

### 1.8.4. Befolgungsverhalten bei der Medikamenteneinnahme

Die Compliance ist gegeben, wenn der Patient die ärztlich verordneten Medikamente selbständig und vorschriftsmäßig einnimmt. Eine Non-Compliance beinhaltet jegliche Abweichungen von der vereinbarten ärztlichen Verordnung bis zur Nichteinnahme.

Die in der Literatur angegebenen Zahlen über die Nichtbefolgung einer ärztlich verordneten Medikamenteneinnahme bewegen sich zwischen 20 bis 80 %. Die Medikamenten-Non-Compliance muß nicht mit fehlender Kooperationsbereitschaft des Patienten in anderen Bereichen der Therapie und Rehabilitation einhergehen.

#### 1.8.4.1. Medikamenten-Compliance

Folgende Faktoren führen zu einem kooperativen Befolgungsverhalten bei der Medikamenteneinnahme, wobei die allgemeinen Maßnahmen zur Verbesserung der Mitarbeit (1.8.2.) die Grundlage bilden:

- Grundhaltung des Arztes, daß seine Beziehung zum Patienten nicht über das Rezept und die Medikamente realisiert wird.
- Detaillierte Aufklärung über Wirkungen und Nebenwirkungen der Medikamente.
- Gemeinsames Erarbeiten eines optimalen Medikationsrituals (Menge, Zeit, Häufigkeit der Einnahme; nach Möglichkeit tägliche Einmaldosis); einfache und präzise, eventuell schriftliche Anweisungen (Therapieplan).
- Einüben der Medikamenteneinnahme (gezieltes Nachfragen zur Dosierung und zum Einnahmerhythmus).
- Anleitung zur Selbstkontrolle: Messungen (Körpergewicht, Blutdruck,

Halsumfang, Anfallskalender); Aufzeichnungen über Einnahme und Nebenwirkungen.
- Abstimmung der Medikation mit anderen Ärzten (Vermeidung ungünstiger Wechselwirkungen, Abstimmung über die wichtigsten Medikamente bei Multimorbidität alter Menschen).
- Information über Bedeutung einer Serumspiegelbestimmung.
- Zusammenarbeit mit Bezugspersonen bei der Medikation (z. B. Unterstützung der Disulfiram-Einnahme durch Familienangehörige oder Therapiehelfer im Betrieb).
- Verfügbarkeit für Nachfragen bei Nebenwirkungen oder Unverträglichkeit (Telefonkontakt, Hausbesuch).

#### 1.8.4.2. Medikamenten-Non-Compliance

Folgende Faktoren führen zu einem inkooperativen Befolgungsverhalten bei der Medikamenteneinnahme:
- Einengung der Beziehung des Arztes zum Patienten auf Medikamente, auf das Rezept („Rezept-Reflex", Rezeptgläubigkeit).
- Unzureichende Information des Patienten und seiner Angehörigen über Wirkungen und Nebenwirkungen.
- Kompliziertes Medikationsritual: zu viele Medikamente, zu häufige Einnahmen.
- Unzufriedenheit mit Arztverhalten: kein Eingehen auf Fragen, unverständlicher Jargon, Gefühl der Kontrolle (Verhör zur Medikamenteneinnahme, Serumspiegel als Beweismittel der Non-Compliance), unklare Nachbehandlung.
- Patient setzt Medikament bei Besserungen oder Verschlechterungen ab.
- Patient lehnt Medikamente ab (Medikamente helfen nicht, sind Gift, machen abhängig).
- Medikamentendilemma: Einnahme von Medikamenten, obwohl Patient keine Beschwerden hat (fehlender Leidensdruck bei Hypertonie oder Diabetes) oder sich nicht krank fühlt (z. B. bei einer Psychose).
- Vergeßlichkeit (geringes Krankheitsbewußtsein, Abwehrverhalten, hirnorganisch bedingt).
- Soziale Ängste (Nichteinnahme auf der Arbeit, damit andere Personen nichts über die Krankheit erfahren, Verheimlichen der Krankheit wegen befürchteter negativer sozialer Folgen).
- Unangenehme Nebenwirkungen.
- Negativer Einfluß von Angehörigen und Bekannten.

Molière schildert recht drastisch die Reaktionen eines Arztes auf die Nichtbefolgung von Verordnungen („Der eingebildete Kranke", 1673):

A: Das sind ja saubere Neuigkeiten, die ich soeben da drunten an Ihrer Haustür erfahren habe! Man treibt hier seinen Scherz mit meinen Verordnungen; man weigert sich, das von mir verschriebene Mittel zu nehmen!

P: Herr Doktor, ich bin ...

A: Das ist ja eine beispiellose Verwegenheit, eine unerhörte Auflehnung des Kranken gegen den Arzt, ... ein haarsträubendes Attentat auf die Wissenschaft, eine der Fakultät zugefügte Majestätsbeleidigung, die nicht streng genug bestraft werden kann!!!

P: Ich bin unschuldig!

A: Weil Sie mir den Gehorsam aufgesagt haben, den man seinem Arzt schuldet, weil Sie gegen die von mir verschriebenen Heilmittel in offene Rebellion getreten sind ...

P: Ach, ganz und gar nicht!

A: ... erkläre ich Ihnen, daß ich Sie von heut an Ihrer schlechten Konstitution, der Verderbnis Ihres Blutes, der Schärfe Ihrer Galle und der Verschlammung Ihrer Säfte überlasse!

P: Großer Gott!

A: Und ich will, daß Sie sich noch vor Ablauf von vier Tagen in einem unheilbaren Zustand befinden ...

P: Erbarmen!

A: ... daß Sie geradewegs in die Bradypepsie verfallen ...

P: Herr Doktor!

A: ... aus der Bradypepsie in die Dyspepsie ...

P: Herr Doktor!

A: ... aus der Dyspepsie in die Hydropsie ...

P: Herr Doktor!

A: Und aus der Hydropsie in die Agonie, will heißen das Ende, das Sie durch Ihren Unverstand verdient haben!!!

## 1.9. Diagnostik

### 1.9.1. Bedeutung der Diagnostik

In der Regel gilt, daß die Qualität einer Arzt-Patient-Beziehung von der diagnostischen Entscheidung bestimmt wird. Die Diagnose hat eine Ordnungsfunktion, ermöglicht Handlungsanweisungen und begründet das ärztliche Tun. Eine richtige Therapie wird erst möglich nach einer Diagnose, die durch eine sachkundige, sorgfältige und den Patienten möglichst wenig belastende Untersuchung gewonnen wurde.

Es gibt aber auch Menschen, die wegen eines Lebensproblems den Arzt aufsuchen, die Leidende und keine Kranken sind, bei denen im Grunde keine Diagnose gestellt werden kann. Die verzweifelte Suche nach einer diagnostischen Etikette macht den Leidenden zum Patienten, anstatt ihm offen zu sagen, daß er nicht krank ist.

Es bestehen drei Möglichkeiten einer diagnostischen Festlegung. Die Diagnose der Krankheit ist die klassische Zuordnung einer Krankheitsart zu einem Krankheitsbegriff. Die Diagnose des Kranken ergänzt die Krankheitsdiagnose durch eine patientenorientierte Diagnostik und führt zur Ganzheitsdiagnose. Die Diagnose des Kranken in der konkreten Arzt-Patient-Beziehung im Sinne einer Beziehungsdiagnose wird nach M. Balint als Gesamtdiagnose bezeichnet.

Die krankheitsorientierte Diagnose (was hat der Patient) gründet sich auf exakte medizinbiologische und medizinpsychologische Untersuchungen. Eine Mitralstenose wird durch den pathologisch-anatomischen Befund, ein Asthma bronchiale durch pathophysiologische Veränderungen, eine Infektionskrankheit durch mikrobiologische Befunde, eine Stoffwechselkrankheit biochemisch und eine Intelligenzminderung testpsychologisch definiert.

Die körperliche Untersuchung des Patienten als eine zwischenmenschliche Begegnung mit hoher Intimität und Intensität begründet zusammen mit dem Gespräch die Arzt-Patient-Beziehung. Auch eine psychologische Untersuchung berührt den Patienten stark, er fühlt sich psychisch entkleidet. Die sachlich-ungezwungene, freundliche und affektiv-neutrale Haltung des Fachmanns in der spezifischen „medizinischen Situation" nimmt dem Patienten die Angst und Peinlichkeit.

### 1.9.2. Probleme der Diagnostik

Eine einseitige krankheitsorientierte Diagnostik kann zu Fehlverhaltensweisen führen, wenn der kranke Mensch mit seinem Kranksein ausgeklammert wird.

- **Verführung zum guten Diagnostiker.** Die Anerkennung als guter und sicherer Diagnostiker kann bei einer Distanzierung von den psychosozialen Problemen des Kranken zu einer Diagnosestellung ohne Verantwortlichkeit für den „psychosozialen Rest" führen. Die alleinige Ausrichtung an der Krankheitsentität verführt zur Benennung und Etikettierung ohne Konsequenzen für den Kranken.
- **Diagnosenbehandlung.** Der Arzt behandelt die Organstörung, z. B. das Ulcus duodeni, und nicht den Patienten mit seinem Ulkus. Der Patient vermißt die personale Zuwendung.
- **Einseitige diagnostische Sicht.** Die erlernten Nosogramme verzerren die Wahrnehmung, indem die Befragung und Untersuchung nur in Richtung der vermuteten Krankheit geführt werden, psychosoziale Aspekte werden vernachlässigt oder verdrängt. Der Arzt identifiziert sich mit bestimmten liebgewonnenen Diagnosen, die ihm Sicherheit geben, er konstruiert sich seine Krankheitsbilder.
- **Rangordnung der Diagnosen.** In der krankheitsorientierten Medizin haben organisch nachweisbare Erkrankungen den höchsten Stellenwert, psychosoziale Störungen rangieren als „Bodensatz". Patienten mit psychosomatischen oder neurotischen Störungen werden durch eine Überweisung zum Psychiater abgewiesen. Der Patient erlebt die Diagnosenwertigkeit und fühlt sich betroffen. Er versucht, durch neue Symptome den höher eingestuften Status des Organkranken zu erhalten. Die Rangordnung hat ihre Ursache auch in einer einseitigen Ausbildung der Ärzte. Es ist eine Halbwahrheit, daß körperliche Krankheiten schwerer zu ertragen seien. Nur wird eine nicht diagnostizierte Organkrankheit dem Arzt mehr Ärger ma-

chen als eine über Jahre hinweg iatrogen chronifizierte Neurose. Dem auf der Körperebene vorgetragenen Angebot des Patienten sollte anfangs auch auf der Körperebene begegnet werden, d. h. es sollten die notwendigen Untersuchungen erfolgen. Die Möglichkeit einer psychosozialen Verursachung ist beizeiten anzudeuten, um eine Rangordnung der Diagnosen zu vermeiden.

- **Diagnostisch-therapeutische Divergenz.** Der Arzt diagnostiziert ohne therapeutische Konsequenzen. Es erfolgt z. B. eine Kontrastmitteluntersuchung der Beinarterien, ohne daß bei dem alten Patienten eine Operation möglich wäre. Es wird eine umfangreiche Psychodiagnostik bei einer neurotischen Störung durchgeführt, ohne daß eine Psychotherapie angeboten werden kann. Der Patient ist unzufrieden, weil er die Diagnostik wesentlicher als die Therapie erlebt. Invasive diagnostische Maßnahmen ohne therapeutische Konsequenz sind fragwürdig und eine psychische Belastung (Frage: Würde ich diese Untersuchung bei mir machen lassen?). Invasive Methoden sind nach Möglichkeit durch weniger belastende Untersuchungsmethoden zu ersetzen, die moderne Medizintechnik (Ultraschalldiagnostik, Computertomographie, neurophysiologische Methoden) kommt dem entgegen. Die Frage der Zumutbarkeit und Unverträglichkeit diagnostischer Maßnahmen ist immer zu stellen.
- **Diagnostischer Alibismus und kritiklose Methodengläubigkeit.** Der Arzt sammelt viele Befunde, um sicherzugehen. Dieser diagnostische Ausschließungsprozeß beeinflußt den Zustand des Patienten negativ und wird mit unnötigen Ausgaben erkauft. Durch belastende Wartezeiten, Fehlverarbeitung von Information und durch das Gefühl, Objekt einer technisierten Medizin zu sein, kann die Beziehung zum Arzt und zu den Mitarbeitern des Gesundheitswesens gestört werden. Es klingt vielleicht stolz, man habe die ganze Palette der diagnostischen Möglichkeiten ausgeschöpft, ohne zu bedenken, daß eine zu ausgedehnte Diagnostik das Vertrauen stören und Zweifel an der Sicherheit des Arztes hervorrufen kann. Bei Labormethoden besteht ein Drang nach Vollständigkeit (mal sehen, was dabei herauskommt, breit gestreut sammeln). Die kritiklose Überschätzung von Laborergebnissen berücksichtigt nicht die Sensitivität (wieviel falsch negative Ergebnisse sind bei einer vorhandenen Krankheit zu erwarten) und die Spezifität (wieviel falsch positive Ergebnisse sind bei Nichtvorliegen einer Krankheit zu erwarten). Screeningverfahren können Laborkranke erzeugen. Der Ausschließungsprozeß wird auch vom Patienten gefordert, der im allgemeinen darauf orientiert ist, gründlich untersucht zu werden oder der bei einer hypochondrischen Einstellung ein starkes Verlangen nach bestimmten Untersuchungen entwickelt. Der Arzt untersucht zuviel, wenn er unsicher und ratlos ist, das Zuviel an Diagnostik kann als Diagnose der eigenen Selbstunsicherheit reflektiert werden. Andererseits erfordern die Beschränkung der Untersuchungen auf ein notwendiges Maß, der Verzicht auf eine diagnostische Maßnahme oder ein abwartendes Offenhalten der Diagnose ein hohes Verantwortungsgefühl und eine große, aus der Erfahrung gewonnene Sicherheit.
- **Antidiagnostische Einstellung.** Eine krankheitsorientierte Medizin

wird weitgehend abgelehnt und damit auch die naturwissenschaftlichen Untersuchungsmethoden. Der Sinn einer Diagnose wird in Frage gestellt und angenommen, daß diagnostische Etikettierungen für den Patienten nur von Nachteil seien. Die Einstellung orientiert an einer alleinigen psychosozialen Krankheitsentstehung, z. B. bei Psychosen.

### 1.9.3. Ganzheitsdiagnose

Die Ganzheitsdiagnose beinhaltet die gleichzeitige und gleichrangige Berücksichtigung somatischer, psychischer und sozialer Einflüsse bei der Entstehung, dem Verlauf und der Bewältigung von Krankheiten. Die Krankheitsdiagnose wird ergänzt durch:

- Umfassende Krankheitsdiagnostik mit Einbeziehung psychosozialer Faktoren.
- Erfassen des Bewältigungsverhaltens einschließlich des Selbsthilfepotentials.
- Persönlichkeitsdiagnostik.
- Lebenslaufdiagnostik.
- Umweltdiagnostik einschließlich Familienhilfe.

Die Ganzheitsdiagnose ist eine Arbeitshypothese, die im Verlauf der Arzt-Patient-Beziehung ständig hinsichtlich sich ändernder biopsychosozialer Faktoren überprüft wird (s. Tabelle 4.).

Tabelle 4. Fragen zur Krankheits- und Ganzheitsdiagnose

| Krankheitsorientierte Was – Fragen | Ganzheitsorientierte Wie – Fragen |
|---|---|
| Was hat er?<br>Was sind die Ursachen?<br>Was liegt an Befunden, Informationen, anamnestischen Angaben vor?<br>Was teilt der Patient im Gespräch mit?<br>Was macht er auf der Arbeit, zu Hause, in der Freizeit?<br>Was nimmt er für Medikamente ein?<br>Was für eine Behandlung ist geplant? | Wie ist er? Wie war er?<br>Wie lange lebt er, wie bewältigt er seine Krankheit?<br>Wie ist sein Befolgungsverhalten?<br>Wie verarbeitet er Konflikte und Streß?<br>Wie reflektiert er seine Krankheit?<br>Wie ist sein Selbsthilfeprogramm?<br>Wie sind seine Beziehungen in der Familie, auf der Arbeit und zum Arzt?<br>Wie teilt er sich mit?<br>Wie verhält er sich im Hier und Jetzt unserer Beziehung?<br>Wie ist sein Krankheitsgefühl, sein Leidensdruck? |

### 1.9.4. Gesamtdiagnose

Die Gesamtdiagnose („Gesamtbild" nach M. Balint) ergänzt die Krankheits- und Ganzheitsdiagnose durch die Beziehungsdiagnostik (Bezugspersonen, Arzt-Patient-Beziehung) und durch das Erleben der Krankheit.

**Wichtige Fragen bei der Stellung der Gesamtdiagnose:**
- Was bedeuten die Beschwerden für den Patienten?
- Warum wird er zu diesem Zeitpunkt krank?
- Was erwartet der Patient von mir?
- Welche Empfindungen und Gefühle löst der Patient bei mir aus?

Die dialogische Beziehung zwischen Arzt und Patient wird bei psychosozialen Störungen deutlich. Der Patient ist enttäuscht, durch eine Diagnose beunruhigt, unzufrieden mit Informationen, wechselt die Ärzte. Der Arzt empfindet Unbehagen bei einer ausführlichen und lebhaften Schilderung der Beschwerden. Er möchte den Patienten nicht enttäuschen und flüchtet sich in eine beiderseitige Befriedigung durch immer neue diagnostische Maßnahmen. Zuletzt erlebt er den Zusammenbruch der bisherigen Beziehung und kann neu beginnen: Was passierte zwischen uns und warum kommen wir nicht weiter?

### 1.9.5. Beispiel

Es handelt sich um einen Patienten mit Angina pectoris.

**Krankheitsdiagnose:** Auf Grund der ST-Senke im EKG bei der Ergometrie, der typischen Schmerzen und anderer Befunde besteht eine ischämische Herzkrankheit mit pektanginösen Beschwerden.

**Ganzheitsdiagnose:** Es handelt sich um einen ehrgeizigen, leistungsorientierten Patienten, der mit seiner beruflichen Entwicklung unzufrieden ist. Seit zwei Jahren bestehen erhebliche Probleme in der Partnerschaft, er leidet an Impotenz und hat Angst, seine junge Frau zu verlieren.

**Gesamtdiagnose:** Die pektanginösen Beschwerden treten vor allem in Entlastungssituationen zu Hause auf. Es hat sich ein Hilflosigkeitssyndrom mit Verklammerung herausgebildet. Der Patient wirkt auf den Arzt forsch, er versucht seine Ängstlichkeit abzuwehren. Er ist enttäuscht, als ihm der Arzt auch forsch begegnet und die Möglichkeit der Selbsthilfe ausspricht. Die Schmerzzustände nehmen so zu, daß eine Arbeitsbefreiung notwendig wird.

## 1.10. Therapie

Eine Therapie ist nur optimal wirksam, wenn eine partnerschaftliche Arzt-Patient-Beziehung mit guter Kooperation besteht. Der Patient hat das Bedürfnis, behandelt und nicht nur diagnostiziert zu werden. Die Therapie muß zumindest genauso wesentlich sein wie die Diagnostik. Therapie, das ist für viele Ärzte Somatotherapie, an die Möglichkeiten der Psychotherapie (z. B. therapeutisches Gespräch) wird nicht gedacht. Der Patient hat den Wunsch, daß die Therapie rechtzeitig einsetzt, rasch wirksam ist und wenig Nebenwirkungen aufweist. Eine operative Behandlung entspricht oft diesen Vorstellungen. Eine zeitlich ausgedehnte Diagnostik, eine Latenzzeit bei manchen Medikamenten bis zum Wirkungseintritt und nicht vermeidbare Nebenwirkungen stehen nicht selten diesem Wunsch entgegen. Ein weiteres Anliegen des Patienten ist, daß sein Leiden durch eine Therapie nicht vergrößert wird. Dieses Problem tritt z. B. bei der Malignombehandlung mit einem aggressiven Zytostatikum auf, wenn sich der Gesamtzustand schon vorher verschlechtert hatte. Manche Malignomkranke meinen, das Schlimmste an der Erkrankung sei die Therapie.

Ein suggestiver Effekt ist Bestandteil aller therapeutischer Maßnahmen. Der Plazebobegriff beschreibt unspezifische psychologische Effekte im pharmakologischen Kontext der spezifischen Medikamentenwirkung. Eine positive Plazebo-Reaktion besteht bei etwa 30 % der Patienten. Es gibt Patienten, die gut auf Plazeboarzneien ansprechen, andere reagieren nicht. Einen wesentlichen Einfluß auf die Plazeboreaktion wie allgemein auf den positiven suggestiven Effekt hat das Medikationsritual bzw. das Verordnungszeremoniell innerhalb einer auf Vertrauen gegründeten Arzt-Patient-Beziehung. Das „Wie" einer Verordnung ist ebenso wichtig wie das „Was". Der Arzt strahlt durch sein verbales und nonverbales Verhalten Sicherheit und Überzeugungskraft aus. Die Wirksamkeit eines Medikamentes wird gemindert, wenn der Arzt Unsicherheit und Gleichgültigkeit erkennen läßt („Ich schreibe Ihnen mal was auf; wir können es ja mal versuchen; besser als gar nichts; nutzt es nichts, so schadet es doch nichts"). Der Plazeboeffekt legitimiert auch wirkungsarme Medikamente („Beinahe-Plazebo-Präparate").

Therapeutische Maßnahmen werden im allgemeinen durch den Arzt in die Wege geleitet oder realisiert, er gibt und spendet. Kein Wunder, wenn das therapeutische Handeln in besonderer Weise in die Beziehungsproblematik zwischen Arzt und Patient eingebettet ist. Das „Wunschrezept" signalisiert den Wunsch nach oraler Befriedigung (Gib mir was, damit ich ruhig schlafen kann, keine Schmerzen und Ängste habe). Das „Wiederholungsrezept" kann Ausdruck einer gegenseitigen Verführung zum Burgfrieden sein, die eigentlichen Hintergründe einer psychosozialen Störung werden verleugnet. Wenn ein neuer Arzt die Gewohnheit in Frage stellt, reagiert der Patient aggressiv und fordernd. Manche Patienten lassen sich Medikamente verschreiben, ohne sie einzunehmen. Das Verschreiben genügt ihnen, entscheidend ist das Geben und Nehmen, nicht das Eingeben und Einnehmen.

Alternative Therapien der Erfahrungsheilkunde mit einem vorherrschenden suggestiven Wirkfaktor gewinnen an Bedeutung, z. B. die Akupunktur und die Neuraltherapie. Die Therapien sind um so wirksamer, je gelungener sie in eine Erklärungskonstruktion eingebaut sind. Technisches Können, eine öffentlich wirksame Heilideologie, die Suggestivkraft des Therapeuten und die Heilbereitschaft des Patienten wirken zusammen. Die Methoden sind bei psychosomatischen Störungen und Schmerzen wirksam, wenn auch oft nur kurzzeitig. Gegenüber einer Psychotherapie ist der Zeitaufwand geringer. Die Therapien können irrationale Vorstellungen über die Ursachen einer Krankheit verstärken und eine indizierte Therapie behindern.

Die Tabelle 5. gibt einen Überblick über positive und negative Verhaltensweisen beim therapeutischen Handeln.

Tabelle 5. Therapieverhalten des Arztes

| Positive Verhaltensweisen | Negative Verhaltensweisen |
|---|---|
| • Wissenschaftliche Verordnungsweise, Therapieplan | • Unnötige Therapie, Routinerezept, Imponierbehandlung, Risikotherapie (nicht indizierte Appendektomie, Tonsillektomie, Venenverödung, Digitalisierung u. a.), häufig wechselnde Therapiepläne |
| • Gute Information: Wissen um Behandlung fördert Therapieerfolg | • Fehlende oder unzureichende Information |
| • Nutzung aller Therapiemöglichkeiten (Pharmako-, Physio-, Sozio-Psychotherapie u. a.) | • Einengung auf Somatotherapie, kein Mut zur nichtmedikamentösen Therapie |
| • Vertretbares abwartendes Offenlassen (Spontanheilungen!) | • Therapie-Reflex (z. B. Griff zum Rezept) |
| • Behandlung des ganzen Menschen | • Behandlung von Befunden |
| • Abgestimmte Schwerpunkttherapie bei Multimorbidität | • Verzettelte Therapie bei Multimorbidität, Befolgungsverhalten erschwert |
| • Medikamentenmißbrauch vorbeugen (z. B. befristete Verordnung) | • Medikamentenmißbrauch fördern (großzügiges unkritisches Rezeptieren) |
| • Selbsthilfe des Patienten aktivieren, Familienhilfe | • Erziehung zum passiven Patienten |
| • Überwachung der medikamentösen Therapie (Laborparameter, EKG, Nierenfunktion, Blutdruck u. a.) | • Fehlende oder unzureichende Therapieüberwachung, Nebenwirkungen übersehen (z. B. erhöhte Transaminasen, Osteoporose) |
| • Suchen der verträglichen Therapieform | • Injektionen statt oraler Gabe ohne Grund, Bestrafung durch Injektionen |
| • Therapieresistenz: neuer Therapieplan vereinbart, Reflexion über Beziehung | • Therapieresistenz: Schuld hat der Patient |
| • Geduld, Wirkung abwarten | • Ungeduld, zu rascher Wechsel der Medikamente |

## 1.11. Aufklärung und Information

Information ist die Vermittlung krankheits- und behandlungsbezogener Kenntnisse an den Patienten. Die Information ist Teil eines krankheitsorientierten Handelns. Der wissende Arzt vermittelt dem Patienten die nach seiner Meinung notwendigen Kenntnisse. Besteht ein Mangel, so liegt ein Informationsdefizit vor.

Aufklärung umfaßt Maßnahmen wie Gespräche, Auskünfte, Ratschläge, emotionale Unterstützung und Aktivierung der Selbsthilfe, die der Bewältigung der Krankheit dienlich sind. Aufklärung ist Teil eines patientenorientierten Handelns und Bestandteil einer partnerschaftlichen Arzt-Patient-Beziehung. So wie der Patient den Arzt offen über seine Biographie, seine Beschwerden und sein subjektives Krankheitsbild aufklärt, genauso offen kann er vom Arzt die Aufklärung über sein Handeln verlangen. Der Patient hat ein Grundrecht auf Aufklärung. In jeder Arzt-Patient-Beziehung besteht ein Konsens über den Umfang der Aufklärung. Der Patient kann die Aufklärung ablehnen. Immer hat dann aber der Arzt in den weiteren Gesprächen zu prüfen, ob der Patient nicht doch noch an einer Aufklärung interessiert ist.

Das Ziel der Aufklärung ist die Verbesserung des Befolgungsverhaltens, die Erleichterung von Entscheidungen, der streß- und angstarme Verlauf von diagnostischen und therapeutischen Maßnahmen und die Überwindung ineffektiver Abwehrverhaltungen. Der Patient hat zwei wesentliche Gründe für seine Aufklärung. Er möchte emotionale Sicherheit gewinnen — Angstreduzierung, Beruhigung — und sich kognitiv-handelnd auf die Krankheit einstellen können. Viele Patienten tragen ungestellte Fragen mit sich herum, die sie aus Scheu nicht aussprechen. Vier Fünftel aller Patienten haben ein hohes Informationsbedürfnis, etwa ein Fünftel will wenig oder nicht alles wissen (Abwehr: was ich nicht weiß, macht mich nicht heiß) und vier Prozent wollen überhaupt nichts wissen. Informationen sind unter Vermeidung der Fachsprache verständlich zu vermitteln.

**Wichtige Fragen des Patienten sind:**

- Was habe ich?
- Wie geht es weiter?
- Was geschieht mit mir?
- Warum muß das gemacht werden?
- Wie lange noch?
- Welche Folgen?

Die Zahl der Patienten, die mit kärglichen Informationen zufrieden sind und bei denen der Arzt vom Bonus des Vertrauens zehrt, wird immer geringer.

Trotz einer ausreichenden Information können die Ängste des Patienten weiter bestehen, der Einfluß der Persönlichkeit (Angstbereitschaft, Frustrationstoleranz, Umweltabhängigkeit) ist groß. Die Grenze der Information ist erreicht, wenn es sich um suizidal gefährdete und isoliert lebende Patienten mit besonders ineffektiven, aber Schutz gewährenden Formen der Abwehr handelt. Die Mitteilung der Diagnose eines Malignoms ist nicht möglich, eine Induktion von Hoffnungslosigkeit nicht gestattet. Eine Information hat dann negative Folgen, wenn ein Patient gegen seine Motive informiert und dann allein gelassen wird.

Das Arztverhalten bei der Information wird nicht selten von antiquierten Ansichten aus der Zeit der absoluten Arztdominanz bestimmt: Der Patient kann die Wahrheit nicht ertragen; die Wahrheit führt zum Suizid; Wahrheit tötet den Genesungswillen; der Patient versteht sowieso nichts; der

Patient muß gehorchen; nur der starke Patient könne in Ausnahmefällen die Wahrheit ertragen. So wie der Patient seine Krankheit verleugnet, verdrängt der Arzt seine Aufklärungspflicht. Beide gehen eine oberflächliche konventionelle Beziehung ein, in der alles unter den Tisch gekehrt wird. Ärzte sind noch selten bereit, ihre schwerkranken Patienten wahrheitsgemäß aufzuklären. Sie bestimmen, was der Patient wissen darf. Solange der Patient nicht fragt und das nonverbale Frageangebot (erwartungsvoller Blick, ängstliches Schweigen) übersehen wird, herrscht offenbar Zufriedenheit. Nur ca. ein Fünftel der Patienten erhalten vom Arzt unaufgefordert Informationen. Diese Informationen werden dann auch noch so kompliziert angeboten, daß der Patient das Wesentliche vergißt. Auf zwei Fehlverhaltensweisen sei verwiesen: Der plumpe Betrug ist genauso gefährlich wie die schonungslose brutale Offenheit.

**Wesentliche Inhalte des Aufklärungsgesprächs:**

- Name und Art der Krankheit, die Diagnose.
- Prognose als das schwierigste Thema bei chronischen Erkrankungen.
- Beratungsgespräch bei schweren und chronischen Erkrankungen.
- Therapie.
- Ursachen der Krankheit.
- Form und Dauer der Behandlung.

Die Aufklärung ist eine ausschließliche Berufspflicht des Arztes und kann nicht delegiert werden. Mitarbeiter, z. B. die Gemeindeschwester, können in Abstimmung mit dem Arzt Erläuterungen geben, dies hilft Ängste, Sorgen und Unsicherheiten abzubauen. Die Nutzung alternativer Informationsquellen sollte gefördert werden: Merkblätter, Fachbücher für den Laien, Fernsehen, Selbsthilfegruppen.

**Der Selbstreflexion dienen folgende Fragen:**

- Information ja oder nein?
- Soll die Verleugnung (z. B. eines Malignoms) um jeden Preis durchbrochen werden?
- In welcher Form soll die Wahrheit dem Patienten mitgeteilt werden?
- Kann das schweigende Einverständnis, daß keine Information erfolgen soll, akzeptiert werden?
- Wurde die Wahrheit vorsichtig und dosiert mitgeteilt?
- Wie wird die Verfügbarkeit des Arztes nach der Stunde der Wahrheit realisiert?

## 1.12. Gesundheitserziehung

Die Gesundheitserziehung als Teil der Prävention gehört zu den Aufgaben aller Mitarbeiter des Gesundheitswesens. Der Arzt wird das persönliche Gespräch, Gruppengespräche und Vorträge nutzen, um Einstellungen und Verhaltensweisen zu entwickeln, die darauf ausgerichtet sind, Gesundheit zu erhalten und Krankheit zu vermeiden. Der Hausarzt hat auch hier durch seinen engen Kontakt mit den Menschen die besten Möglichkeiten, ein positives Gesundheitsverhalten zu fördern.

Die psychosoziale Entwicklung eines Menschen beinhaltet auch die Verhaltensweisen und Einstellungen, die sich auf die Gesundheit beziehen. Gesundheitserziehung ist damit auch Teil der allgemeinen Erziehung und Verhaltensentwicklung. Das Kind lernt am Vorbild der Eltern, und es wird in der Schule zur gesunden Lebensweise erzogen. Im Jugendalter sind die Einflüsse der Gruppe und außerfamiliärer Bezugspersonen bedeutsam. In den weiteren Lebensetappen bis ins Alter muß ein angepaßtes Gesundheitsverhalten immer wieder neu bewältigt werden. Der Arzt sollte dabei ein verständnisvoller Ratgeber sein.

Einige Risikofaktoren der Gesundheit, wie Genußmittel, schaffen vorübergehend ein gewisses Maß an Wohlbefinden, die negativen Wirkungen treten oft erst nach Jahrzehnten auf. Der Mensch muß deshalb lernen, sein Leben auf die Gesundheit zu orientieren, auch wenn man nicht verlangen kann, daß jemand nur für die Gesundheit lebt.

Eine Verhaltensänderung muß verständlich und praktizierbar sein. Es fällt schwer, liebgewonnene Gewohnheiten zu ändern. Die Entwicklung neuer Verhaltensweisen erfolgt in den Teilschritten Information, positive Einstellung und praktisches Handeln. Tragfähige interpersonale Beziehungen in der Familie und mit dem Arzt sind ein wesentlicher Faktor, um die Selbstverantwortung für die Gesundheit zu wecken und das Verhalten zu ändern. Im Vordergrund muß der Gewinn an Gesundheit und Wohlbefinden, nicht aber der Schrecken vor der Krankheit stehen. Eine zwanghafte Verhaltensänderung ist zu vermeiden.

**Grundregeln für ein gesundheitserzieherisches Gespräch:**

- Die Verhaltensänderung muß zumutbar und praktizierbar sein. Die persönliche Umwelt und die Leistungsfähigkeit sind zu beachten.
- Das vermittelte Wissen muß nachprüfbar sein, d. h. einer wissenschaftlichen Überprüfung standhalten.
- Die Vorschläge müssen verständlich formuliert werden, indem die Vorbildung und der Wissensstand beachtet werden.
- Man sollte vermeiden, eigenes Wissen zu demonstrieren.
- Die Beeinflußbarkeit wird durch das eigene Vorbild wesentlich gesteigert. Ein rauchender Mitarbeiter des Gesundheitswesens kann keine Motivation zum Abgewöhnen vermitteln.
- Man sollte lernen, Gegenargumente zu erkennen und anzusprechen. Es kann eine grundsätzliche gefühlsmäßige Ablehnung sein (Kräftiges Essen und Rauchen, das brauche ich eben, wozu lebt man), es können Zweifel an der Richtigkeit der Aussage sein (Ist es denn bewiesen, daß Rauchen einen Krebs macht?), Zweifel, ob die Argumente auch für die Person zutreffen (Mein Vater hat bis ins hohe Alter geraucht) oder Zweifel am Erfolg (Das schaffe ich nicht.).

Der gesundheitserzieherische Vortrag erfolgt am besten vor einer überschaubaren Gruppe, um die Zuhörer aktiv einzubeziehen. Der Vortrag soll klar gegliedert sein, Beispiele enthalten und Meinungen gegenüberstellen. Visuelle Hilfsmittel sind zu verwenden.

**Konzeption eines Vortrages vor Rauchern.**
Einleitung:
Warum beginnt man? (Neugier, Verführung, Protest, Angabe, Vorbilder)
Hauptteil:
- Inhaltsstoffe Tabakrauch.
- Weg und Wirkung im Körper.
- Unterschied zwischen Inhalieren und Nichtinhalieren.
- Passives Rauchen.
- Gesundheitliche Schäden und Lebenserwartung.
- Auswirkung auf Gesellschaft.
- Wie abgewöhnbar?

Schluß: Warum lohnt sich die Entwöhnung?

**Konzeption eines Vortrages zur Gesundheitspflege in der zweiten Lebenshälfte.**
Einleitung:
Faktoren höherer Lebenserwartung.
Hauptteil:
- Haut- und Körperpflege.
- Geregelter Tagesablauf; Rhythmus von Arbeit, Freizeit, Pausen und Mahlzeiten.
- Nimmt die Leistung ab?
- Altersgerechte Ernährung.
- Genußmittel.
- Ausreichende und vielseitige tägliche Bewegung, Hinweise für Übungen.

Schluß: Natürliche und sinnvolle Lebensweise als Voraussetzung für ein beschwerdearmes Alter.

**Vortragsthemen (Auswahl)**
- Erziehungsforderungen und -anforderungen, Erziehungsfehler
- Familien- und Partnerkonflikte, konstruktive Lösung im Gespräch
- Urlaub und Freizeit
- Schlafstörungen
- Der nervöse Mensch
- Berufskonflikte und berufliche Belastungen
- Zeitdruck, Hektik, Streß
- Organisch ohne Befund
- Hoher Blutdruck
- Griff zur Tablette
- Bewegungsarmut als Risikofaktor
- Ernährungsfehler und Übergewicht.

## 1.13. Beziehungsproblematik (Balint-Konzept)

### 1.13.1. Arzt-Patient-Beziehung

Michael Balint hat in Seminaren mit Ärzten wichtige Erkenntnisse über die Beziehung zwischen Arzt und Patient gewonnen. Die Ausgangsfrage lautete, warum trotz ehrlichen Bemühens auf beiden Seiten die Arzt-Patient-

Beziehung oft so unbefriedigend ist. Die Grundannahme war, daß der Arzt sich als „Droge" in allen Handlungen selbst verschreibt und diese damit positiv oder negativ beeinflußt. Balint hat außerdem psychotherapeutische Techniken für die Praxis entwickelt. Man kann ihn als den Psychoanalytiker der Allgemeinmedizin bezeichnen.

Das Angebot des Patienten und die Reaktion des Arztes sind ein dialogischer Prozeß. Der Patient bietet verschiedene Krankheiten im „unorganisierten" Zustand an. Eine der wichtigsten Wirkungen ist die Antwort des Arztes auf das Angebot des Patienten. Die Formgebung der Krankheit ergibt sich aus der Wechselwirkung zwischen Patientenangebot und Arztreaktion. Die Annahme des Patienten und eine vertiefte Diagnostik im Sinne der Ganzheits- und Gesamtdiagnose ist bei psychosozialen Störungen der mühsame, aber letztlich beide Seiten befriedigende Beginn einer therapeutischen Beziehung. Auf dem Arzt liegt ein Druck, er muß antworten und reagieren, der Patient nimmt ihn in die Zange; die Gefahr von Fehlreaktionen ist gegeben.

### 1.13.2. Fehlreaktionen

Folgende wichtige Fehlreaktionen sind in der Sprechstunde zu beachten:

- **Der „Ohne-Befund-Patient".** Die Antwort, daß nichts gefunden wurde, hat für den Patienten meistens die Bedeutung, daß wir das, was ihn ängstigt und quält, eben noch nicht gefunden haben. Die Annahme des Arztes, der Patient solle doch froh sein, daß er organisch gesund ist, wird selten bestätigt. Die Zurückweisung des Krankheitsangebotes des Patienten führt zu neuen somatischen Angeboten, eventuell bei anderen Ärzten zu neuen Untersuchungen und Unzufriedenheiten. Je mehr Zeit verstreicht, desto schwieriger wird der Zugang zur psychosozialen Ebene.
- **Einseitige Ausschließungsuntersuchungen.** Die Untersuchungen sind nur auf eine somatische Krankheit orientiert, eine psychosoziale Störung, z. B. eine Neurose, wird erst nach Ausschluß der Organstörung als „Bodensatz" angenommen. Diese Einstellung des Arztes wird von einer krankheitsorientierten Ausbildung, dem Sog einer Techno- und Labormedizin, dem auf einer Körperkrankheit bestehenden Patienten und der Angst vor dem Übersehen einer organischen Störung beeinflußt. Der Arzt weiß auch, daß die iatrogene Chronifizierung einer Neurose ihm kaum Kummer bereiten wird.
- **Minutiöse Symptomerforschung.** Die Untersuchung vieler Symptome durch viele Untersucher ist ein Irrweg durch das reichhaltige Angebot moderner Diagnostik („Odysseus-Syndrom"). Der Arzt untersucht zu viel, weil er ratlos und unsicher ist (Wie viele Befunde brauche ich zu meiner Absicherung?). Der Patient wird durch die lange Zeit der Diagnostik, durch Grenzbefunde und Andeutungen (nicht so ganz in Ordnung, müßte kontrolliert werden), durch unterschiedliche Interpretationen von Befunden zunehmend verunsichert und in seinem Vertrauen erschüttert. Die Unsicherheit des Arztes ruft Angst hervor.

- **Gemeinsam befriedigende Deckdiagnose.** Der Patient möchte wissen, was er hat. Er sucht einen Namen für seine Krankheit. Der Name soll die eindeutige Mitteilung seiner Krankheit an andere Menschen ermöglichen (Herzinfarkt, Bronchitis, Nierensteine, leberkrank, Magengeschwür usw.). Ungern werden die Namen psychischer oder psychosozialer Störungen angenommen, da eine Erklärung schwierig ist und das Unverständnis der Umgebung befürchtet wird. Auch der Arzt ist an einer Namensgebung interessiert, die ihm vermeintliche Sicherheit vermittelt (Wichtig ist ein guter Name für die Krankheit, das andere findet sich dann schon). Dem Wunsch nach einem Namen für die Störungen wird auf der somatischen Ebene nachgegeben, die Krankheit auf der Ebene der Organkrankheit organisiert. Es handelt sich um einen Kompromiß mit einer Teilbefriedigung. Die aufgebaute Fassade der Deckdiagnose versperrt den Blick für psychosoziale Ursachen. Die Diagnose einer Gastritis verdeckt eine Alkoholkrankheit, eine Angina pectoris vasomotorica ein neurotisches Herzangstsyndrom, ein Weichteilrheumatismus eine psychosomatische Erkrankung, eine Brachialgie eine Depression.
- **Unkritische Annahme des Krankheitsangebotes des Patienten** (z. B. „Wetterkrankheit", Überarbeitung, Schicksal, Commotio in der Kindheit).
- **Symptom- und Diagnosenauswahl nach der eigenen diagnostischen Sicherheit.**
- **Apostolische Funktion des Arztes.** Manche Ärzte neigen dazu, ihre eigene Werthierarchie als unbedingt verbindlich für den Patienten zu betrachten. Der Arzt fühlt sich als Ratgeber, als Gesundheitsapostel. Es ist angenehm, einen guten Rat zu geben. Befolgt ihn der Patient nicht, so ist er selber schuld. Man sollte niemals beraten und beruhigen, ehe man nicht das wirkliche Problem kennt.
- **Verzettelung der Verantwortung, die gemeinsame Anonymitätsklausel.** Der Patient wird durch Überweisungen abgewiesen (Wozu gibt es noch mehr Ärzte?). Niemand fühlt sich bei einem Problempatienten verantwortlich.
- **Sekundärer Krankheitsgewinn wird nicht erkannt.**
- **Gegenseitige Verführung.** Beide benehmen sich so, wie sie es nach dem traditionellen Rollenverständnis erwarten (der nette, verständnisvolle Arzt – der dankbare Patient). Eine Konfrontation mit Konflikten und psychosozialen Problemen wird vermieden.
- **Wahlverwandtschaft.** Der Patient sucht sich den passenden Arzt aus, der seinem Anliegen von einer Organkrankheit entspricht. Der Arzt wählt Patienten aus, die den erlernten Krankheitsbildern entsprechen und weist Problempatienten ab.
- **Behandlung des abwesenden Patienten.** Der Arzt identifiziert sich mit dem Patienten gegen eine abgelehnte Bezugsperson (Frontbildung), die der Partner im neurotischen Konflikt ist.

Treten in der Beziehung zum Patienten Affekte auf, so ist zu prüfen, ob diese Gefühlsregungen als Symptome der psychosozialen Störung des Patienten aufzufassen sind. Affekte können die eigene Gegenübertragung verdeutlichen (Was sind die Gründe meiner Zu- und Abneigung? An wen erinnert mich der Patient dabei?). Der Arzt erlebt den Patienten als „Nervensäge", störend, zu klagsam und weitschweifig, fordernd. Der Arzt darf nicht nach seinen Emotionen handeln. Reagiert er wie die Umgebung des Patienten mit Ungeduld, Abweisung oder Nachgiebigkeit, so bestätigt und verstärkt er die Fehlhaltungen des Patienten.

Der Problempatient verdeutlicht auch die Probleme des Arztes, seine Hilflosigkeit, Unzufriedenheit und Enttäuschung.

Das **diagnostische Beziehungsproblem** drückt sich in folgenden Feststellungen aus:

- Ich weiß nicht, was er hat.
- Er hat nichts oder nichts Richtiges.
- Ich weiß nicht mehr weiter und schicke ihn woandershin.
- Seine Krankheit steht in keinem Lehrbuch.
- Ich sagte ihm, daß er nichts hat, und er ist trotzdem unzufrieden.

Das **therapeutische Beziehungsproblem** wird in folgenden Aussagen deutlich:

- Ich habe alles getan und nichts hilft.
- Wenn er meiner Therapie und meinem Rat gefolgt wäre, ginge es ihm besser.
- Er hat immer Zweifel an meiner Therapie.

Die Beziehungsproblematik erfordert beim Arzt eine ständige Suchhaltung, eine Verbesserung der Selbstwahrnehmung und eine Wachheit für Beziehungsstörungen. Das Erkennen von Beziehungsstörungen erfordert das ständige Oszillieren zwischen einem hohen Grad an Einfühlungsvermögen und der notwendigen Distanz.

### 1.13.3. Therapeut-Therapeut-Beziehung der Betreuer

Die Zusammenarbeit zwischen den verschiedenen Fachärzten dient der besseren Betreuung der Patienten. Der Patient kann sich gleichzeitig oder nacheinander bei verschiedenen Fachärzten in Behandlung befinden. Die Multimorbidität eines alten Menschen bringt ihn mit verschiedenen Spezialisten zusammen. Ein Austausch von Informationen und der Kontakt zu dem Hausarzt als integrierender Fachmann ist unumgänglich.

Der Inhalt der Zusammenarbeit beschränkt sich meist auf den Austausch von Daten, die zeitlich verzögert und oft unvollkommen einander angeboten werden. Schon im Studium wird der künftige Arzt-Arzt-Dialog auf die Übermittlung von Befunden, Diagnosen und Festlegungen ausgerichtet. Nach dem Studium bildet sich dann ein Kommunikationsritual mit patientenorientierten Mitteilungen der Hausärzte und krankheitsorientierter Befundübermittlung der Spezialisten heraus. Ein Lehrer-Schüler-Verhältnis wird etabliert und durch die Notwendigkeit der Weiterbildung der Allgemeinmediziner begünstigt. Es besteht die Gefahr der Verführung des Spezialisten zum Lehrmeister. Das wohlige Gefühl solider Kennerschaft kontrastiert nicht selten mit der erlebten Abhängigkeit der Hausärzte, zumal die Spezialisten auch die Herren über die Spezialuntersuchungen sind. Der

Hausarzt tröstet sich mit dem Gedanken, daß der Spezialist zwar alles von der Krankheit, aber nichts vom Kranken wisse, daß der Spezialist bei dem Patienten meist nur eine Gastrolle spielt als ein Arzt auf Zeit ohne hausärztliches Engagement. Erlebt der Allgemeinmediziner nicht auch Befriedigung, wenn der Patient vom Spezialisten zurückkehrt, da ihm dort auch nicht geholfen werden konnte?

Nicht selten ist die Konstellation so, daß der Patient sowohl in der Dispensairesprechstunde eines Spezialisten als auch vom Allgemeinmediziner behandelt wird. Gerade hier bewährt sich eine partnerschaftliche Zusammenarbeit der Ärzte, die jederzeit mögliche Konsultation und das persönliche Gespräch zwischen Kollegen. Dadurch wird ein triangulärer Konflikt zwischen dem krankheitsorientierten Fachmann der Spezialsprechstunde, dem patientenorientierten Hausarzt und dem Patienten vermieden. Die Aufgaben des Hausarztes und des Spezialisten bestehen darin, eine aktive, hoffnungsvolle Haltung des Patienten zu entwickeln, den Patienten nicht zu überfordern, die Angehörigen einzubeziehen und eine gute Aufklärung im Rahmen von Mehrfachberatungen durchzuführen. Manche Ärzte neigen dazu, Patienten ohne erkennbare somatische Verursachung ihrer Beschwerden als Patienten mit psychischen Störungen an Nervenärzte, Psychologen und Psychotherapeuten zu überweisen. Es ist eine Fehlüberweisung (oder Abweisung), wenn der Gynäkologe einen Patienten mit funktionellen Sexualstörungen zum Nervenarzt schickt. Patient und Arzt sind verunsichert, überfordert, unzufrieden und enttäuscht.

In einer altchinesischen Fabel wird von einem Soldaten berichtet, der, von einem Pfeil verletzt, zum Chirurgen geht, worauf dieser den Schaft des Pfeiles abschneidet und sagt, für das andere sei der Internist zuständig. Wenn heute der Internist oder Chirurg dem Adipösen das Fett wegnimmt und sich nicht um den psychosozialen Hintergrund der Störung des Eßverhaltens bemüht, dann nimmt man auch nur den Schaft ab und läßt die Spitze stecken. Dieses Beispiel gilt für viele psychosoziale und psychosomatische Störungen: meist wird an der Oberfläche behandelt (Pharmaka, Beratungen, Kuren), der psychosoziale Hintergrund aber unbeachtet gelassen.

Eine wichtige Rolle spielt die Zusammenarbeit mit Psychologen. Psychologen sind wichtige Partner beim Aufdecken und Behandeln psychosozialer Störungen, aber auch bei der Unterstützung des Bewältigungsverhaltens körperlich Kranker. Unersetzlich sind sie bei der Psychodiagnostik, bei der Diagnostik und Therapie von kindlichen Verhaltensstörungen, von dissozialen Entwicklungen, von Alkoholkranken und Neurosekranken. Sie können mithelfen, den Streß bei diagnostisch-therapeutischen Maßnahmen zu reduzieren und das Befolgungsverhalten zu verbessern. Eine fundierte Psychotherapie und die Durchführung rehabilitativer Maßnahmen stellen ein weiteres wichtiges Betätigungsfeld dar. Die Psychologen können auch Ausbildungsaufgaben übernehmen und den Ärzten bei der Erkennung psychosozialer Zusammenhänge und dem Erlernen psychotherapeutischer Techniken behilflich sein.

Eine große Bedeutung hat die Zusammenarbeit mit allen am Betreuungsprozeß beteiligten Mitarbeitern. Der Hausarzt ist auf eine enge Zusammenarbeit mit der Gemeindeschwester und der Sprechstundenschwester angewiesen. Der gute Kontakt mit der Physiotherapeutin, den Mitarbeitern in den diagnostischen Bereichen und der Fürsorgerin verbessert die Betreuung. Der Arzt muß darauf hinwirken, daß sich eine partnerschaftliche Atmosphäre, ein offenes Ansprechen von Konflikten und eine patientenorientierte Grundhaltung entwickeln.

### 1.13.4. Das Balint-Seminar

Das Balint-Seminar (Problemfallseminar) ist neben den Weiterbildungslehrgängen, Hospitationen und persönlichen Gesprächen eine wichtige Form der Zusammenarbeit zwischen Allgemeinmedizinern wie auch anderen Fachärzten. Es ist das Verdienst von M. Balint, eine Unterrichtsmethode entwickelt zu haben, bei der die Arzt-Patient-Beziehung transparent gemacht wurde. Die Ärzte berichteten frei und spontan über ihre Beziehung zu Patienten, wobei jeder aus der Gesprächsgruppe Zustimmung, Kritik oder einen Ratschlag äußern konnte.

Was sind die Lernziele der Balint-Gruppen-Arbeit?

- Entwicklung einer partnerschaftlichen Haltung in der Arzt-Patient-Beziehung.
- Erkennen der Beziehungsprobleme (Was macht der Patient mit mir, was mache ich mit dem Patienten?).
- Kennenlernen der eigenen emotionalen Reaktionen und Gegenübertragungen als Indiz für die Beziehungsproblematik mit dem Patienten.
- Selbsterfahrung über den suggestiven Anteil jeder ärztlichen Handlung.
- Erlernen einer guten Gesprächsführung.
- Erfahrungen in der Ganzheits- und Beziehungsdiagnostik.
- Problemfälle als eigenes Beziehungsproblem erkennen.
- Gegenseitiger Austausch über die Probleme entlastet.
- Gemeinsame Erarbeitung diagnostischer und therapeutischer Alternativen, die dem Arzt und dem Patienten angeboten werden.
- Selbsterkenntnis über die eigenen Abwehrverhaltensweisen und Ängste.

Die Mitarbeit in einem Balint-Seminar ist eine Hilfe bei der Betreuung der eigenen Problempatienten, dient der Erweiterung der diagnostischen und therapeutischen Möglichkeiten sowie der Selbsterfahrung.

# 2. Medizinpsychologische Grundlagen der Entwicklung

## 2.1. Sozialisation

Es ist nicht das Anliegen, die Entwicklungspsychologie darzustellen. Es werden für das Verständnis psychosozialer Störungen wichtige Lebensabschnitte beschrieben.

Von der Kindheit bis zum Alter durchschreitet der Mensch unterschiedliche Entwicklungsetappen, die immer wieder die Bewältigung neuer Probleme und Aufgaben erfordern. Die Entwicklung der Persönlichkeit vollzieht sich weitgehend in den sozialen Beziehungen. Der heranwachsende Mensch erlernt im Prozeß der Sozialisation die Verhaltenserwartungen, Verhaltensnormen und Verhaltenskontrollen der gegebenen Gesellschaft und Gruppe, so daß er sich integrieren kann.

Die genetische Ausstattung ist die Grundlage der psychosozialen Entwicklung. Sie ist mindestens ebenso mannigfaltig wie die Umweltbedingungen. Die genetische Individualstruktur ist so groß, daß es außer eineiigen Zwillingen keine zwei Menschen geben dürfte, die genetisch identisch sind. Die Meinung, genetische Vorstellungen seien nivellierend und deterministisch, stimmt angesichts einer komplizierten Genetik nicht.

Das gesunde Kind besitzt bei der Geburt funktionstüchtige Systeme, die vom Nervensystem gesteuert werden und seine Adaptation an die Umwelt ermöglichen. Zur Adaptation gehört die biologisch gesteuerte ontogenetische Reife des Kindes. Eine relativ autonome Entwicklung bestimmter Fähigkeiten gilt vor allem für die frühe Kindheit. Gesunde Kinder lernen unter allen einigermaßen normalen Umweltbedingungen gehen, sprechen, greifen, werden sauber und fixieren ihre Geschlechtsidentität. Auch beim wenig stimulierten Kind geht die Hirnreifung weiter. Eine Desadaptation liegt vor, wenn durch starke inadäquate Umweltbedingungen oder durch eine Hirnschädigung die zu erwartende Adaptationsleistung nicht oder nur unvollkommen ermöglicht wird. Auf Grund seiner genetischen Veranlagung modifiziert ein Kind vom ersten Tag an aktiv das Verhalten seiner Umgebung. Es ist nicht nur ein passiver Empfänger von Stimuli, sondern zu jeder Zeit beeinflussen Kinder durch ihr Verhalten die Eltern und die anderen Bezugspersonen. Es besteht eine ständige Wechselwirkung. Das Kind erwirkt durch sein Verhalten Nähe, ein sprachbegabtes Kind zieht Sprache an, ein motorisch lebhaftes Kind stiftet zur motorischen Aktivität an.

Der Entwicklungsaspekt zeigt sich im Nacheinander der Reifung angeborener Verhaltensweisen, dem Lernen durch Erfahrung, Nachahmen des

Verhaltens anderer und schließlich der Einsicht als eine Leistung des Intellekts.

Sozialisation ist ein Entwicklungsprozeß, der eine Verhaltensbereicherung beinhaltet:

- Erlernen eines bestimmten verbalen und nonverbalen Kommunikationsverhaltens.
- Aneignung bestimmter Beziehungsformen.
- Kooperatives Verhalten auf der Grundlage gemeinsamer Wertungen und Zielsetzungen sowie in Form gemeinsamer Handlungen.
- Befähigung zu einem flexiblen Rollenverhalten.
- Aneignung zugelassener Muster für Konfliktlösungen.
- Übernahme von Verhaltensregelungen, die gegenseitiges Vertrauen sichern.

Im Laufe seiner Sozialisation lernt das Individuum die sensorischen Eindrücke zu strukturieren (Reize auswählen, erkennen, ordnen, interpretieren). Die so entwickelten Strukturen geben dem Menschen Sicherheit, sie ermöglichen ihm, sich der Umwelt anzupassen. Im Wahrnehmungsprozeß finden immer schon eine kognitive Verarbeitung, Selektion und Interpretation statt, so daß Wahrnehmen und Denken zum Erkennungsakt des Menschen gehören. Der heranwachsende Mensch entwickelt zur inneren Darstellung der Welt seine kognitiven Strukturen, die teils von der Wirklichkeit geprägt sind, teils subjektive Schemata enthalten.

Die individuelle Ausstattung des Menschen wird im Prozeß der Sozialisation erworben: sekundäre Bedürfnisse, Einstellungen, Werte, Normen, Wissen, Fertigkeiten und das Verhaltensrepertoire.

Die Grundbedürfnisse des Menschen, wie z. B. Hunger, Durst, Schlaf, Sexualität, Neugier- und Explorationsverhalten, gehen mit Lust oder Unlust einher. Die sekundär erworbenen Bedürfnisse orientieren sich am Erfolg oder Mißerfolg. Hierzu gehören z. B. das

- Bedürfnis nach Liebe, nach emotionaler Nähe, Vertrauen, Sympathie und Hingabe;
- Bedürfnis nach Sicherheit, ein Verlangen nach einem sozialen Ort, in dem man angepaßt lebt und von dem aus man sich mit einiger Sicherheit, auch ökonomisch, bewegen kann;
- Bedürfnis nach Geltung und Anerkennung;
- Bedürfnis nach Selbstverwirklichung, Streben nach Leistung und Selbständigkeit.

Die für die Sozialisation wesentlichen Beziehungen zum Säugling und Kleinkind werden von wenigen vertrauten Personen getragen. Diese Beziehungen sind durch emotionale Nähe, Verhaltensanregung und Konstanz gekennzeichnet. Später erweitert sich der Personenkreis, die Bedeutung des sozialen Lernens und der sozialen Erfahrung nimmt zu. Die vertrauensvollen und spannungsfreien Interaktionen in einer Familie mit Mutter, Vater und Geschwistern sind eine optimale Voraussetzung der Persönlichkeitsentwicklung. Einzelkinder haben es offenbar manchmal schwerer, in einer komplizierten Umwelt zurechtzukommen. Es sollte aber vermieden werden, einem Einzelkind mit Voreingenommenheit zu begegnen und bestimmte

Verhaltensweisen als gegeben anzunehmen. Eine besondere Bedeutung in der Frühkindheit hat die unmittelbare zwischenmenschliche Beziehung, der Körper- und Sichtkontakt, der verbale und nonverbale (Face-to-face-Interaktion) intensive Austausch von Gefühlen. Unerläßlich sind der ausreichende Zeitaufwand, die Verfügbarkeit, Konstanz und Verläßlichkeit der Bezugspersonen.

S. Freud und E. H. Erikson formulierten eine Ansicht, wonach die Entscheidung über die spätere Entwicklung der Persönlichkeit sehr früh und auf Grund des Kontaktes mit der Mutter – als Prototyp aller späteren Liebesbeziehungen – gefällt wird. Die Annahme einer sensiblen Phase für die Entwicklung der Bindungsfähigkeit vom 3. Monat bis zum 3./4. Lebensjahr besagt auch, daß nach deren Ablauf eine Bindung nicht mehr nachholbar sei. Die Theorien sind schwer nachweisbar. Sie haben das falsche Leitbild der allein verantwortlichen prägenden Mutter aufgebaut, welches zu den negativen Etikettierungen der „schizophrenogenen", „depressiogenen" oder „psychotoxisch" wirkenden Mutter führte. Auch Formulierungen wie „unbewußte Ablehnung durch die Mutter" sind leicht gedeutet, aber unbeweisbar.

Es besteht kein Grund für die Annahme, daß die Präsenz einer einzigen mütterlichen Person für das Gedeihen eines Kindes eine absolute Notwendigkeit sei. Einer solchen Forderung würde eine von Großeltern, Verwandten, Bekannten, von einer Krippenerziehung völlig isolierte Kleinfamilie entsprechen. Die Erfahrungen weisen darauf hin, daß ein Wechsel zwischen wenigen vertrauten Personen keine negativen Folgen nach sich zieht. Es spricht nichts dagegen, wenn ein Kind zugleich von Vater, Mutter, Großeltern und Krippenerzieherin (oder Tagesmutter) betreut wird. Voraussetzung ist, daß diese Menschen liebevoll, zuverlässig und konstant mit dem Kind umgehen. Auch können andere Bezugspersonen die leibliche Mutter vollständig ersetzen (z. B. Adoption). Entscheidend ist das Ausnutzen der Kontaktzeit mit dem Kind. Die Abgabe des Kindes an den Fernseher und eine Unterstimulation können zu Stereotypien führen, zu apathischen und mürrischen Kindern. Andererseits kann ein erzwungener pausenloser Kontakt Kind und Mutter überfordern. Die Berufstätigkeit der Mutter beeinträchtigt die Entwicklung des Kindes nicht, wohl aber spannungsreiche familiäre Verhältnisse. Die bezahlte Freistellung auf Verlangen nach dem Wochenurlaub („Babyjahr) bietet den berufstätigen Müttern eine günstige Möglichkeit zum Aufbau einer stabilen Mutter-Kind-Beziehung. Bei Krippenkindern ist die gemeinsame Zeit durch die Mutter besonders intensiv zu nutzen.

## 2.2. Psychosoziale Störungen

Die Sozialisation kann durch verschiedene Faktoren beeinträchtigt sein, die bei fehlender Kompensation zu psychosozialen Störungen führen (s. auch 5.3.).

- Genetische Risiken: vererbte psychische Reaktionsbereitschaften und Verletzbarkeiten, genetische Vulnerabilität bei der Entwicklung neurotischer und sozialdevianter Verhaltensweisen sowie von Persönlichkeitsvarianten.
- Leichte frühkindliche Hirnschäden.
- Nicht ausreichend funktionstüchtige biologische Systeme der Adaptation.
- Unzureichende Stimulation.
- Vernachlässigende, ablehnende oder konflikt- und spannungsreiche Umwelt, wechselnde oder widersprüchliche Rollenerwartung bei familiärer Desorganisation.

Eine unter günstigen Bedingungen verlaufene frühe Kindheit kann nicht vor jeder psychischen Störung schützen, welche z. B. im Rahmen einer genetischen Verwundbarkeit durch anhaltende negative Erfahrungen entsteht. Andererseits gilt auch, daß eine Frühkindheit unter schlechten psychosozialen Bedingungen oder eine leichte zerebrale Schädigung nicht zu einer psychosozialen Störung führen wird, wenn sich die Umstände günstig gestalten. Die entwicklungshemmende Wirkung wird durch günstige psychosoziale Bedingungen abgeschwächt oder kompensiert.

**Folgen einer gestörten Sozialisation können sein:**

- Verarmte Gefühlsentwicklung durch ungenügende Verständigungserfahrung und Verläßlichkeit.
- Passiv-gehemmtes Verhalten durch Zweifel am Erfolg eigenen Handelns und am eigenen Einfluß auf Beziehungen.
- Hyperaktives Verhalten und oberflächlicher Kontakt durch fehlende Zuversicht in die Verbindlichkeit von Zuwendung und Befriedigung.
- Aggressiv-destruktives Verhalten.

Zwei erworbene Grundeinstellungen sind für das Verständnis psychosozialer Störungen wichtig. Einmal die Einstellung, daß man durch das eigene Verhalten die Umweltereignisse verursacht, also mit dem eigenen Verhalten intendierte Folgen erreichen kann. Diese Einstellung kann zu einem starken Beharren auf der eigenen Meinung führen. Der Mensch wird wenig sensibel für andere sein. Zum anderen die Grundeinstellung, daß Umwelteinflüsse wenig durch das eigene Verhalten beeinflußbar sind, sondern daß die situativen Bedingungen das Geschehen und damit auch das eigene Wohlergehen bestimmen. Dadurch werden eigene Bedürfnisse zu wenig verwirklicht, das Handlungsfeld eingeschränkt, die Schuld bei anderen gesucht und Verantwortung abgelehnt.

Unter Frühdeprivation verstehen wir

1. Trennung von der Mutter im Säuglings- und Kleinkindalter.
2. Aufwachsen unter Bedingungen geringer Stimulation: Defizit an sensorischer und motorischer Stimulation, Mangel an emotionalem Kontakt und sprachlicher Anregung.
3. Fehlende Herausbildung einer Dauerbeziehung durch geringen Kontakt und dauernden Wechsel der Beziehungspersonen.

Die Lehre von dem gravierenden Einfluß einer Deprivation in der frühen

Kindheit hat breite Anerkennung gefunden, obwohl die Beweise vage sind. Es handelt sich um folgende ungenügend bewiesene Hypothesen:

- Säuglinge, welche von der Mutter getrennt in Institutionen aufwachsen, erleiden schwere psychische, emotionale und intellektuelle Schäden.
- Der Säugling braucht nur eine konstante Bezugsperson.
- Die Ursache der Schädigung ist der Mangel an Mutterliebe.
- Die frühe Mutter-Kind-Beziehung ist die Basis für kommende Liebesfähigkeit und Mutterschaft.
- Die Mutter-Kind-Beziehung ist die Voraussetzung für die ungestörte intellektuelle Entwicklung.
- Ein mit einem negativen Affekt verbundenes Erlebnis (z. B. das Trauma der Muttertrennung) in der Frühkindheit steuert als ein mehr oder weniger unbewußt gesetztes Engramm das spätere Verhalten.

Es ist anzunehmen, daß die psychosoziale Entwicklung nur dann negativ beeinflußt wird, wenn die Frühdeprivation zur Dauerdeprivation einer vernachlässigenden und ablehnenden Umwelt wird, wenn die negativen Erlebnisse der Frühdeprivation verstärkt werden. Keiner wird bestreiten, daß eine angstvolle freudlose Kindheit einen Schatten wirft und daß eine Vernachlässigung dazu tendiert, eine neue Vernachlässigung nach sich zu ziehen. Chronische Spannungen stehen in weitaus engerem Zusammenhang mit einer psychosozialen Störung als eine Frühdeprivation. Es sind lang dauernde Verunsicherungen, welche eine gestörte psychosoziale Entwicklung einleiten. Entscheidend ist nicht die Trennung (z. B. Scheidung), sondern die langzeitig gestörten Beziehungen in der Elternfamilie (s. Tabelle 6.). Allgemein gilt, daß frühere Erfahrungen nur dann bleibende Spuren hinterlassen, wenn sie durch spätere gleichartige Erfahrungen verstärkt werden. So sind kontinuierliche negative Erfahrungen (Elternkonflikt, Eltern-Kind-Konflikt nach Wiederverheiratung, problematische Erziehungsstile, persönliche Schwierigkeiten der Eltern) wesentlich bedeutsamer für eine gestörte psychische Entwicklung als eine kurzzeitige Versagung oder Enttäuschung. Diese Verstärkung wird noch dadurch gefördert, daß einmal aufgetretene Fehlverhaltensweisen bei dem Kind das Fehlverhalten der Eltern immer wieder neu provozieren. Die gestörte Beziehung zwischen der Mutter und dem Kind bei der Reinlichkeitserziehung kann der Anfang einer Kette weiterer Schwierigkeiten sein. Ein aggressiv-trotziges Verhalten ruft bei der Umgebung solche Reaktionen hervor, die eben dieses Fehlverhalten bekräftigen.

Das Bindungsverhalten wird durch viele und rasch wechselnde Bezugspersonen negativ beeinflußt. Säuglinge und Kleinkinder ertragen nur eine beschränkte Anzahl von Bezugspersonen. Die Anpassung an immer wieder wechselnde Personen setzt diese Kinder offenbar unter einen ähnlichen Druck wie ein unberechenbares, verunsicherndes Verhalten konstanter Bezugspersonen.

Die Familie und das soziale Umfeld sind für die Bewältigung der Entwicklungsaufgaben bedeutsam. Unter günstigen sozialen und pädagogischen Umständen kann die Familie hirnorganisch bedingte Leistungs- und Verhaltensstörungen weitgehend kompensieren. Bei belastenden familiären

Tabelle 6. Problemverhalten bei der Erziehung

| Problemverhalten der Eltern | Denkweise der Eltern | Problemverhalten und Denkweise des Kindes |
|---|---|---|
| ● **Überbesorgt:** nachgiebig, verwöhnend, exzessiver Kontakt, kleinkindhafte Abhängigkeit bewahrt, Übernachsichtigkeit, Unterforderung, verspätete Erziehung, kreisende Beherrschung („Glucke"). | Wir tun alles für dich, deshalb sei lieb. Wenn du lieb bist, bekommst du alles. Wir opfern uns für dich auf. Bleibe noch lange unser kleiner Sonnenschein. | **Geringe Anstrengungsbereitschaft,** Bedürfnis nach übersteigerter Zuwendung ohne Leistung, egoistisch, unselbständig, depressiv, gestörte Selbstentfaltung. Ich brauche viel Liebe, gebt sie mir. Alle sollen mich liebhaben. Ich bin noch klein und kann noch nichts. |
| ● **Autoritär:** überstreng, prinzipiell Gehorsam fordernd, Unterdrückung von Trotz, einengende Machthaltung, rigide Erziehungsprinzipien, Anlaß und Bestrafung inadäquat | Du mußt unbedingt gehorchen. Sei ein gehorsames Kind. Wir wissen, wie du bist, ob du satt bist, was du denkst. | **Unselbständigkeit,** Unsicherheit, Fügsamkeit, Trotz, Leistungsminderung durch Angst, Ich-Schwäche. Ich muß gehorchen, obwohl es mich ärgert. Sie wissen alles und bestimmen alles, was bleibt mir. |
| ● **Überfordernd,** Ehrgeizhaltung, verfrühte Erziehung zu Leistungen, elterliches Wunschbild (Elternideal), Mangel an emotionaler Zuwendung, Kinder um Kindheit betrogen | Du sollst so werden, wie wir gern geworden wären. Sei besser als die anderen. | **Kontaktstörung** durch Fehlanpassung, altersinadäquates, frühreifes Verhalten, verkrampft, schizoid. Ich muß so sein, wie die Eltern es wünschen, muß alles geben. |
| ● **Pedantisch,** übergewissenhaft, übergenau, Perfektionismus, Verbote | Mach alles ordentlich, dann haben wir dich lieb. Wir müssen das Kind nach unseren Vorstellungen verändern. | **Minderung Selbstvertrauen,** Aufgabenerfüllung ohne Wertigkeit als Verhaltensweise, **Zwänge,** Schulversagen, geringe Spontaneität. Wenn ich immer ordentlich bin und alles erfülle, haben mich die Eltern lieb. Ich muß alles in bestimmter Weise tun. Vieles ist verboten, was ich gern getan hätte. |
| ● **Verpflichtende Abhängigkeit,** bei leidendem und enttäuschtem Elternteil, Erziehung zum Sorgenkind, Sündenbock, Blitzableiter, unechte Ver- | Du siehst, wie ich leide, schone mich. Wenn du nicht wärst ... Was ist bloß wieder los mit dir. | **Gestörtes Anspruchsverhalten,** ständiges Verpflichtungsgefühl, Überforderung, nichts fordern, psychosomatische Symptome, depressiv. Ich muß |

Fortsetzung Tabelle 6.

| Problemverhalten der Eltern | Denkweise der Eltern | Problemverhalten und Denkweise des Kindes |
|---|---|---|
| wöhnung bei Ablehnung | Sei lieb, ich brauche dich. | was gutmachen. Ich muß immer da sein. Ich mache immer Kummer. |
| ● **Ängstlich, unsicher,** überbetontes konformes Verhalten | Nur nicht auffallen. Sei brav, sauber, fasse nichts an, frage immer, ob du darfst. | **Unsicherheit,** Unselbständigkeit, überkonform, Agieren (plötzlicher Ausbruch). Vor lauter Bravheit traue ich mir nichts mehr. |
| ● **Ablehnend,** Kontaktverweigerung, versachlichte Beziehung, Strenge | Ich hasse das Kind, es macht mir Kummer. Ich möchte durch das Kind nicht belästigt werden. | **Emotionales Defizit,** aggressiv, Verwahrlosung. Meine Eltern mögen mich nicht. |
| ● **Oberflächlich-verwöhnend,** materieller Aufwand statt Liebe, oberflächliche Beziehung ohne emotionalen Zugang | Es hat doch alles, was will es denn noch. | **Emotionales Defizit,** unkritische Kontaktsuche. Mir geht es ja gut, aber mir fehlt was. |
| ● **Aufsplitterung** der Zuwendung, Bevorzugung eines Kindes oder eines neuen Partners, Verschiebung der Zuwendung | Ich muß mich jetzt um den anderen kümmern. Du hast genug Liebe gehabt. | **Verunsicherung,** Eifersucht, aggressiv. Seit dem anderen ist alles anders, wenn er nur weg wäre. Ob man mich noch mag? |
| ● **Führungslos-vernachlässigend,** schwache emotionale Bindung, gleichgültig, Erziehungsapathie | Es ist uns egal, was du machst. | **Unsicherheit,** Gleichgültigkeit, Bindungsschwäche. Meine Eltern interessieren sich nicht für mich. |
| ● **Inkonsequent-pendelnd** Willkürerziehung, unausgeglichen, verwirrend, Pendelerziehung in erweiterten Familien, willkürlicher Wechsel zwischen Fordern und Nachgeben sowie Erlauben und Verbieten, Unbeständigkeit der Zuwendung | Mach das – mach das nicht. Ich verbiete – ich erlaube. | **Anpassungsstörung,** Einstellungsschwankungen, unausgeglichen, hilflos, gestörtes Selbstwertgefühl, gestörtes Vertrauen. Ich weiß nicht, woran ich bin. Ich weiß jetzt, wie und über wen ich meinen Wunsch erfülle. |

Verhältnissen kann es hingegen auch ohne eine zerebrale Schädigung zur Dekompensation der Person-Umwelt-Beziehung kommen.

Einseitige monokausale Betrachtungen sind zu vermeiden, da sie dem biopsychosozialen Bedingungsgefüge nicht gerecht werden. Eine monokausale Beziehung zwischen frühkindlichen psychischen oder organischen Traumen verstärkt eine Tendenz, gegenwärtige Schwierigkeiten auf frühere statt auf gegenwärtige Bedingungen zurückzuführen. Die Lehre von der Frühdeprivation kann zum mystischen Glauben werden, daß ein Fluch über dem Leben läge. Die Suche nach minimalen Befunden zum Nachweis einer Hirnschädigung berücksichtigt nicht, daß auch bei völlig Gesunden ein bestimmter Prozentsatz von der Norm abweichender Befunde nachweisbar ist. Die subtile Auflistung von Schädelasymmetrien, die als sichere Hinweise für eine Hirnschädigung angesehen und sogar noch in Beziehung zu lokalisierten Hirnfunktionen gesetzt werden, erinnert manchmal an eine nach innen verlagerte Phrenologie.

## 2.3. Kindheit

### 2.3.1. Säuglingsalter

Seit den Hypothesen von S. Freud über die psychosexuelle Entwicklung wird dem Säuglingsalter eine besondere Bedeutung in der Persönlichkeitsentwicklung beigemessen. Nach Freud erhält das Kind in dieser sogenannten oralen Phase die wichtigsten lustspendenden Erlebnisse durch die Nahrungsaufnahme, wodurch sich die erste Liebesfähigkeit entwickelt.

Es besteht eine fast vollständige Abhängigkeit des Kindes, es hat nur die Möglichkeit des Hilferufes. Die Bedürfnisse nach Nahrung und Kontakt sind ausgereift vorhanden. Hunger und Verlassenheitsgefühl führen zum Kontaktruf nach Zuwendung. Das Muttererlebnis gibt ein Gefühl der Geborgenheit, der bedingungslosen Annahme. Das Kind erhält Nahrung und Trost, es kann sich verlassen und fühlt sich nicht verlassen. Sättigung, Wärme, Hautkontakt und emotionale Zuwendung schaffen ein Gefühl des Urvertrauens (Erikson). Das Kind lernt, ob es in den Beziehungen zu sich und zur Umgebung vertrauensvoll oder ängstlich (Urmißtrauen) sein kann.

Das Urvertrauen ist eingebettet in eine symbiotische Beziehung zwischen Mutter und Kind (Mutter-Kind-Dyade). Beim Stillen verändern sich Mutter und Kind gegenseitig. Die enge hautnahe Mutter-Kind-Beziehung ist ein sensorisches Lernen für beide. Deshalb erhält die Mutter ihr Kind unmittelbar nach dem Abnabeln und der Erstversorgung in den Arm. Der Anblick des Kindes, sein Schreien, seine Hilflosigkeit eröffnen in der Mutter ein weitgehend festgelegtes Erleben und Verhalten. Das Lutschen und die Befriedigung des Kindes führen zur Befriedigung und Entspannung der Mutter. Entscheidend ist, wie das Kind die Nahrung dargeboten erhält, auch beim Trinken aus der Flasche sollte das Kind an der Brust gehalten werden. Diese taktile Stimulation (Körperkontakt, Hautkontakt, Zärtlichkeiten) in einer engen Gesicht-Gesicht-Kommunikation ist ebenso bedeutsam wie die orale Befriedigung. Bei allen Kontakten soll die Mutter auf das Kind einsprechen. Die vertraute Stimme beruhigt und stimuliert das Kontaktbedürfnis des Kindes. Aus der biologischen Symbiose (Befriedigung des Nahrungsbedürfnisses) wird eine psychische, aus der biologischen Abhängigkeit eine psychosoziale Abhängigkeitsbeziehung. In diese Beziehung treten dann auch die anderen vertraut werdenden Bezugspersonen ein.

Die Intelligenz entwickelt sich durch das orale und taktile Erleben der Umwelt. Durch Krabbeln, Berührungs- und Greifhandlungen (Materialerfahrung durch Zerreißen und Zerbrechen, Erfassen der Körperteile) und orale Untersuchungen (belecken, in den Mund nehmen) werden die Objekte der Umwelt assimiliert. Das Kind erwirbt einen Objektbegriff, d. h. es ist von der Tatsache überzeugt, daß Objekte auch dann weiterexistieren, wenn sie aus dem Gesichtsfeld verschwunden sind. Es entsteht ein Mittel-Zweck-Verhältnis, d. h. das Kind lernt z. B. durch Ziehen am Tischtuch einen Keks zu erreichen.

Ein besonderer Abschnitt ist der 7./8. Monat. Das Kind erwirbt die Fähigkeit, bekannte und unbekannte Personen zu differenzieren. Damit entsteht auch ein situationsüberdauerndes Gedächtnis. Im Zusammenhang mit dieser neuerworbenen Fähigkeit entstehen Ängste (Achtmonatsangst) vor dem Unbekannten, ein Zeichen der Unsicherheit in den Wahrnehmungen und Beziehungen. Diese Differenzierungsangst dient der Abschirmung und Sicherung (Fremdeln als Abwehr des Fremden).

Tabelle 7. Psychosoziale Entwicklung im ersten Lebensjahr

| Alter | Verhalten |
|---|---|
| Neugeborenes, erste Monate | Beruhigung durch Streicheln, Stillen, auf dem Arm halten |
| | Beruhigung durch stimmlichen Kontakt<br>Innehalten bei Erblicken eines Gesichtes<br>Fixiert bewegtes Gesicht und folgt ihm<br>Unspezifisches Antwortlächeln<br>Schreien bei Unlust |
| 3. Monat | „Soziales Lächeln“<br>Tränen als Äußerung der Unlust |
| 4./5. Monat | Lautes Lachen beim Necken<br>Aktive Kontaktsuche („Rufen“ der Mutter)<br>Reaktion auf Kontaktabbruch<br>Erkennen von Bezugspersonen<br>Verfolgen von Tätigkeiten<br>Nachahmung freundlicher und finsterer Mimik |
| 6./7. Monat | Unterschiedliches Verhalten gegenüber Bekannten und Unbekannten<br>Verfolgt Tätigkeiten der Bezugsperson<br>Erwartung eines sich wiederholenden Vorgangs (Versteckspiel)<br>Negative Reaktion bei Wegnahme Spielzeug<br>Reaktion auf Rufen des Vornamens<br>Lallende vokalische Laute<br>Essen vom Löffel |
| 8. Monat | Erstes Angsterleben (Fremdeln)<br>Differenzierter Sozialkontakt |

Fortsetzung Tabelle 7.

| Alter | Verhalten |
|---|---|
| 9./10. Monat | Gegenstände suchen<br>Gebärden („winke-winke")<br>Trinken aus dem Becher<br>Nachsprechen von Silben |
| 11./12. Monat | Gibt Bezugspersonen auf Verlangen Gegenstand<br>Verstehen einfacher Verbote und Aufforderungen<br>Umarmen, anschmiegen<br>Erste sinnvolle Silbe<br>Sucht auf Befragen nach Person oder Gegenstand durch Kopfdrehen<br>Versteht Namen |

### 2.3.2. Kleinkind- und Vorschulalter

Der aufrechte Gang, eine differenzierte Motorik und die Beherrschung der Ausscheidungsfunktion sind Merkmale der Entwicklung im zweiten und dritten Lebensjahr. Freud hat den lustvoll erlebten Ausscheidungsvorgängen bei der Sexualentwicklung eine Bedeutung beigemessen (anale Phase).

Die Entwicklung des Ichbewußtseins (ich bin, was ich will) wird in der ersten Trotzphase, auch „kleine Pubertät" genannt, deutlich. Die Eltern und andere Bezugspersonen (Geschwister mit ersten Ansprüchen und Rivalitäten, Krippenerzieher, Nachbarn, Bekannte) stellen Anforderungen: Beherrschung der Ausscheidungsfunktion, Körperpflege, Einordnung in den Ablauf des Familienlebens und der Kinderkrippe, Einschränkung der motorischen Aktivität u. a. Die allgemeine Forderung lautet: beherrsche deine Impulse. In der Auseinandersetzung mit diesen Aufforderungen, die als Frustration erlebt werden, entwickelt das Kind seinen eigenen Willen, seine Autonomie. Es lernt, etwas durchzusetzen, ohne den anderen zu verletzen. Es wird sich seiner selbst bewußt, vergleicht mit anderen, erkennt eigene Unzulänglichkeiten. Das Kind braucht diese Entscheidungskonflikte zwischen dem eigenen Willen und den Anforderungen. Die Eltern dürfen diesen Willen nicht zu sehr einschränken, aber auch dem Willen des Kindes nicht zu sehr nachgeben. Die Auseinandersetzungen erfolgen in einer vertrauensvollen Atmosphäre, ein Ergebnis der guten Entwicklung im ersten Lebensjahr. Die bisherige völlige Abhängigkeit von der Mutter wird durch das lustvolle Gefühl beginnender Eigenständigkeit ersetzt, es kommt zum zunehmenden aktiven Umweltkontakt (Entdeckeralter). Das Kind erlernt die Selbstbeherrschung, ohne dabei den Verlust des Selbstgefühls zu erleben. Die Mutter kann aus dem Gesichtsfeld entlassen werden, durch das Urvertrauen besteht die innere Gewißheit der Verfügbarkeit und Zuwendung. Fehlhaltungen der Eltern wie eigene Probleme mit der Ungeduld, zwanghaftem Leistungsstreben und autoritärer Dominanz führen nicht zur Eigenständigkeit des Kindes, sondern zu neuen Abhängigkeiten (Gefügigkeit, Mangel an Selbstbehauptung, aggressive Gehemmtheit) oder zur Entwicklung zwanghafter Persönlichkeitszüge.

Im kognitiven Bereich kommt es zu einer Koordination und Erweiterung der Verhaltensschemata, zur Entwicklung der Sprache, zur zunehmenden Verbesserung von begrifflichen Auffassungen und anderen Denkleistungen sowie zum Erwerb der Symbolfunktion (Vorstellung von Handlungen).

Es gibt wahrscheinlich in der Entwicklung sensible Perioden, z. B. für das Erlernen der Muttersprache von der Frühkindheit bis zur Vorpubertät oder für das Erfahren der eigenen Geschlechtsidentität im 2.—3. Lebensjahr. Mit der Ausbildung der Sprache entwickelt sich das Wissen um das eigene Geschlecht, die kognitive soziale Geschlechtsidentität. Das Kind lernt den Unterschied zwischen männlich und weiblich, der sich durch Beobachtung und Sensationen am Genitale zum genitalen Bild formt.

Das vierte und fünfte Lebensjahr wird als Spielalter und Märchenalter (Illusionsalter) bezeichnet. Die Phantasie hat eine große Bedeutung im Erleben des Kindes. Die Entwicklung der Selbständigkeit setzt sich fort. Das Kind muß immer wieder den Konflikt zwischen dem eigenen Willen und den Anforderungen der Umwelt bewältigen, muß realitätsgerecht auf Wunschversagungen reagieren.

Im kognitiven Bereich erlernt das Kind die Muttersprache. Es übernimmt die regulierende Sprache der anderen, entwickelt die innere Sprache und benutzt die Sprache als Mittel der Verhaltensregulation. Die Sprache wird immer weniger impulsiv und immer mehr semantisch. Nach der räumlichen Orientierung erwirbt das Kind die zeitliche Orientierung. Es entsteht das konditionale Denken (warum?). Das Kind beobachtet Gesetzmäßigkeiten, Ordnungen und Kontinuitäten des Alltags und kann daraus Vorhersagen ableiten. Es bildet sich eine Leistungsmotivation und Aufgabenorientiertheit heraus.

Eine besondere Bedeutung gewinnt in dieser Entwicklungsphase die differenzierte Beziehung zu den Eltern, aber auch zu den Geschwistern und anderen Bezugspersonen. Der mit den Eltern und Geschwistern zusammenhängende Gefühlskomplex steht am Anfang der Gefühlsentwicklung eines jeden Menschen, wobei die Erinnerungen daran weitgehend unbewußt sind. Die gleich- und gegengeschlechtliche Identifikation zu Vater und Mutter ist wahrscheinlich für das spätere Verhalten in einer Partnerschaft bedeutsam. Der differenzierte Umgang von Kindern mit den Eltern ist bekannt. Der kleine Junge fühlt sich zur Mutter hingezogen, ist zärtlich und anschmiegsam, in dem Vater dagegen sieht er mehr das Vorbild. Das kleine Mädchen kokettiert mit dem Vater und übernimmt gerne Mutterrollen.

Freud hat aus diesen Verhaltensweisen seine fragwürdige Hypothese von den Abläufen einer phallisch-ödipalen Phase aufgestellt. Danach orientieren sich die erlebten Geschlechtsunterschiede am Penis. Das Mädchen betrachtet sich als minderwertig und wünscht sich einen Penis (Penisneid). Die Einbeziehung des Vaters führt zum Ödipus-Komplex. Der Knabe erlebt auf die Mutter bezogene sexuell-erotische Wünsche, der Vater wird als Rivale angesehen. Es sind aber auch ambivalente Einstellungen vorhanden, da auch dem Vater zärtliche Impulse und der Mutter eifersüchtige Regungen entgegengebracht werden. Der Knabe erlebt seine auf die Mutter gerichteten Wünsche als verboten (Inzest-Tabu) und befürchtet die Bestrafung (Kastrationsangst). Das Mädchen entwickelt sexuell-erotische Wünsche zum Vater und sieht in der Mutter die Rivalin. Mit der Auflösung des Ödipus-Komplexes entstehe dann das persönliche elementare Gewissen, das Über-Ich (du sollst, du sollst nicht).

### 2.3.3. Schulalter

Im kognitiven Bereich ist die überragende Rolle von Handlungsaktivitäten für den Aufbau höherer Strukturen des Denkens erkennbar. Einzelne Verhaltensweisen werden in immer umfassendere Gesamtstrukturen integriert.

Die **Schulreife und Schulfähigkeit** ist durch einen Komplex von Verhaltens- und Leistungseigenschaften gekennzeichnet:

**Intellektuelle Voraussetzungen**
- Ausreichende Entwicklung des situativen, konkret-anschaulichen Denkens und erste Ansätze des empirischen Denkens.
- Differenzierungsvermögen für Formen, Farben, Zahlen, Bilder und Zeit.
- Willkürliche Aufmerksamkeitsfähigkeit und Konzentrationsfähigkeit.
- Altersentsprechender sprachlicher Ausdruck, Sprachverständnis, Fähigkeit zum Nacherzählen, Erlebnisschilderung.
- Praktisches Prüfen: Begriffe bilden, Merkfähigkeit (4—5 Zahlen, 16silbiger Satz), Zahlenbereich bis 6 (Würfel), Zeitangaben (Tag, Woche, Monat, Jahr), Gestalterkennen und Gestaltwiedergabe, Grundfarben unterscheiden, Rechts-Links-Unterscheidung, Geschichte erzählen nach Bildvorgabe.

**Soziale Vorbedingungen**
- Arbeitsbereitschaft, Willigkeit und Ausdauer im Unterricht, Lernbereitschaft.
- Aufgaben- und Regelbewußtsein.
- Soziales Einordnen: allein zur Schule gehen, soziale Distanz zum Lehrer, Kontaktfähigkeit zu Gleichaltrigen, Einordnung in Gruppe bei gleichzeitiger Selbständigkeit und Selbstbehauptung.

**Motorische Voraussetzung**
- Feinmotorik zum Schreiben entwickelt.
- Kontrolle motorischer Impulse, stillsitzen.

**Gestaltwandel von der rundlichen Kleinkindform zum schlanken Schulkind, Zahnwechsel.**
Als grobe Orientierung kann gelten: Ein Kind mit einer Zahnlücke, das fähig ist, mit der rechten Hand, den Arm über den Kopf geführt, das linke Ohrläppchen zu berühren (positives Philippinermaß), ist bei normaler Intelligenz und anpassungsfähigem Sozialverhalten schulreif.

Die **Entwicklungsaufgaben der mittleren Kindheit** (6—12 Jahre) beinhalten folgende Lernvorgänge:

- Fähigkeit für sozialintegriertes Spielen, Verträglichkeit mit gleichaltrigen Spielgefährten.
- Passende soziale Rolle.
- Lesen, Schreiben, Rechnen.
- Konzepte für das tägliche Leben.
- Entwicklung von Bewußtsein, Vorstellungen über Moral und Werte.
- Persönliche Unabhängigkeit bei realitätsgerechter Einordnung in soziale Gruppen.

Das Kind erwirbt die Fähigkeit zur Einordnung in eine Arbeitsgruppe, gewinnt eine gesunde Selbsteinschätzung und lernt seine soziale Rolle in der Gruppe der Gleichaltrigen kennen. Der sich entwickelnde Werksinn (ERIKSON) ist mit dem Gefühl verbunden, nützlich zu sein und eine gute Leistung zu vollbringen (ich bin, was ich lerne; ich will von anderen akzeptiert werden; ich möchte etwas mit anderen zusammen machen). Bei Störungen können aber auch Gefühle von Unzulänglichkeit und Minderwertigkeit auftreten.

Die Ausbildung der Geschlechtsidentität als Vorbereitung auf die Pubertät wird fortgesetzt. Die Identifizierungen mit anderen Bezugspersonen außerhalb der Familie gewinnen an Bedeutung.

Das Vorbild der Eltern bestimmt wesentlich die Realisierung der Entwicklungsaufgaben. Störungen können z. B. auftreten, wenn die Eltern im privaten und sozialen Bereich widersprüchliche Verhaltensweisen demonstrieren.

### 2.3.4. Verhaltensstörungen

Verhaltensstörungen kennzeichnen beim Kind die mangelhafte oder fehlende Fähigkeit, sich einer bestimmten Situation altersadäquat anzupassen. Bei den Fehlhaltungen handelt es sich meist um eine Retardierung mit Verharren in unreifen Verhaltensmustern oder um einen Rückfall in frühkindliche Reaktionsformen. Dabei spielen Anlage und Störungen der Erlebnisverarbeitung eine wesentliche Rolle. Allen Verhaltensstörungen ist gemeinsam, daß sie in abgeschwächter Form die typische Reaktionsweise von Kindern einer anderen Alterskategorie darstellen. Verhaltensstörungen entstehen durch ein Ungleichgewicht der Kind-Umwelt-Beziehung, sie sind in das psychosoziale Bedingungsgefüge eingebettet.

Die Tabelle 8. gibt einen Überblick wichtiger Verhaltensstörungen.

Tabelle 8. Verhaltensstörungen

| Verhaltensstörung | Bemerkungen |
|---|---|
| Lutschen (Daumen, Unterlippe) | Bis Ende Kleinkindzeit tolerabel; Ersatzbefriedigung, Lustgewinn; Therapie ab Schulalter oder eher, wenn exzessiv; Elternzuwendung, keine mechanische Behinderung. |

Fortsetzung Tabelle 8.

| Verhaltensstörung | Bemerkungen |
|---|---|
| Nagelbeißen, auch mit Verschlucken (Onychophagie) | Frühes Schulalter, Pubertät; Überforderung; gehemmte Aggressivität; keine Strafen; selbstlimitiert Ende Pubertät. |
| Haarausreißen (Trichotillomanie) | Selten, häufig Mädchen; autoaggressiv (Lustgewinn); Oligophrenie, nachhaltige Milieuschäden. |
| Hyperkinetisches Syndrom<br>1. motorische Unruhe (Leerlaufaktivität)<br>2. Impulsivität (keine Kontrolle, Unfallgefahr)<br>3. Störung Aufmerksamkeit (ablenkbar, konzentrationsschwach)<br>4. leicht erregbar (verminderte Frustrationstoleranz, Wutausbruch) | Manifestation in Vorschulzeit (kleinkindhafte Trotzphase) und Vorpubertät; hirnorganische Grundlage (perinatales Trauma, Alkoholembryopathie) und Disposition; tolerantes Verhalten, Prognose meist günstig, kein Leistungsdruck, nicht permanent ermahnen, Psychopharmaka (Thioridazin). |
| Tic: stereotype Muskelzuckungen und Bewegungsabläufe | Häufig Knaben, neurotischer Hintergrund; nicht beachten, nicht hänseln, nicht ermahnen; Psychopharmaka (Haloperidol). |
| Jactatio capitis: stereotypes rasches Drehen des Kopfes, vor allem vor dem Einschlafen, Schaukelbewegung am Tage | Bis 3. Lebensjahr leichte Form als Einschlafstereotyp bei Gesunden; Oligophrenie, emotionale Vernachlässigung; intensive Stimulation und Zuwendung; bei Oligophrenie Sedativa. |
| Stottern (Balbuties) | 2.–5. Lebensjahr physiologisches „Entwicklungsstottern", häufiger Knaben; angstneurotisches Symptom, Selbstwertstörung, Leistungsdruck; keine ermahnenden Korrekturen; psychotherapeutisch-logopädische Behandlung. |
| Mutismus (elektiv oder total) | Ängstliche, empfindsame Kinder mit starker Mutterbindung in der kleinkindhaften Trotzphase; Abbau von Ängsten, Aufbau stabiler Beziehungen außerhalb der Familie; zeitweise Tranquilizer. |
| Einschlafstörung | Kleinkinder; Reizüberflutung, emotionale Überforderung (Familienkonflikte), Angst (Einzelkinder), bezugsbedingte Störung zu Pädagogen, Erzwingen von Mutterkontakt; Regulierung Tagesschlaf (Mittagsschlaf?), Einschlafritual, entspannte Atmosphäre. Zeitweise Psychopharmaka, keine Barbiturate. |

Fortsetzung Tabelle 8.

| Verhaltensstörung | Bemerkungen |
|---|---|
| Durchschlafstörung, Pavor nocturnus<br>nächtliches Aufschrecken, meist 1. Nachthälfte<br>Weinen, Angst, Amnesie. | Kleinkinder, junge Schulkinder; Konflikte; harmlos, Tranquilizer. |
| Somnambulismus | Schulkind, Pubertät, meist Knaben, harmlos. |
| Kinetosen | Klein- und Schulkinder, harmlos, Medikamente. |
| Appetitstörung | Überforderung (Schulerbrechen), zwanghaftes Eßverhalten |
| Lügen: Notlügen, Zwecklügen, Angstlügen, Geltungslügen, Scherzlügen | differenziert prüfen (z. B. Angst bei brutaler Erziehung). |
| Stehlen | Frage: Wem? Was? Wozu?; Geltungsstehlen (Gruppe); fehlende Zuwendung, Verwahrlosung. |
| Weglaufen | Leistungsdruck, Autoritätsprobleme. |
| Enuresis<br>primär, d. h. ohne vorausgehende Sauberkeitsgewöhnung | Frühestens nach Vollendung 4. Lebensjahr, beachten: etwa 10 % nässen im 4.–5. Lebensjahr noch ein; organische Ursache, Oligophrenie, genetisch (Familiarität); Selbstheilungstendenz. |
| sekundär, nach vorangegangener Sauberkeitsgewöhnung | 4.–8. Lebensjahr, Knaben häufiger; Streß, Vernachlässigung, Aufmerksamkeitsentzug (Geschwisterkind), Protest; Fehlkonditionierung durch zu frühe Reinlichkeitserziehung; inkonsequente-resignierende Erziehung; rigide zwanghafte Mutter (pedantisch, perfekte Blasenkontrolle gefordert); extreme Verwöhnung (kein Anreiz). |
| Enkopresis | Jenseits 4. Lebensjahr, meist 7.–10. Lebensjahr, Knaben häufiger; Verwahrlosung, pathologische Angst, Milieuschäden; organisch (Megakolon); Oligophrenie. Fehleinschätzung (Kotschmierer, Unsauberkeit). |
| Angstsyndrom mit Trennungssituation (Schulphobie, Alleinsein), exzessives Unbehagen bei Trennung (Wut, Weinen), sozialer Rückzug bei abwesender Bezugsperson | Einzelkinder ohne Kindergartenerfahrung; Gesprächspsychotherapie oder Verhaltenstherapie. |
| Angstsyndrome mit Vermeidungsverhalten (Kontaktscheu bei Fremden) | Starkes Bedürfnis nach Zuwendung und Vertrautheit, soziale Anpassung behindert; Psychotherapie. |

Fortsetzung Tabelle 8.

| Verhaltensstörung | Bemerkungen |
|---|---|
| Schulangst, Schulverweigerung | Leistungsbezogene Angst (Leistungsdruck, Ehrgeiz, Selbstüberforderung). |
| Schuleschwänzen | Unlustbetonte Einstellung zu Schule und Lernen. |
| Phobien des Kleinkindes (Alleinsein, Dunkelheit, Gewitter, Tiere) | Geborgenheitsängste |
| Überängstliche Reaktionen im achten Monat (Schreianfälle, abnorm starkes Fremdeln) | Überstarke Differenzierungsangst, Angst vor dem Unbekannten. |
| Allgemeine Überängstlichkeit | Generalisierte anhaltende Angst und Besorgnis (Zukunft, Fähigkeiten), oft Kopfschmerzen; Disposition, erlernt (angstneurotische Familie). |
| Respiratorische Affektkrämpfe: heftiges Schreien und Weinen, meist erster Anfall Ende 2. Lebensjahr; Atemanhalten, Zyanose, kurzer Bewußtseins- und Tonusverlust | Unlust führt zu wütender Erregung (Wunschversagung, Ausschimpfen), kleinkindhafter Trotz; Reaktion durch Wunscherfüllung und Umgebungsreaktion verstärkt (Lerneffekt); rasche eindringliche verbale oder sensorische Intervention. |
| Aggressives Verhalten: Gewalt, Zerstörung, Schädigung | Nichtbewältigung normaler aggressiver Impulse aus unterschiedlicher Ursache (Konflikt, Oligophrenie). |
| Schul- und Lernschwierigkeiten | Intelligenzminderung, Entwicklungsrückstand, hyperkinetisches Syndrom, Trotzverhalten. |
| Frühkindlicher Autismus: extreme Zurückgezogenheit, Veränderungsangst, Sprachstörung, rituelle Gewohnheiten | Frühzeichen: Ausbleiben Lächel-Reaktion; selten; multifaktorielle Genese; sekundäre Formen nach Hirnschädigung. |

## 2.4. Reifungsalter (Vorpubertät, Pubertät, Adoleszenz)

Der „hormonelle Umbruch“ mit der Veränderung der Körpergestalt und der Weckung der Sexualfunktion auf der Grundlage intensiver zentralnervöser und endokriner Reifungsschritte sind das biologische Merkmal dieser Periode. Dies führt zur Ausbildung der sekundären Geschlechtsmerkmale, zum Erreichen der Geschlechtsreife und zu einem Wachstumsschub mit körperlichen Disproportionen.

In der ersten Phase der pubertären Entwicklung kommt es zur Auflösung kindlicher Verhaltensmuster, zu einer zunehmenden affektiven Labilisierung, zum „Verlust der Kindheit“. Unsicherheit und Beunruhigung sind erkennbar. In Freundschaften, vor allem der Mädchen, wird Intimität im homoerotischen Kontext erlernt: Geheimnisse, personale Nähe, Erfahrungsaustausch über Gefühle und Beziehungen.

In der zweiten Phase werden anstelle der kindlichen Bindungen neue gesucht. Es kommt zu einer Neuorientierung der Persönlichkeit. In der Adoleszenz wird das Verhalten zunehmend realitätsbezogener, es orientiert sich auf die Anforderungen von Beruf, Partnerschaft und Umwelt.

In der Pubertät müssen entscheidende Entwicklungsaufgaben bewältigt werden:

- Bildung neuer und reiferer Beziehungen zu Gleichaltrigen beiderlei Geschlechts in Zwei- und Mehrpersonensituationen (Freundschaften, Gruppenbildung).
- Finden einer Identität, Entwicklung eines realen Selbstbildes.
- Erlernen eines konstruktiven autoritätskritischen Verhaltens.
- Erlernen und Ausfüllen der Geschlechtsrolle.
- Gemeinschaftsorientiertes Handeln.

Die Auseinandersetzung mit der Autorität steht in enger Beziehung zur Ablösung vom Elternhaus. Jugendliche sind autoritätskritisch und durchschauen die Verhaltensweisen der Erwachsenen. Sie neigen zur Auflehnung gegen die Erwachsenenwelt, gegen deren Traditionen und Normen. Das Erproben verschiedener Verhaltensweisen erfordert die Toleranz der Erwachsenen. Das Leitmotiv im Umgang mit Jugendlichen muß Verständnis sein. Bewältigt der Jugendliche mit Unterstützung der Erwachsenen die Auseinandersetzung mit der Autorität, so erwirbt er ein von seinen Mitmenschen akzeptiertes und toleriertes autoritätskritisches Verhalten. Er erreicht die emotionale Unabhängigkeit vom Elternhaus, er orientiert sich auf Beruf, Partnerschaft und Familie.

Die Ablösung von den Eltern ist in die Familiendynamik eingebettet. Nicht immer gelingt die schrittweise Unabhängigkeit und Emanzipation, der Aufbau einer gleichberechtigten Beziehung. Ein gestörter Ablösungsmodus liegt vor, wenn

- Kinder durch elterliche Interaktion im elterlichen Gesichtskreis festgehalten werden (Bindungsmodus);
- Kinder auch bei erfolgter formaler Ablösung Wünsche der Eltern ausführen müssen (Delegationsmodus);
- Kinder vorzeitig und unverträglich aus der Beziehung zu den Eltern entlassen werden (Ausstoßungsmodus);
- Eltern gleichgültig reagieren (Ignoranzmodus).

Die Suche nach der eigenen Identität verdeutlichen die Selbstbefragungen Jugendlicher: Wie bin ich? Für wen hält man mich? Wie möchte ich sein? Wer bin ich einmal? Es sind Fragen, die das Ichbewußtsein betreffen. Sie beinhalten die Auseinandersetzung mit dem eigenen Wesen, Körper, Charakter, der eigenen Person, dem Ich. Bei einer positiven Beantwortung akzeptiert sich der Jugendliche (Ich bin so und akzeptiere mich so, ich will mich weiterentwickeln). Er stärkt sein Selbstvertrauen, entwickelt ein Lebenskonzept und ein soziales Orientierungsbewußtsein. Die Identitätssuche beeinflußt das Verhalten. Es kommt zum verstärkten vergleichenden Beobachten anderer, zur Überbewertung vorhandener oder vermeintlicher Mängel und zur Überempfindlichkeit gegenüber den Reaktionen der Umwelt. Die sozialen Reaktionen werden im Selbstbild verarbeitet. Der Jugendliche schützt sich nicht selten vor den starken sozialen Ängsten der Identitätssuche durch Abwehrverhaltensweisen: sich betont stark und sicher verhalten, Selbstbewußtsein und Angstfreiheit zeigen, überlegene Gleichgültigkeit („cool") demonstrieren.

Einen besonderen Stellenwert hat das Erlernen und Ausfüllen der Geschlechtsrolle. Es besteht eine erhöhte sexuelle Stimulierbarkeit, eine Ausprägung der sexuellen Orientierung und eine zunehmende sexuelle Aktivität. Der Jugendliche erlebt die Diskrepanz zwischen der biologischen Vollfunktion und dem psychosozialen Vorgang der Übernahme der Geschlechtsrolle. Die Geschlechtserziehung (s. 6.4.5.) hat einen großen Einfluß. Das sexuelle Verhalten und Verlangen ist zwar biologisch vorgegeben, wird aber im wesentlichen erlernt. Die Vorstellungen, Haltungen und Einstellungen entscheiden über die späteren Sexualbeziehungen.

Die Entwicklung des Sexualverhaltens wird von zeitlichen Entwicklungsdiskrepanzen (frühere Reife der Mädchen) und von unterschiedlichen Reifungsschritten (sexuell, psychosozial) beeinflußt. Es entwickelt sich ein Bedürfnis nach Zärtlichkeit, Intimität, personaler Nähe und Verständnis. Der körperliche Kontakt, Masturbation und Petting sind als Lernprozesse aufzufassen. Anfangs spielt die Phantasie eine große Rolle, ehe sich reale Beziehungen ergeben. Die Entfaltung des sexuellen Erlebens und Verlangens bedeutet noch nicht die volle Orgasmusfähigkeit. Es ist wichtig, bestimmte normale Reifungsschritte nicht zu dramatisieren, sondern das offene Gespräch darüber anzustreben (Angst vor sexuellen Kontakten, Masturbationserlebnisse, homosexuelle Handlungen).

Die phasenspezifische emotionale Labilisierung und die Nichtbewältigung von Entwicklungsaufgaben führt in den Jahren der Pubertät zu einem erhöhten Morbiditätsrisiko an psychosozialen Störungen (Pubertätskrisen, suizidale Handlungen, hypochondrische und anankastische Neurosen, depressive Syndrome, Alkohol- und Medikamentenabhängigkeit, Anorexia nervosa, sexuelle Deviationen).

## 2.5. Erwachsenenalter

### 2.5.1. Entwicklungsaufgaben

Folgende Entwicklungsaufgaben sind zu bewältigen:
- Entwicklung und Pflege der Partnerschaft.
- Gründung einer Familie und Erziehung der Kinder.
- Stabilisierung der sozialen Beziehungen und der beruflichen Kompetenz.
- Sicherung der ökonomischen Existenzgrundlage.
- Anpassung an die alten Eltern.
- Eigene Vorbereitung auf das Alter.

In der Lebensmitte wird der Mensch mit oft belastenden Problemen der

Rückschau und Vorschau konfrontiert. Er sinniert über verpaßte Chancen und über Verluste. Er verliert Jugend, Schönheit und Frische, verspürt schon die abnehmende Leistungsfähigkeit. Diese Schwellenangst zum Altwerden, das Erleben der Vergänglichkeit als eine Krise der Lebensmitte erfordert hohe Anpassungsleistungen.

### 2.5.2. Partnerschaft

Die psychologischen Voraussetzungen einer Partnerschaft sind: lieben und sich lieben lassen, Lust und sinnliches Erleben geben und nehmen, gelten und gelten lassen, Alleinsein und Gemeinschaft dem Partner zugestehen. Die Partnerwahl kann durch das Vater- bzw. Mutterbild beeinflußt werden (Fixierung oder Abwehr). Das sexuelle Erleben wird nicht selten von Leistungshaltungen, unangemessenen Erwartungen sowie der hohen Bewertung von Orgasmusfähigkeit und Potenz beeinflußt. Im allgemeinen ist aber das Sexualverhalten heute freier und tendiert dahin, daß Sexualität kein Problem, sondern ein Vergnügen ist.

Eine stabile Partnerschaft muß auf bestimmten vereinbarten und im gemeinsamen Handeln erworbenen Grundprinzipien beruhen, um der Gleichverteilung von Individuation und Sozialisation gerecht zu werden.

- **Bezogene Individuation.** Die Bezogenheit betrifft das Zusammengehörigkeitsgefühl, die Übereinstimmung und Angleichung. Individuation, das ist das Bewußtmachen eigener Gefühle, Gedanken und Wahrnehmungen in der Abgrenzung vom anderen. Ist es möglich, eine eigene Meinung zu artikulieren, aber auch zuzuhören, was der andere sagt? Und kann es der eine ertragen, wenn der andere etwas verneint, einer anderen Meinung ist (So bin ich und so bist du.)?
- **Gleichverteilung progressiven und regressiven Verhaltens.** Es besteht ein ausgewogener Wechsel in der Zuwendung, so daß jeder auf seine Kosten kommt. So kann sich jeder einmal hingeben, trösten lassen, und der andere ist der Spender von Trost und Zuwendung. Jeder kann Wünsche äußern und erfüllen.
- **Gleichwertigkeitsbalance.** Die Partner haben ein ausgewogenes Verhältnis in der Bestätigung und Bedürfniserfüllung, im Selbstwertgefühl und in den Entscheidungen (Erziehung, Lebensplanung, Finanzen). Sie leben die Gleichberechtigung, es besteht gegenseitige Wertschätzung und Bestätigung.
- **Offenheit.** Entscheidungen werden mit den Kindern offen beraten und gemeinsam getroffen. Konflikte und Gefühle werden ausgesprochen, ohne den anderen zu kränken, zu verunsichern. Es bestehen vielfältige Beziehungen zu Freunden und Bekannten. Die Familie engagiert sich für gemeinsame Aufgaben mit der Nachbarschaft, dem Betrieb, der Schule, den gesellschaftlichen Organisationen.
- **Bewältigung kritischer Phasen.** Den Partnern gelingt es, die kritische Phase der mittleren Jahre und das gemeinsame Altern zu bewältigen. Die Krise der mittleren Jahre entsteht dadurch, daß die praktischen Auf-

gaben der Aufbauphase (Kindererziehung, berufliche Qualifikation, materielle Sicherheit) realisiert sind. Eine Lockerung der Bindungen, ein nachlassender Informationsaustausch und ein Interesse nach Abwechslung erfordern neue gemeinsame Aktivitäten, um die Partnerschaft stabil zu halten.

Die Schwangerschaft bereichert das Gefühlsleben der Frau. Sie sehnt sich nach der intimen psychophysischen Interaktion mit dem Kind. Sie wünscht sich das Kind von dem Partner und für den Partner. Fragen stellen sich ein. Bringt das Kind Erfüllung oder Enttäuschung? Wird die Liebe Bestand haben? Wie gelingt es, die Betreuung des Kindes, die Aufgaben in der Familie und im Beruf miteinander zu vereinbaren? Schwangerschaft und Kind führen die Frau und den Partner zu einer reiferen Stufe.

Das Kind schafft neue Impulse für die Reifung der Partner. Sie müssen Verantwortung übernehmen, Rechte und Pflichten gerecht verteilen und Begrenzungen der persönlichen Freiheit in Kauf nehmen. Vor allem für die Frau treten Probleme dadurch auf, eine gute Mutter zu sein und sich im Beruf sowie in der Gesellschaft zu verwirklichen. Die eigene Elternschaft ist oft der letzte Schritt der Ablösung von kindhaften Bindungen an die Eltern, sie verbessert auf einer gleichberechtigten Ebene die Beziehung zu den Eltern.

### 2.5.3. Partner- und Familienkonflikte

Eine Nichtübereinstimmung in den Grundprinzipien führt zu Konflikten. Eine Ehekollusion ist das unbewußte Zusammenspiel zweier Partner auf der Grundlage eines gleichartigen unbewältigten Grundkonfliktes. Als Selbstheilungsversuch überspielt der eine Partner seine Schwäche mit einer „Erwachsenenfassade" (Progression), der andere fällt auf kindliche Verhaltensweisen zurück (Regression), woraus Anziehung und Verklammerung entstehen. Jeder Partner legitimiert das eigene neurotische Verhalten durch den Hinweis auf das gestörte Verhalten des anderen. Der überbetonte und einseitige Zufluchtscharakter der Ehe führt im Umsorgtsein zu einem ständig neuen Wunsch nach passiver Befriedigung, wobei eine irgendwann auftretende Unersättlichkeit auf der einen und Abweisung auf der anderen Seite zur Krise führen.

In der Tabelle 9. sind Beispiele für Partnerkonflikte aufgeführt.

Tabelle 9. Ehekollusionen, Ehekonflikte

| Problemverhalten | Denkweisen | Folgen |
|---|---|---|
| ● **Regressiv-abhängige Verklammerung:** nicht geglückte Elternablösung mit Übertragung von Abhängigkeiten auf Partner; | Was wärst du ohne mich? Laß mich alles machen. Ich will dir nur helfen. Sei mein liebes kleines Frauchen. Ich brauche | Unersättlichkeit und Zurückweisung führt zu Krisen, Trennungsangst, depressiv, Herzangstsyndrom, Abweisung von |

Fortsetzung Tabelle 9.

| Problemverhalten | Denkweisen | Folgen |
|---|---|---|
| Beziehungsstörung (Vater-Mutter-Ehe, Pfleger-Pflegling, Spender-Empfänger), Nestehe; Abhängigkeit durch Verpflichtung, Verwöhnung oder überstarke Identifizierung; starke Ansprüche und Erwartungen. | dich unbedingt. Ich mache alles für dich. | Selbständigkeitsbestrebungen, ungleiche berufliche Entwicklung, verwöhnende Erziehung. |
| ● **Verklammerung in der Fusion:** völlige gegenseitige Abhängigkeit, jeder mischt sich in die Angelegenheiten des anderen ein, keine Eigenständigkeit. | Alles ist eins. Ich sehe die Welt, wie du sie siehst. Wir sind ein Herz und eine Seele. Du mußt mir alles sagen. Ich will alles wissen. | Trennungsangst, alles Neue (Bekanntschaften, veränderte Gewohnheiten) wird als Bedrohung erlebt, depressiv. |
| ● **Verklammerung im Streit:** Auseinandersetzungen, Haß-Liebe, Krach und Liebe, sexuelles Versöhnungsritual. | Geh mir aus dem Weg und komm näher. Ich mag dich nicht und mag dich doch. | Verunsichernde Erziehung. |
| ● **Narzißtische Selbstbestätigung:** Partner dient der eigenen Selbstbestätigung, Anerkennung und Bewunderung; Ausnutzung durch Idealisierung; Befriedigung eigener Abhängigkeitswünsche; Rollenehe (Sonnenschein); Partner Attribut, keine echte Bindung. | Du bist die Beste, Schönste für mich. Sind wir nicht das schönste Paar. | Partner findet keine Selbstverwirklichung; hypochondrische, depressive und aggressive Verhaltensweisen; sexuelle Abwehr (Dysmenorrhoe); Vorzeigkinder. |
| ● **Dominanz-Submission:** Bemächtigung und Unterwerfung; aktiv-passiv; fehlende Gleichberechtigung; Pantoffelheld; ausnutzen; traditionelle Rollenauffassungen von Mann und Frau. | Mach das, was ich will, ich mache es schon richtig. Du hast mir nichts zu sagen. Wenn ich bestimme, ist das besser für dich, du bist hilflos. Willst du wohl klein beigeben. Dir werde ich es zeigen. | Quälende Verklammerung, Streit, autoritäre Erziehung, gestörte Identifikation der Kinder, Störung der sexuellen Hingabe, berufliche Weiterentwicklung auf Kosten des anderen (ausnutzen), man genügt sich nicht mehr. |
| ● **Dominanz der Individuation:** extreme Überdifferenzierung, Isolierung, schwache integrative Kräfte, Distanz. | Jeder lebt sein Leben. | Beziehungslosigkeit, Erziehungsfehler. |

Fortsetzung Tabelle 9.

| Problemverhalten | Denkweisen | Folgen |
|---|---|---|
| ● **Vorwürfe und Abwertungen:** eigene Enttäuschungen, Zorn und Schuldgefühle auf den anderen projiziert, gegenseitige Bestrafungen und Schuldzuweisungen, ein schlechtes Gewissen machen, Haßehe. | Du kannst nichts, taugst nichts. Du tust nur so. Hab' ich dich endlich erwischt. Wo kommst du wieder her? Du würdest mich im Stich lassen. Wenn du nicht wärst. Mach mal so weiter. Du wirst schon sehen. Mach was du willst, aber ... | Gestörte Hingabefähigkeit, Vermeiden sexueller Handlungen durch Somatisierung (Kopfschmerzen), Erziehungsstörung. |
| ● **Vertrag gegen die Lust:** Rationalisierung abgewehrter Sexualität. | Wir halten uns zurück, um der Kinder willen, um das Haus zu bauen. Sexualität ist gleichgültig, wir haben andere Aufgaben. | Vertragsbruch durch sexuelle Fremderlebnisse, Unzufriedenheit, fehlende Offenheit. |
| ● **Antreiben:** Partner ständig stimuliert zu Aufgabenerfüllung, Leistungen, zum Weiterkommen. | Mach doch endlich, streng dich an, du mußt, die anderen haben schon. | Unzufriedenheit, emotionaler Rückzug. |
| ● **Verunsichernd:** Verhaltensantwort bringt Partner immer ins Hintertreffen; er weiß nicht, woran er ist. „Doppelbindung" in der Kommunikation; Partner handlungsunfähig. | Sei lieb -nein- muß ich es erst sagen. Sei aufmerksam -nein- nicht wenn ich es sagen muß. Wie man es macht, macht man es falsch. Du brauchst dir keine Mühe geben, ich weiß ... Du bist ja nur deshalb lieb, weil ... | Unzufriedenheit, Verunsicherung. |
| ● **Inhaltsarm, gefühlsarm:** minimale Wechselwirkung, konsumorientierte Ehe, Trottehe. | Das Wichtigste ist das Haus, das Auto, die Gemütlichkeit am Fernseher. | Unzufriedenheit |
| ● **Unreif:** keine Partnerschaft, Beibehaltung alter Verhaltensweisen, keine Reifungsschritte. | Jeder lebt so weiter wie vor der Ehe. | Konflikt bei Geburt eines Kindes, Frau muß Pflichten übernehmen, Partner steht abseits. |
| ● **Erschöpft-depressiv:** beide überfordern sich außerhalb der Ehe, leben für die Arbeit, die Gesellschaft, Abwehr der Sexualität. | Die Arbeit ist am wichtigsten. | Unzufriedenheit. |

Die Interaktionen in der Familie und der Familie mit der Umwelt haben besonderen Einfluß auf das Familienklima, die Erziehung der Kinder und die Beziehung zur Gesellschaft. Die Tabelle 10. gibt einen Überblick über problematische Familienstrukturen auch hinsichtlich der Arzt-Patient-Beziehung.

Tabelle 10. Problemfamilien

| Problemverhalten der Familie | Fehlangepaßte Meinungen | Verhalten in der Arzt-Patient-Beziehung |
|---|---|---|
| **Unsichere Familie:** Unsicherheit, Angst, fehlende Entscheidungen, antizipierte Fehlschläge, Mißtrauen, Hilflosigkeit, Symptomträger beherrscht Familie (Sanatorium). | Werden wir uns richtig verhalten, wenn ... Mach das nicht, denn ... Und nun auch noch das. | Hypochondrisches Verhalten mit Forderung nach Untersuchung, angstbetontes Befolgungsverhalten, wenig Selbsthilfe. |
| **Erstarrte geschlossene Familie:** Isolierung (Burg), stereotyp, monoton, exakte Rollen, strenge Erziehung, Dominanz einer Person, lebensverändernde Ereignisse verunsichern (Arbeits- und Wohnungswechsel, Weggang Kinder). | Alles bleibt, wie es ist. Wir sind alle unter einem Dach. Wir brauchen niemand. Jeder weiß alles. | Wenig spontane Mitteilung, Ratschläge als Eingriff in persönliche Sphäre gewertet, Überbetonung eigener Vorstellungen, gute Compliance bei akuten Erkrankungen. |
| **Geltungsanspruch,** dynamisch-offen, kommunikationsfreudig, Verlangen nach sozialer Aufmerksamkeit, „Krach und Liebe", Hektik. | Wir laden euch alle ein, laßt uns leben, wir sind alle Freunde, ein Streit ist die Würze der Ehe. | Mitteilungsbedürfnis, Informationen von anderen beeinflußt, Wunsch nach dem besten Arzt, Compliance bei akuter Krankheit gut, rascher Arztwechsel bei nicht erfüllten Forderungen. |
| **Lethargie,** schwunglos, Freizeitlethargie, soziale Pflichten vernachlässigt, Fernsehdauerkonsum. | Wir brauchen unsere Ruhe, keiner soll stören, wozu sich anstrengen. | Geringe Compliance, Vernachlässigung von Vorsorgeuntersuchungen, gesundheitsschädigende Verhaltensweisen. |
| **Zersplitterung,** verantwortungsarm, chaotisch, jeder tut, was er will; spontane Entscheidungen, keine Gemeinsamkeiten, wenig Verantwortungsbewußtsein. | Soll doch jeder machen, was er will, so gibt es keinen Ärger. | Unpräzise Auskünfte, bewußte Falschangaben, Verordnungen ohne Resonanz, Termine nicht wahrgenommen, kaum Compliance. |
| **Spaltung,** verschmelzende Kind-Eltern-Beziehung bei Abwertung des anderen Elternteils, Dauerkrisen mit Aggressionen. | Dein Vater ist böse, wir müssen zusammenhalten. | Therapiefeindlichkeit des anderen Partners, z. B. bei Alkoholkrankheit. |

### 2.5.4. Arbeitsleben

Im Leistungsbereich bestehen stabile soziale Beziehungen. Berufliche Kompetenz und Anerkennung beider Partner sind wichtige Faktoren für ein harmonisches Familienleben. Das Freizeitverhalten gewährleistet Entspannung, Kontakte, befriedigt kulturelle Bedürfnisse. Die soziale Sicherheit in der sozialistischen Gesellschaft, ohne Arbeitslosigkeit und Angst vor einer drohenden Entlassung, schafft einen Rahmen für das Familienleben, der von der weitgehenden Übereinstimmung der persönlichen mit den gesellschaftlichen Interessen geformt wird.

In der Tabelle 11. sind einige Probleme im Arbeitsleben aufgeführt.

Tabelle 11. Problemverhalten im Arbeitsleben

| Grundverhalten | Fehlangepaßte Meinung | Einschätzung |
|---|---|---|
| Versagensangst | Das schaffe ich nie. | Falsche Grundhaltung, Folge realer Versagenssituation, neurotischer Konflikt, Qualifizierungsangst. |
| Selbstüberschätzung Selbstüberforderung | Das schaffe ich mit links, das wäre ja gelacht, wenn ihr mich nicht hättet. | Nicht-nein-sagen-können, Hineingleiten in Überforderung, Streben nach sozialer Anerkennung, neurotische Überforderung bei Konflikten (Flucht in die Arbeit), Ehrgeizhaltung, Kompensation von Selbstunsicherheit. |
| Rivalitäten | Wieso ist er besser, wieso bekommt er eine Prämie. | Fehlende Offenheit, das Gespräch suchen. |
| Perfektionismus | Ich muß alles genau und gründlich machen, die anderen pfuschen ja nur. | Selbstüberforderung, Anerkennung wird gesucht, bei fehlender Anerkennung Enttäuschung, Konflikte mit Kollegen. |
| Benachteiligungsgefühl, fehlende Anerkennung | Niemand lobt mich, niemand fragt nach meiner Meinung. | Passiv-abwartendes Verhalten, fehlende Offenheit, gestörte Selbsteinschätzung. |
| Verfehlte Berufswahl | Diese Arbeit liegt mir nicht. | Unzufriedenheit, wenig Interesse an der Arbeit, Ersatzleistungen (Freizeitarbeit). |
| Vorgesetztenkonflikt | Mit meinem Chef komme ich nicht klar, er ist ... | Voreingenommenheit, problematische Persönlichkeit des Vorgesetzten, Autoritätsprobleme. |
| Konflikte mit älteren oder jüngeren Kollegen | Die jungen Leute taugen nichts, die alten schaffen nichts. | Generationsprobleme, evtl. Übertragung Elternkonflikt. |

## 2.6. Altwerden

*Der Alte ist gewiß ein ebenso vollkommenes Geschöpf in seiner Art als der Jüngling, auch wenn dieser für vollkommener gehalten wird.*

G. Lichtenberg

*Jedes Jahrzehnt des Menschen hat sein eigenes Glück, seine eigenen Hoffnungen und Aussichten.* J. W. v. Goethe

Die Entwicklungsaufgaben im Zusammenhang mit dem Altwerden beinhalten die Anpassung an die verringerte Leistungsfähigkeit und an veränderte soziale Bezüge. Das Bewältigen dieser Aufgaben ist ein neuer Reifungsschritt. Jeder ist so alt wie seine Anpassungsfähigkeit. Das Alter ist keine biologische Katastrophe, sondern ein neuer sinnerfüllter Lebensbereich.

Die Vorbereitung auf das Alter sollte rechtzeitig erfolgen, durch medizinische (Dispensairebetreuung), soziale (Arbeits- und Wohnungswechsel) und psychologische (Geropsychohygiene, Training von Kommunikation, neue Verhaltensweisen erlernen) Maßnahmen. In den Gesprächshilfen geht es auf der Basis von Verständnis und emotionaler Zuwendung darum, Kontakt und Selbständigkeit zu fördern, den Stellenwert vorhandener sozialer Beziehungen darzulegen, zur positiven Rückschau zu ermuntern und sozial negative Verhaltensweisen abzubauen. Der alternde Mensch sollte sich auf den Leistungswandel vorbereiten, ohne voller Angst immer das Defizitmodell vor Augen zu haben.

Das Defizitmodell geht davon aus, daß es zum kontinuierlichen allgemeinen Leistungsabfall komme, ohne daß der ältere Mensch noch etwas dazulernen könne. Es zeigt sich aber, daß diese einseitige Sicht falsch ist, ja sogar negative Folgen hat. Denn die Verhaltenserwartungen der Umwelt haben auch Einfluß auf die Selbsteinschätzung des Menschen. Es gibt aber keinen generellen (alle Bereiche) und universellen (alle Personen) umfassenden Abbau von Fähigkeiten. Entscheidend ist das individuelle Verhaltensmuster, welches stark von der Biographie, der Situation, der Zukunftsorientiertheit und den Erwartungen beeinflußt wird. Die Lernfähigkeit ist in einer ruhigen Situation durchaus erhalten, psychologische Untersuchungen ergaben einen Leistungszuwachs bei wiederholten Testuntersuchungen. Als positive Charakterzüge erweisen sich die Altersweisheit, die distanzierende Gelassenheit, der Hang zur besinnlichen Rückschau, die Identifizierung mit Kindern und Jugendlichen und die hochwertigen sozialen Beziehungen (Altersehe, Altersfreundschaften).

Im körperlichen Bereich belasten vor allem in der angegebenen Reihenfolge: Einschränkung der Beweglichkeit, Schlafstörungen, Gedächtnisstörungen, Minderung der Sinesleistungen, Ermüdbarkeit und Herz-Kreislauf-Beschwerden. Es besteht eine Neigung des alten Menschen zum Somatisieren, eine körperliche Krankheit wird leichter akzeptiert. Eine besondere Belastung ist die Häufung verschiedener Krankheiten, die Multimorbidität. Jenseits des sechzigsten Lebensjahres nimmt die Erwartungswahrscheinlichkeit für das Auftreten chronischer Erkrankungen zu. Das Auftreten von Krankheiten und die Veränderung des Körperbildes (Hautveränderungen, gebeugte Haltung, Aussetzen der Menstruation) beeinflussen das Selbstwertgefühl. Die Anpassung an das Nachlassen der Kräfte und der Gesundheit sowie die Auseinandersetzung mit dem Problem des Todes sind wichtige Bewältigungsaufgaben. Es kann auch zu Fehlanpassungen kommen, die der Arzt erkennen und gemeinsam mit dem Patienten und seinen Bezugspersonen korrigieren sollte: Resignation, Verleugnung, Apathie, Verdruß gegen sich und das Leben, ärgerlicher Mißmut, überhöhte Aktivität, ängstliche Depressivität, suizidales Verhalten, hypochondrische und paranoide Einstellungen. Manche ältere Menschen klammern sich sehr an ihre Bezugspersonen, wobei dies von den Partnern unterstützt wird und zur erlernten Hilflosigkeit führen kann. Ein im Bett liegender alter Mensch ist einfacher zu betreuen, als wenn ständig die Aktivität gefördert werden muß.

Der soziale Bereich ist besonders bedeutsam. Tod und Krankheit des Partners können zu schweren Krisen führen. Eine ernste Kommunikationsstörung ist die Vereinsamung in der Wohnung, das Leere-Nest-Syndrom. Die Beziehung zu den Kindern soll die innere Nähe bei äußerer Distanz beinhalten. Der alte Mensch wohnt in der Nähe, aber nicht in der Wohnung der Kinder. Schwierig ist es, die rechte Balance zu finden zwischen notwendigem Rückzug von sozialen Aufgaben und der andererseits notwendigen Aufrechterhaltung von Sozialbezügen. Die unvorbereitete Berufsaufgabe wie auch der plötzliche Wechsel des vertrauten Milieus (Heim, altersgerechter Wohnraum) können zu ernsten Belastungen werden.

Das Sexualverhalten alter Menschen ist, vor allem bei Frauen, noch sehr stark von Vorurteilen belastet („soziale Kastration"). Auch hier hat der Arzt die Aufgabe, im Beratungsgespräch auf die Möglichkeiten der Erfüllung sexueller Bedürfnisse hinzuweisen.

Tabelle 12. Fragen des alten Menschen (nach Grond 1978)

| Aus der Vergangenheit | In der Gegenwart | An die Zukunft |
|---|---|---|
| Warum? | Wie? | Wozu? |
| ... habe ich nicht ernst genug gelebt? | ... kann ich mich anpassen? | ... lebe ich noch? |
| ... habe ich etwas versäumt? | ... schätze ich mich selbst ein? | ... welchen Sinn hat mein Leben noch? |
| ... wurde ich abgelehnt? | ... werde ich noch eingeschätzt? | Wem kann ich noch nützlich sein? |
| ... wurde ich isoliert? | ... werde ich mit meinen Leiden und Gebrechen fertig? | Welche körperlichen Reserven habe ich noch? |
| ... wurde ich schwächer und krank? | | |
| ... habe ich unvernünftig gelebt? | | |

## 2.7. Medizinpsychologische Probleme der Frau

### 2.7.1. Menstrueller Zyklus

Der menstruelle Zyklus ist für das Befinden und das Selbstbild von zentraler Bedeutung. Er vermittelt weibliche Identität und Natur. Das Mädchen freut sich, daß es „seine Tage" hat, es fühlt sich als eine „richtige Frau", sein Ansehen unter den Mitschülerinnen steigt. Die Wiederholungen stimulieren die Auseinandersetzung mit der Geschlechtsidentität. Das Erleben der Blutung und der Periodizität steht in enger Beziehung zur Reife, zur Gesundheit, zum biologischen Kalender, zu phasenspezifischen emotionalen Veränderungen.

Der Einfluß psychischer Faktoren auf die Menstruation ist eine der ältesten psychosomatischen Beobachtungen. Begriffe wie Internats-Amenorrhoe oder Kriegs-Amenorrhoe stellen einen Zusammenhang zwischen sozialen Situationen und der Menstruation her. Eine sekundäre Amenorrhoe kann durch eine späte Menarche, eine Gefahrensituation, Trennung von der Familie oder Konfrontation mit sexuellen Anforderungen ausgelöst werden. Gelegentlich kann die Beziehung zwischen einer infantil-hilflosen Tochter und der dominierenden Mutter zu einer sekundären Amenorrhoe führen, die psychosoziale Retardierung drückt sich auch in einer biologischen Retardierung aus. Meist besteht ein aktueller bewußtseinsnaher Konflikt. Die Spontanheilung und der Einfluß suggestiver Faktoren sind groß.

Vor oder während der Menstruation können psychische Veränderungen auftreten: Reizbarkeit, Affektausbrüche, Angst, Antriebsarmut, Ermüdbarkeit, Insuffizienz, Depressivität, Steigerung des Selbstwertgefühls, verstärktes sexuelles Verlangen. Das prämenstruelle Syndrom geht mit Unwohlsein, Spannung im Abdomen, Rückenschmerzen, Nausea, Schwindel, Brechreiz, Obstipation u. a. einher.

### 2.7.2. Schwangerschaft

Die Schwangerschaft führt zu reichhaltigen Gefühlen, zu einer veränderten Wahrnehmung des Körpers, bei vielen Frauen zum Wohlbefinden. Andererseits ist die Schwangerschaft ein körperlicher Streß. Die Frau muß sich mit dem veränderten Körper (Brüste, Striae), mit der Einstellung der Familie und anderer Personen des sozialen Umfeldes, mit der neuen sozialen Situation vertraut machen. Das Erleben der Schwangerschaft ist eine konflikthafte Erfahrung mit einer Neuorientierung und Interessenkollisionen. Folgende Faktoren sind dabei von Einfluß:

- Aktuelle Lebenssituation: Partnerbeziehung, Mutterrolle, soziale Situation.
- Biographische Faktoren: Beziehung zu den Eltern, eigene Kindheit, Persönlichkeitsstruktur.
- Bewußte Einstellung zur Schwangerschaft: Vorerfahrungen, Wunschkind, Familienplanung.

- Physiologische Faktoren: Konstitution, Alter, Geburten, Erkrankungen. Das sexuelle Verlangen kann in der Schwangerschaft zunächst zunehmen, sich auch qualitativ ändern, später erfolgt nicht selten ein Rückzug aufgrund von Vorurteilen. Bei gestörten Beziehungen wird die Schwangerschaft zur Abwehr sexueller Forderungen benutzt.

Psychische Störungen können durch eine mangelnde Anpassung an die Mutterschaft (Identitätsprobleme) in Form von veränderten Persönlichkeitszügen (Launen, Tyrann) oder auffälligen Impulsen (Schwangerschaftsgelüste, Fettsucht, Stehlen) auftreten.

Psychosomatische Störungen zeigen sich in einer Beeinträchtigung des Allgemeingefühls und einem Schwächegefühl, in einer schmerzhaften Frühschwangerschaft (dadurch kann eine Depression larviert sein), in einer Hyperemesis gravidarum oder in oralen Störungen (zügelloser Appetit, Gelüste, Aversion gegen Nahrung mit Gewichtsabnahme, Ekel, Brechreiz).

Besorgnisse der Frau sind nicht zu bagatellisieren, sie deuten oft auf tieferliegende Konflikte hin. Solche Besorgnisse sind: Angst vor einer Gewichtszunahme, Verlust des Partners, Mißbildung des Kindes, Schaden durch Geschlechtsverkehr, Schmerzen und Verletzungen bei der Geburt. Durch ein empathisches, unterstützendes Gesprächsverhalten werden Ängste abgebaut. Konfliktzentrierte Gespräche sind in der Schwangerschaft wenig geeignet.

### 2.7.3. Geburt

Affekte können die Innervation der austreibenden und zurückhaltenden Muskulatur modifizieren. Ein ungestörtes kooperatives Gebärverhalten zeigen Frauen, die ein gewisses Ausmaß von Angst und ärgerlich getönter Arbeitsstimmung bewußt erleben können. Sie können gleichzeitig aktiv und passiv sein, geben sich dem Naturgeschehen hin, akzeptieren auch die Einschränkung von Willen und Wahrnehmung.

Der Einfluß übermäßiger Affekte zeigt sich in dem unkoordinierten Einsatz der quergestreiften Muskulatur der Bauchdecken, des Beckenbodens, der Atmung und der Extremitäten.

Bei einem angsterfüllten Gebärverhalten besteht keine Kooperation mit dem Arzt und der Hebamme, das Handeln ist planlos, unkoordiniert, die Frau macht alles falsch, preßt zu früh mit, es besteht ein sich aufschaukelnder Circulus vitiosus von Angst, Spannung und Schmerz. Beim retentiven Gebärverhalten nehmen die biologisch notwendigen zurückhaltenden Impulse durch Angst, Trotz oder Aufbegehren pathologisches Ausmaß an, es kommt zu einer starken Anspannung der Muskulatur. Das ärgerliche Gebärverhalten der aggressiv-gehemmten Frau ist gekennzeichnet durch einen rigiden Muttermund, unwilliges Stöhnen, vorwurfsvolles Leiden, verdrießlicher und mürrischer Ausdruck. Beim rational gesteuerten, perfektionistischen Gebärverhalten wird die Frau mit den Problemen um Aktivität, Passivität, Hingabe, Reduktion von Wille und Bewußtseinslage nicht fertig.

## 2.7.4. Wochenbett

Das Wochenbett bringt Erschöpfung und Ruhe nach dem Streß der Entbindung. Aber das Wochenbett ist selbst wieder Streß durch die umfangreiche anatomische und physiologische Umstrukturierung und Umstellung. Es kann sich nach der Leistung eine leichte Depression einstellen. Vor der Frau steht die Aufgabe, eine bereichernde intime Zweierbeziehung mit dem Kind aufzubauen (symbiotische Interaktion), sich einzuschwingen auf das Erleben des Kindes. Die Beziehung zwischen Mann und Frau hat sich verändert, es besteht jetzt eine Dreierbeziehung, der Mann muß die Frau mit dem Kind teilen.

Das Wochenbett ist oft durch besonders heftige emotionale Auseinandersetzungen und durch heftige psychosoziale Konflikte (neue Beziehung zum Mann, evtl. Auseinandersetzung mit der Mutter, Versagensängste bei neuen Aufgaben) gekennzeichnet. Dadurch können neurotische Anpassungsstörungen und depressive Versagenszustände vorkommen.

Bei einer Unmöglichkeit des Stillens kann die Mutter auch mit der Flasche dem Säugling einen ähnlichen personalen Kontakt vermitteln, sich „brustartig“ verhalten. Stillstörungen können sich bei einer angstvollen Besorgtheit, ob die Still-Leistung einwandfrei und zuverlässig sei (anankastische Persönlichkeit mit Perfektionismus), einstellen.

# 3. Medizinpsychologische Gesprächsführung

## 3.1. Allgemeines Gesprächsverhalten

*Wer nur fragt, erhält Antworten, sonst nichts.* M. Balint

*Worte können unsagbar wohltun und fürchterliche Verletzungen zufügen.*
S. Freud

Die Dialektik zwischen krankheitsorientiertem und patientenorientiertem Verhalten zeigt sich auch im Gespräch. Arzt und Patient wissen von der Notwendigkeit, Fakten über die Krankheit zu sammeln. Ein sorgfältiges und umfassendes Untersuchungsgespräch ist für den Erkennungsprozeß einer Krankheit unverzichtbar. Verkürzen Ärzte die verbale Informationssuche zugunsten anderer Untersuchungen, kommt nicht selten nach kurzer Zeit die Erkenntnis, miteinander ins Gespräch kommen zu müssen. Das krankheitsorientierte Gespräch ist sachlich (symptom- und krankheitsbezogene Fragen) und von Direktiven und Ratschlägen begleitet.

Die traditionelle Anamnese ist am Modell der akuten und heilbaren Gesundheitsstörungen orientiert. Sie ist ein vom Patienten gesuchtes und vom Arzt geführtes Gespräch. Eine Anamnese im Rahmen einer krankheitsorientierten Einstellung kann wie folgt ablaufen:

- Voreinstellung: Was wird der Patient wohl haben?
- Vorinformation: Feststellung früherer Krankheiten anhand der Unterlagen, Fremdbeeinflussung durch Vordiagnosen.
- Offene Frage: Warum kommen Sie?
- Monolog des Patienten. Der Patient geht meist davon aus, daß der Arzt körperliche Beschwerden hören will.
- Arzt stellt sich beim Zuhören auf krankheitsorientierte „Reizwörter" ein (lokalisierte Schmerzen, Schwindel, Anfälle, Gangunsicherheit, lokalisierte Organbeschwerden, Erbrechen usw.). Er sucht in den Worten des Patienten den somatischen Kern und aktiviert Nosogramme, die er erlernt hat und bei denen er sich sicher fühlt. Eventuell Aha-Erlebnis eines somatischen „Flash" (das ist bestimmt diese Krankheit).
- Direkte geschlossene Fragen aus der erlernten Symptomliste; Symptomerkundung, Symptomfahndung. Das Nosogramm bestimmt den weiteren Ablauf. Es kommt zum selektiven und einseitigen Informationsgewinn.
- Pflichtfragen (Körpergewicht, Schlaf, Familienanamnese, Eigenanamnese).
- Vorläufige Diagnose.
- Organisation der Diagnostik.

- Organisation der somatischen Therapie.
- Patient erlernt in Zusammenarbeit mit dem Arzt die Somatisierung von Beschwerden.
- Training von Folgsamkeit und Befolgungsverhalten.

Kein Wunder, wenn sich bei chronischen Krankheiten und psychosozialen Störungen bald Widerstände des Patienten einstellen. Er wird zum Problempatienten, das Befolgungsverhalten ist gestört.

Der Aufbau einer tragfähigen kooperativen Beziehung erfolgt im patientenorientierten Gesprächsverhalten. Arzt und Patient wissen, auch bei klarer Diagnose bleibt das Gespräch die Grundlage der Arzt-Patient-Beziehung. Es heißt immer noch Sprechstunde, nicht Untersuchungs-, Behandlungs- oder Rezeptierstunde! Die Konfrontation mit psychosozialen Störungen, chronisch Kranken, Problempatienten, Nichtbefolgern und Therapieversagern zwingt den Arzt zur bewußten Gestaltung eines patientenorientierten nichtdirektiven Gesprächsverhaltens, um die Mitarbeit des Patienten bei der Bewältigung der Krankheit zu erreichen. Nur im Gespräch gelingt es, die Erkrankung der Biographie des Patienten zuzuordnen, das „Hier und Jetzt" der Symptomatik durch die Zukunftsbewältigung aus starrer somatischer Enge zu befreien und die Beziehung zwischen beiden Partnern aufzuarbeiten. Es wird ein hoher kognitiv-emotionaler Aufwand gefordert: gleichzeitig sprechen, beobachten, denken, verarbeiten, speichern, Gefühle erkennen und widerspiegeln. Dabei müssen unterschiedliche Formen der Mitteilungen beachtet werden: verbal (das „Was" der Information), nonverbal (das „Wie" der Information), symbolisch versteckte Informationen (Phantasien über Krankheit und Tod; Träume) und die nicht gesagten Informationen (Ausklammern wichtiger Bezugspersonen, Vermeiden unangenehmer Erlebnisinhalte). Ein patientenbezogenes Gesprächsverhalten ist durch Übung, Selbstreflexion und Mitarbeit in einem Balint-Seminar erlernbar. Das Ziel ist eine emotional entspannte und vertrauensvolle Beziehung, die gesprächsfördernd wirkt und die Selbsthilfe des Patienten aktiviert. Der Patient erlebt emotionale Zuwendung, Anteilnahme, Verständnis und Wertschätzung. Dadurch entwickelt sich die Bereitschaft zum Gespräch und das Bewußtsein für innere Konflikte. Der Patient kann auf der Grundlage eines angstfreien Erlebens ein einengendes Abwehrverhalten aufgeben, er kann über ein zeitweises Ausleben regressiver Wünsche (sich hingeben, überlassen, anvertrauen) zur progressiven Einstellung zur Krankheit und zu Lebensproblemen gelangen (Selbsthilfe, Kooperation, aktives Bewältigungsverhalten, Handeln).

Im einzelnen sollen folgende **Gesprächsverhaltensweisen** geübt werden:

- **Sensibilisierung.** Bedeutsame emotionale und soziale Inhalte werden erkannt. Wie erlebt, versteht und bewältigt der Patient seine Krankheit? Wie wirken sich Angst, Depression und Vereinsamung auf den Krankheitsverlauf sowie das Befolgungsverhalten aus?
- **Spiegelung.** Der Arzt verbalisiert Gefühle, Konflikte, Einstellungen und Wünsche des Patienten. Der Patient erlebt die Aufmerksamkeit für seine Probleme, sagt seine Meinung zu den Angeboten und hat einen Anreiz zur Fortsetzung des Gespräches.

- **Selbstexploration.** Der Patient wird angeregt, seine an der Somatisierung von Beschwerden orientierte Einstellung so zu ändern, daß er persönlich bedeutsame Konflikte und Schwierigkeiten äußert. Er lernt, daß der äußere Konflikt eine Projektion seines inneren Konfliktes ist. Formulierungen wie „Keiner nimmt auf mich Rücksicht" oder „Ich arbeite nur und es wird nie anerkannt" sollten gemeinsam darauf geprüft werden, welche Gefühle dahinter versteckt sind (Ärger, Enttäuschung, Unzufriedenheit), ob innere Konflikte die Ursache sind (Selbstunsicherheit, mangelndes Durchsetzungsvermögen), und ob nicht auch die Beziehung zum Arzt davon beeinflußt wird.
- **Mitarbeit.** Der Patient erkennt, daß seine Meinungen und Vorstellungen wichtig sind („Sie glauben ... meinen ... denken"). Der Patient wird ermuntert, all das zu erfragen, was ihn an seiner Krankheit interessiert („Gibt es noch etwas, was Sie wissen möchten? Haben Sie mich verstanden?"). Er sollte die Gelegenheit zum letzten Wort haben („Haben Sie etwas vergessen zu fragen? Haben Sie noch eine persönliche Frage?"). Der Patient muß am Ende des Gespräches wissen, wie es weitergeht und worin seine eigenen Aktivitäten bestehen.
- **Sicherheit.** Nur mit sicherer innerer Einstellung zur psychosozialen Ätiologie und Pathogenese einer Störung kann der Arzt diese Einstellung dem Patienten vermitteln, wobei auch absichernde somatische Kontrollen vom Patienten nicht im Widerspruch zu dieser Einstellung erlebt werden dürfen. Die Überzeugungskraft des Arztes muß in einer partnerschaftlichen Beziehung mit alternativen Übereinkünften verankert sein. Bei einer autoritären Einstellung sind Beziehungskrisen nicht vermeidbar („Sie sagten doch, die Behandlung wirke ganz bestimmt, es ist aber viel schlimmer").

**Gesprächsfördernde Verhaltensweisen** sind gezielt einzusetzen:

- ausreden lassen
- Rückmeldung („Ich habe es so verstanden ... Ich fasse zusammen ...")
- wiederholen
- anregende Fragen („Sie möchten ... suchen ... spüren ... fragen sich. Es beschäftigt Sie ...")
- offene Fragen („Wenn ich Sie recht verstehe ... Sie vermuten ... wollten ...")
- Rückspiegeln von Fragen („Sie haben sich doch selbst schon gefragt ... darüber Gedanken gemacht")
- indirekte Fragen („Mich beschäftigt ... Ich frage mich ...")
- metaphorische Fragen („Ich habe den Eindruck, Sie stehen vor einem Berg, Abgrund, suchen eine Brücke.")
- hilfreicher Umgang mit Pausen (Schweigen nicht zerreden; lähmendes Schweigen ansprechen: „Ich hatte den Eindruck, es fiel Ihnen eben schwer ...")
- nonverbales Verhalten (zustimmendes Lächeln, Blickkontakt, ermunternde Mimik und Gestik, fragender oder erstaunter Blick)
- verständliche Sprache

**Bestimmte Verhaltensweisen sind zu vermeiden,** da sie das Gespräch behindern:

- bagatellisieren („Es ist alles halb so schlimm.")
- Gefühle abwehren („Sie brauchen keine Angst zu haben.")
- Überbesorgtheit äußern („Wie halten Sie das nur aus? Sie tun mir leid, ich werde alles tun, Ihnen zu helfen.")
- autoritär („Den Fahrplan bestimme ich.")
- dogmatisch („Meine Diagnose ist absolut richtig.")
- voreiliges Interpretieren und Deuten
- Vorwürfe („Sie werden nie gesund, weil Sie nicht mitarbeiten. Es ist Ihre Schuld, wenn ...")
- monologisieren
- allgemeine Ratschläge („Sie müssen endlich abnehmen.")

Die **Selbstbefragung zur Beziehungsklärung** soll am Beispiel einiger Fragen dargestellt werden:

- Bestimmt das erlernte Nosogramm mein Gesprächsverhalten?
- Warum weiß ich alles über die Symptome und fast nichts über den Patienten?
- Warum spreche ich immer mehr und der Patient immer weniger?
- Was erwartet der Patient von mir, und was erwarte ich vom Patienten?
- Welche Empfindungen und Gefühle löst der Patient in mir aus, und wie reagiere ich darauf?
- Welches Krankheitsangebot unterbreitet mir der Patient, welche Reaktion erwartet er von mir, und wie verhalte ich mich?
- Welche Widerstände entwickelt der Patient bei der Konfrontation mit meinen Vorstellungen von seiner Krankheit?

In der Beziehungsdiagnostik des Gespräches wird das Anliegen des Patienten mit den Einstellungen und Vor-Urteilen des Untersuchers verglichen. Die Persönlichkeitstheorie und Persönlichkeitsstruktur des Untersuchers bestimmen die Auswahl kommunikativer Mitteilungen. In der Regel erfährt der Arzt nur das, worauf er eingestellt ist, was ihn interessiert. Dies bedeutet auch, daß die Ergebnisse der Exploration immer wieder zu relativieren sind, und die Wahrnehmung der inneren Wirklichkeit des Patienten ein kontinuierlicher Prozeß ist.

## 3.2. Das diagnostische Gespräch

Das diagnostische Gespräch erfordert Aktivität des Arztes, Fragen haben einen hohen Stellenwert und strukturieren das Gespräch. Gerade deshalb muß das allgemeine Gesprächsverhalten realisiert werden, um diese Unausgewogenheit auszugleichen. Zumindest der Beginn des Gespräches sollte ein freies Interview sein, in dem der Patient die Initiative hat.

Wenn wir aus den Angaben des Patienten Rückschlüsse auf ätiologisch und pathogenetisch wirksame Faktoren der Lebensgeschichte und der aktuellen Lebenssituation ziehen, müssen wir beachten, daß Übertragungs- und Gegenübertragungsreaktionen die Einstellung und Haltung des Interviewers beeinflussen und damit die Auswahl und Wertigkeit der Mitteilungen. Die Art, wie Fragen gestellt werden und die Auswahl der Fragen aufgrund bestimmter ätiologischer, pathogenetischer und nosologischer Einstellungen führen zusammen mit der Subjektivität der Erinnerung des Patienten zu unterschiedlichen Erfahrungssituationen, wie sie bei der Befragung durch verschiedene Interviewer deutlich werden.

Die Wertung lebensverändernder Ereignisse ist davon abhängig, welche bewußten und unbewußten Bedeutungen der Arzt ihnen verleiht, und wie sie in den Arzt-Patient-Dialog eingeordnet werden. Die reflektierende Vergegenwärtigung der Lebensgeschichte ist unter dem Gesichtspunkt des sich verändernden Erfahrungshorizontes zu sehen. Die Vergangenheit ist niemals abgeschlossen, sondern offen für die Interpretationen der jeweiligen Gegenwart. Es geht nicht um eine psychoanalytische Archäologie, um das Ausgraben frühkindlicher Beziehungsstörungen, sondern — und damit erhält das diagnostische Gespräch auch einen therapeutischen Sinn — um die Entwicklung einer reflexiven Selbsterfahrung des Patienten, um das Erleben und Verhalten unter einer neuen Perspektive zu begreifen. Die Angaben des Patienten sind stets dahingehend auseinanderzuhalten, ob sie spontan erfolgten oder interpretiert wurden.

## 3.3. Das Erstgespräch

Die Eröffnung — hereinbitten, einander ansehen, sich vorstellen, die Eröffnungsfrage stellen — vermittelt die ersten Erfahrungen der Arzt-Patient-Beziehung. Der Blickkontakt wird von gehemmten unsicheren Patienten vermieden, von einem trotzigen Kind verweigert, der Blick kann fordernd oder einnehmend sein. Die Hand wird rasch losgelassen, hilfesuchend festgehalten, schlaff oder stark gedrückt. Der Arzt erlebt den ersten Eindruck, ohne darauf einzugehen: frei, gehemmt, befangen, hilflos, schüchtern, mißtrauisch, fordernd, überheblich. Er kann später erkennen, daß ein Abwehrverhalten vorherrschte, der zurückhaltende Patient war aggressiv eingestellt, der fordernde kompensierte seine Schüchternheit.

Die Eröffnungsfrage soll offen sein: „Was führt Sie her? Wie fühlen Sie sich? Was sind die Umstände, die Sie in die Sprechstunde führen? Bitte?" Es genügt auch eine Geste, um das Gespräch zu beginnen. Die Frage, „Was kann ich für Sie tun?", würde einer asymmetrischen Kommunikation Vorschub leisten. Nach der Eröffnungsfrage wird der Patient angeregt, das zu erzählen, was ihm wesentlich erscheint.

Durch das Erstgespräch können bestimmte Fragen beantwortet werden:

- Welches ist das gegenwärtig vorherrschende Zustandsbild und wie ist es entstanden?
- Welche psychosozialen Probleme kann er nicht bewältigen und warum nicht?

- Wer wird außer dem Patienten von diesen Problemen betroffen und in welcher Weise?
- Was ist das Anliegen des Patienten? (Befreiung von Beschwerden, Hilfe bei der Konfliktbewältigung, Gesprächswunsch, sekundärer Krankheitsgewinn)
- Wie ist sein Leidensdruck?
- In welchen Lebensbereichen hat sich der Patient bewährt, wo liegen seine Begabungen und Fähigkeiten?
- Wie sieht der Patient sich (was schätzt er an sich, was hat er auszusetzen, verletzende Erfahrungen, Lebensziele, was bedauert er) und andere?
- Wie behandelt der Patient den Arzt und umgekehrt? (bestimmte Rolle spielen, Initiative ergreifen, Mitleidheischen, Abwertung anderer Ärzte, autoritäres Verhalten aufdrängen)
- Welche vorläufige Diagnose läßt sich stellen?
- Welche Fähigkeiten und innere Bereitschaft läßt der Patient erkennen, um etwas an seiner Lage zu ändern? Wie groß ist seine Eigenverantwortung?
- Welche Hilfe kann ihm der Arzt geben oder vermitteln?
- Welches ist die voraussichtliche Diagnose?

Das Erstgespräch bei dem Verdacht auf eine psychosoziale Störung erfolgt in der Regel außerhalb der üblichen Sprechstunde. Der Arzt wird sich innerlich vorbereiten, sein Wissen über zwischenmenschliche Beziehungen aktivieren und sich auf die teilhabende Beobachtung sowie gesprächsfördernde Verhaltensweisen einstellen. Das Gespräch soll ohne Störungen in einer entspannten Atmosphäre unter Vermeidung der Schreibtischbarriere stattfinden. Der Patient muß wissen, wieviel Zeit ihm zur Verfügung steht und welches Ziel das Gespräch hat.

Korrigierende Interventionen sind gestattet, wenn der Patient

- abschweift: Ich würde gern auf Ihr eigentliches Problem zurückkommen.
- Nebensächliches berichtet: In welchem Zusammenhang steht dies zu den Problemen, die Sie zu mir führen?
- an der Beschwerdeschilderung klebt: Nachdem ich nun Ihre Beschwerden kenne, würde ich gerne noch etwas über Ihre gegenwärtige Lebenssituation erfahren?
- wichtige Lebensbereiche ausläßt: Ich würde gerne noch etwas über Ihre Partnerschaft erfahren?

Zum Schluß des Gespräches erfolgt eine Zusammenfassung. Der Patient wird um Verbesserung und Richtigstellung gebeten.

Bei Neurosen ist daran zu denken, daß der Patient einem „Wiederholungszwang" unterliegt. Er versucht, eine neue Beziehung im Sinne seiner spezifischen Konflikte zu gestalten. Dieser Wiederholungszwang kann am Ende des Gespräches angesprochen werden: „Wir haben uns beide bemüht, uns zu verstehen, trotzdem erlebe ich zwischen uns Gereiztheit und Gespanntheit (Niedergeschlagenheit, Mitleid, Angst, Unverständnis). Haben Sie früher schon Situationen erlebt, die Ihnen ebenso unverständlich erschienen?" Der Patient wird zum Nachdenken angeregt. Er soll solche spezifischen Situationen finden, um auf seine Beziehungsstörung aufmerksam zu werden. Der Arzt darf sich der Initiative des Patienten, die Beziehung nach seinem Beziehungsmuster zu formen, nicht unterordnen. Durch eine gewisse Abstinenz, durch ein neutrales aufmerksames Zuhören und Registrieren wird eine das Fehlverhalten bestätigende Kommunikation vermieden. Der Patient erlebt vielleicht erstmals eine andere, neutrale Haltung zu sich. Er kann enttäuscht sein, weil er nicht den Eindruck machen konnte, den er hervorbringen wollte.

**Selbstbefragung nach dem Gespräch:**
- Ist mir das Zuhören gelungen?
- Habe ich richtig und ausreichend informiert?
- Wird der Patient gut mitarbeiten?
- Habe ich das Wesen der Beschwerden erkannt?
- Habe ich nach dem Krankheitsangebot des Patienten gefragt?
- Versuchte der Patient, mir eine bestimmte Haltung aufzudrängen?
- Hatte ich Probleme mit dem Patienten wie Ungeduld, Unzufriedenheit, Enttäuschung?
- Habe ich zu schnell ein Rezept ausgeschrieben?
- Habe ich die soziale Situation erfahren?
- Hat der Patient über Konflikte und Probleme gesprochen?
- Könnte ich mit dem Patienten öfters ausführliche Gespräche führen?

## 3.4. Gegenwärtiges Erleben und Verhalten

Bei einer eindeutigen Symptomatik wird deren Auftreten eingegrenzt: wo, wie, wie stark, seit wann, unter welchen Umständen. Das Ausmaß der Belastung durch die Beschwerden wird erfragt: Wie stark werden sie erlebt? Wie ist die Lebensbewältigung beeinträchtigt? Welchen Einfluß haben sie auf das Verhalten? Neben der Symptomerkundung ist auch die gemeinsame Suche nach den gesunden Anteilen, nach den Reserven und Möglichkeiten der Krankheitsbewältigung erforderlich.

**Häufige psychosomatische Beschwerden:** Herzbeschwerden; Schmerzen (Kreuz, Rücken, Gelenke, Gliedmaßen); Mattigkeit und Schwäche; Kopfschmerzen; Magenbeschwerden; Kribbeln, Prickeln oder Taubheit auf der Haut; Ohrensausen, Augenflimmern, Hitzewallungen; Schlafstörungen; starkes Schwitzen; Schwindelgefühl, Kloßgefühl im Hals, Stottern bei Aufregung, Muskelzucken.

**Störungen des Erlebens und Verhaltens:** motivlose Angst; Angst vor Mißerfolg, Alleinsein, vielen Menschen, geschlossenen Räumen; Krankheitsfurcht; depressives Verhalten, Gekränktheit, Unzufriedenheit, Reizbarkeit, Benachteiligungsgefühl, Unterlegenheitsgefühl, Veränderungsgefühl, Grübeln, Selbstvorwürfe, Mißtrauen, Gespanntheit, Wutanfälle, Kontrollzwang, paranoide Einstellung, Gedankenbeeinflussung, Konzentrationsstörung, gestörtes Gedächtnis, zyklothymes Verhalten, Zwangsgedanken, Abhängigkeitsverhalten (Alkohol, Nikotin, Medikamente), gestörtes Sexualverhalten.

**Fragen zur Selbsteinschätzung der Beschwerden und Störungen:**
Haben Sie schon einmal nach dem Warum Ihrer Beschwerden gefragt?
Unter welchen Umständen traten die ersten Beschwerden auf?
Sehen Sie die Ursachen bei anderen, in äußeren Umständen oder in der eigenen Lebensweise?
Welche Behandlungsmethoden halten Sie bei Ihren Beschwerden für am wirkungsvollsten?
Sind Ihre Beschwerden körperlich oder seelisch bedingt? Sind es körperliche Störungen, die seelische Probleme bereiten oder die eine Krankheit hervorrufen? Wie sehen es Ihre Angehörigen? Hat Ihre Lebensentwicklung etwas mit der Krankheit zu tun? Besteht eine Beziehung zu Ihren persönlichen Problemen?

**Fragen zu existentiellen Lebensproblemen:**
Sind Sie mit dem Leben zufrieden?
Möchten Sie alles neu und anders machen?
Belastet Sie das Altwerden?
Belastet Sie eine Trennungssituation?
Haben Sie Angst vor der Zukunft?
Haben Sie den Eindruck, daß das Leben keinen Sinn mehr hat?

**Fragen nach Introspektionsfähigkeit und Einsicht:**
Fällt es Ihnen schwer, über persönliche Probleme zu sprechen?
Vertrauen Sie Ihren Gefühlen?
Sind Sie zufrieden damit, wie Sie zu sich und zu anderen Menschen stehen?
Verstecken Sie sich hinter einer Fassade?
Ist Ihnen gelegentlich aufgefallen, daß Sie bei oder nach Ärger bestimmte körperliche Beschwerden haben?
Wie werden Sie mit Enttäuschungen und Verlusten fertig?
Gehen Ihnen persönliche Probleme lange durch den Sinn?

**Fragen zur Bewältigung oder Nichtbewältigung der Krankheit:**
Wie versuchen Sie, mit Ihrer Krankheit fertig zu werden?
Wie soll es weitergehen?
Haben Sie oft ein Gefühl der Langeweile und Nutzlosigkeit?
Suchen Sie jemand, der Sie aufmuntert, wenn Sie niedergeschlagen sind?
Womit lenken Sie sich ab?
Sind Sie durch die Krankheit anders geworden?
Suchen Sie Betäubung und womit?
Haben Sie das Gefühl, daß Sie niemand versteht?
Fällt es Ihnen schwer, sich den neuen Umständen anzupassen und warum?
Haben Sie das Gefühl, mit der Krankheit fertig zu werden?
Haben Sie sich besonders viel vorgenommen?
Hadern Sie mit dem Schicksal, daß es gerade Sie getroffen hat?
Leben Sie in ständiger Erwartung eines neuen Unheils?
Sind Sie menschenscheu geworden?
Wollen Sie noch alles erledigen, was Sie sich vorgenommen haben?
Sind Sie oft niedergeschlagen und lustlos oder gereizt?

Fühlen Sie sich unsicher und verlegen, wenn Sie nach Ihrer Krankheit gefragt werden?
Fühlen Sie sich oft so hilflos, daß unbedingt jemand bei Ihnen sein muß?
Packt Sie manchmal die Wut und Sie haben alles gründlich satt?
Fühlen Sie sich manchmal wie in einer Sackgasse, in der es nicht mehr weiter geht?
Grübeln Sie viel über die Krankheit?
Welche Veränderungen müßten in Ihrem Leben eintreten, damit Sie schneller gesund werden können?

## 3.5. Vergangenes Erleben und Verhalten

### 3.5.1. Biographie

Vor uns steht die Frage: was ist das für ein Mensch, welche Konflikte und Lebensprobleme stehen in Beziehung zu seiner Krankheit? Der Patient kommt nicht, um eine zufriedenstellende Biographie zu geben. Er hat Widerstände, die wir erkennen und mit denen wir umgehen müssen. Biographie beinhaltet auch das ungelebte Leben, was wurde aus der Sicht des Patienten versäumt und verworfen, worauf hat er verzichtet. Dem Werdegang des Patienten, dem Verstehen seiner Lebens- und Erlebnisgeschichte kommt eine ebenso große Bedeutung wie der Symptomerfassung zu. Wir beziehen die Biographie in den diagnostischen Prozeß und die Therapieplanung ein.

Die „äußere Biographie" erfaßt die Tatsachen und Besonderheiten der Schwangerschaft, Geburt, Kindheitsentwicklung, Schul- und Ausbildungszeit, des Familien- und Arbeitslebens. Die „innere Biographie" orientiert sich am Erleben (Erwünschtheit, Erleben von Zuwendung und Abneigung) an der Beziehung zu wichtigen Personen, am Erziehungsstil, Freundschaften, kritischen Zeiten der Lebensentwicklung, Reaktionen auf Verluste und Kränkungen, am allgemeinen Lebensgefühl, an den Interessen. Allgemeine Einstellungen erfahren wir durch Fragen nach den „Lebensregeln" und nach dem „Lebensbild".

**Fragen nach „Lebensregeln" (kognitive Etiketten):**
Welche der folgenden Feststellungen trifft für Sie zu?

Ich mache es mir schwer.
Ich mag keine Komplikationen.
Ich schaffe es nicht.
Am liebsten, man kommt mir nicht zu nahe.
Erst die Arbeit, dann das Vergnügen.
Beinahe hätte ich es geschafft, aber …
Das dicke Ende kommt noch.
Ich muß immer perfekt sein.
Ich bin immer überlastet und in Eile.

Ich muß mich immer anstrengen, auch bei Gefühlen.
Ich denke, ich muß immer stark sein.
Ich lasse mich nicht unterkriegen.
Es wird schon wieder.

Wie ist Ihre eigene Einstellung zu den „Lebensregeln"?
Was erwarten Ihre Eltern, Ihr Partner von Ihnen?
Möchten Sie die Erwartungen erfüllen?

**Fragen nach dem „Lebensbild":**

- negativ: selbstbemitleidend, selbstentwertend, bedauernswert, Opfer, „furchtbar krank"
- selbstbestätigend: erfolgreich, Betonung der eigenen Leistung und der äußeren Erscheinung, Selbstbestätigung im Kontakt
- überangepaßt: besonderes Bemühen, den Anforderungen anderer gerecht zu werden
- überhöhtes Ordnungsbedürfnis: Ordnung, Sicherheit, Überblick und Prinzipien herrschen vor und bestimmen das Wohlbefinden
- inkonstant: kein Durchhalten, rasch aufgeben
- hilflos-ablehnend
- unzufrieden
- Überbetonung von Geld, Besitz, Haben.

### 3.5.2. Herkunftsfamilie

Folgende Angaben sind von Bedeutung:

- **Herkunft und Lebensgeschichte der Eltern:** Problemfälle und Leitbilder in der Familie, Krankheiten, häufige Symptome („Kopfschmerzfamilie"), Beruf, ökonomische Verhältnisse.
- Partnerschaft der Eltern: Form der Beziehung, bestimmender Elternteil, Altersunterschied, Auseinandersetzungen, Scheidung.
- **Beziehung zu den Eltern und Erziehungsträgern:** Vorbild im Leistungsbereich und Gefühlsbereich, Erziehungsstil, Verlusterlebnisse (Verlust und Wechsel von Bezugspersonen), Pflegeeltern, Heimerziehung, Großelternerziehung, Kinderkrippe, Kindergarten, Ablösungsmodus in der Pubertät und Adoleszenz.
- **Erziehungsprobleme** (s. Tabelle 6.)
- **Stellung in der Geschwisterreihe:** Altersabstand, Rollen, Bevorzugungen, Benachteiligungen, „Prügelknabe", „Aschenputtel", Rangordnungsprobleme.
- **Einstellung zu Gesundheit und Krankheit:** Vorbildhaltung (Nikotin, Alkohol, Tabletten, gesunde Lebensweise), Bedeutung von Beschwerden, Überbesorgtheit, bagatellisieren.
- Beziehung der Eltern zum sozialen Umfeld (s. Tabelle 10.).
- Freizeitverhalten: kulturelle Bedürfnisse, Bedeutung von Besitz, Fernsehverhalten, gemeinsame oder getrennte Interessen.

### 3.5.3. Partnerschaft und Familie

Folgende Angaben sind von Bedeutung:

- **Probleme der Bindung (s. Tabelle 9.):** Bindungsscheu (Isolierung, Vermeidung), Bindungsschwierigkeiten (brüchige scheiternde Beziehungen), Anklammern und Verklammern, Überfürsorglichkeit, neurotisch determinierte Partnerwahl.
- **Erleben der Partnerbindung:** Flucht aus dem Elternhaus, sexuelle Faszination, narzißtische Selbstbestätigung.
- **Reaktion auf das Scheitern von Partnerbeziehungen:** Erleichterung (Ich bin erleichtert und fühle mich frei.), Enttäuschung (Ich bin gekränkt, wütend, empfinde Haß, ziehe mich zurück), Hilflosigkeit (Ich fühle mich verloren, ertrage das Alleinsein nicht, komme nicht darüber hinweg.), Anklammern (um jeden Preis wiedergewinnen, hinterherlaufen trotz Aussichtslosigkeit), Krankwerden (körperliche Beschwerden, Angst, depressiv, Alkoholabhängigkeit, suizidales Verhalten).
- **Austragung normaler Familienkonflikte:** Rivalitäten (Geschwister, Mann und Frau, Vater und Sohn), Besitzkonflikte, Ablösungskonflikte, Verlust, Trennung.
- **Neurotische Familienkonflikte:** Kind nach Ehekrise als „Bindungskitt", Ausnutzen des kranken Kindes im Ehekonflikt, Rivalität um Sympathie der Kinder, befriedigte Ehrgeizhaltung am Kind, Erziehungskonflikte, Schwiegerelternkonflikt, gestörter Ablösungsmodus der Kinder (überdauernde affektive und kognitive Abhängigkeit, überdauernde Delegierung von Verpflichtungs- und Schuldgefühlen, „an der langen Leine", frühreife Autonomie).

Es ist immer anzustreben, ein Gespräch mit dem Partner oder den Eltern im Beisein des Patienten (zumindest mit Zustimmung) zu führen.

### 3.5.4. Leistungsbereich

Folgende Angaben sind von Bedeutung:

- **Kindergarten, Schule, Lehre:** Entwicklungsverlauf, Abschluß, Lernhaltung, Beziehungen zu Erziehern, Rollen im Kollektiv.
- **Grundeinstellung zum Beruf:** Glauben Sie, daß Ihnen Ihre berufliche Tätigkeit die Möglichkeit zur Selbstverwirklichung bzw. zur größtmöglichen Entfaltung Ihrer Fähigkeiten gibt?
- **Probleme im Beruf** (s. Tabelle 11.): Versagensängste, Protesthaltung, Selbstüberschätzung, Rivalitäten, Perfektionismus, chronisches Zuspätkommen, alles in letzter Minute machen, Perspektivlosigkeit, Gefühle der Über- oder Unterforderung, fehlende Anerkennung, Vorgesetztenkonflikt, häufiger Arbeitsplatzwechsel, Angst vor dem Rentenalter, gestörte Beziehung zu jüngeren oder älteren Kollegen.
- **Arbeitsunfähigkeit in den letzten zwei Jahren.**
- **Zahl der Arbeitsstellen in den letzten fünf Jahren.**
- **Arbeitsunfälle.**

- **Einstellung der Familie zum Beruf.**
- **Wirtschaftliche Situation:** Stellung zum Geld (Wichtigkeit bejaht oder verleugnet), Wohnung, Haus, Auto.
- **Probleme im Zusammenhang mit Besitz:** z. B. beim Schenken, Fordern, Bitten.
- **Freizeitbereich:** Bekannte, Freunde, Qualität der Beziehung (inhaltsarm, inhaltsreich), Interessengruppen, Hobby, Einstellung zur gesellschaftlichen Arbeit.

Das Untersuchungsgespräch wird bei Notwendigkeit in Abstimmung mit dem Patienten durch ein Gespräch mit dem Vorgesetzten, mit Arbeitskollegen oder durch einen Besuch am Arbeitsplatz ergänzt. Der Betriebsarzt und die Fürsorgerin sind bei der Einschätzung im Leistungsbereich wichtige Partner.

### 3.5.5. Krankheiten

Folgende Angaben sind von Bedeutung:

- **Frühere Krankheiten und Unfälle:** Bedeutung für Patient und Familie, Krankenhausaufenthalt, Arbeitsunfähigkeit, Einschätzung der Behandlung.
- **Beziehung zu Ärzten:** Vorerfahrungen, Zahl der aufgesuchten Ärzte in den letzten zwei Jahren, Spezialuntersuchungen und -behandlungen, positive und negative Erlebnisse mit Ärzten und den Mitarbeitern des Gesundheitswesens.
- **Wissen über Krankheiten.**
- **Art und Zahl der Medikamente in den letzten zwei Jahren.**
- **Gesundheitsverhalten:** Eßverhalten, Sport, Schlaf, Freizeit, gesundheitsschädigende Verhaltensweisen.
- **Einstellung zu Störungen und Beschwerden:** Vorsorgeverhalten, Mißachtung, Überbewertung.
- **Formen der Selbstbehandlung** (einschließlich Selbstmedikation).
- **Einstellung der Familie zu Beschwerden, zur Krankheit:** Bagatellisierung, Überbesorgtheit, Änderung der Rollenverteilung durch Krankheit, Konflikte.

### 3.5.6. Lebensverändernde Ereignisse

Nach Lebensereignissen und länger bestehenden Schwierigkeiten sollte gezielt gefragt werden. Lebensverändernde Ereignisse („life-events") müssen dabei der Zeitdauer, der Lebenssituation, dem Anpassungsverhalten, der gefühlsmäßigen Beteiligung und der nachhaltigen Verarbeitung zugeordnet werden. Lebensverändernde Ereignisse an sich sind weder eine notwendige noch ausreichende Ursache für das Auftreten psychosozialer Störungen. Wichtig sind die Risikokonstellationen von Variablen, die bei einer bestimmten Person zu einer bestimmten Störung führen können. Lebensereignisse haben einen besonderen Stellenwert bei einer spezifischen Vulnerabilität eines Menschen und bei neurotischen Persönlichkeitsstrukturen. Mehrere Untersuchungen zeigen, daß eine erhöhte Belastung durch negativ bewertete Lebensereignisse vor der Manifestation psychiatrischer Erkrankungen besteht. Eine besondere „life-events"-Belastung zeigen Neurosen.

**Folgende Lebensereignisse sind zu beachten:**

- Partnerkonflikt
- Tod von Bezugspersonen
- berufliche Überforderung, Leistungsprobleme
- Trennungsabsichten des Partners, Trennungssituation, Scheidung
- Verlust von Freunden
- berufliche Unzufriedenheit, berufliche Konflikte
- Vorgesetztenkonflikte, Unterstelltenkonflikte
- Partnerlosigkeit
- Konflikte mit Kollegen
- Haftstrafen
- Krankheit und Verletzung bei sich und in der Familie
- Berentung
- Kinder verlassen den Haushalt
- Differenzen in der Kindererziehung
- Erziehungsschwierigkeiten mit einem Kind
- Konflikte mit Verwandtschaft, Eltern
- Schul- und Ausbildungsprobleme
- Wohnungswechsel
- schlechte Wohnbedingungen
- Alkoholmißbrauch mit Disziplinverstößen
- finanzielle Schwierigkeiten
- Änderung der Tätigkeitsbedingungen
- außereheliche Beziehung der Partner
- Involutions- und Altersproblematik
- unerfüllter Kinderwunsch.

### 3.5.7. Gespräch mit dem Kind

Das Vertrauen der Kinder zum Arzt ist Voraussetzung eines beide befriedigenden Gespräches. Das Vertrauen ist gestört, wenn sich das Kind als Objekt, als Opfer medizinischer Maßnahmen fühlt, das keine Meinung haben darf. Oder wenn der Arzt als Bundesgenosse der Eltern in einer gestörten Eltern-Kind-Beziehung erlebt wird. Das Kind muß spüren, daß der Arzt es vor ungerechtfertigten medizinischen Belastungen schützt, und er Advokat seiner oft nicht ausgesprochenen Wünsche ist. Mit dem älteren Kind kann eine tragbare Arzt-Patient-Beziehung aufgebaut werden. Das Gespräch darf nicht über den Kopf des Kindes hinweg mit den Eltern geführt werden. Das Kind als eigenständige Persönlichkeit muß auch über die Maßnahmen und die Dauer der Behandlung informiert und aufgeklärt werden.

Die **orientierende Befragung des Kindes** erstreckt sich auf spezifische Lebensbereiche:

- **Stellung in der Gemeinschaft:** Bist Du lieber mit Kindern oder Erwachsenen zusammen? Hast Du einen Freund? Bist Du lieber allein? Wie reagierst Du, wenn Du gehänselt oder geärgert wirst?
- **Familie:** Zu wem gehst Du, wenn Du Probleme hast? Bist Du das Lieblingskind? Fühlst Du Dich zurückgesetzt? Magst Du Deine Geschwister? Fühlst Du Dich bevormundet und von wem? Hast Du Zeit zum Spielen? Drängen Deine Eltern sehr auf gute Leistungen? Wie reagieren Deine Eltern auf Eigenwilligkeiten? Mit wem tobst Du am liebsten? Wer hilft Dir bei den Hausaufgaben?
- **Schule:** Hast Du Freude am Schulbesuch? Welche Lehrer magst Du und welche nicht? Deine Stellung in der Klasse? Lieblingsfächer? Wann machst Du Deine Schulaufgaben?
- **Dein schönstes bisheriges Erlebnis?**
- **Dein unangenehmstes bisheriges Erlebnis?**
- **Dein allererstes Kindheitserlebnis?**
- **Deine Träume.**
- **Wesenszüge:** Liebst Du Tiere? Ärgerst Du gern andere Kinder? Bist Du manchmal ohne Grund traurig? Wovor hast Du Angst? Wie reagierst Du bei einem Mißerfolg? Hast Du das Gefühl, daß Dir alles gelingt? Achtest Du darauf, hübsch gekleidet zu gehen? Bist Du beim Spiel gern der Anführer? Hast Du schon aus Wut mal was kaputt gemacht? Was machst Du in der Freizeit? Was möchtest Du einmal werden? Dein Lieblingsmärchen? Dein Lieblingsspielzeug? Teilst Du gern mit anderen oder behältst Du Sachen oder Süßigkeiten lieber für Dich?

Das **Gespräch mit den Eltern** gibt Auskunft über das Verhalten:

- **Aggressive Verhaltensweisen:** andere Kinder ärgern, schlagen, verbal aggressiv, gehässig, Gegenstände zerstört, in welchen Situationen und in welcher Umgebung.
- **Verhalten zur Gruppe:** beliebt, aggressiv, abgelehnt von Gruppe, steht gern im Mittelpunkt, kommandiert gern, hilfsbereit, rücksichtsvoll, Anpassung an Gruppennorm.
- **Wie ist das Kind?** schüchtern, schnell beleidigt, zeigt Schadenfreude, prahlt gern, gibt an, ist vorlaut, distanzlos, rechthaberisch.
- **Lügen:** um Strafen zu vermeiden, bei wichtigen Anlässen, um im Mittelpunkt zu stehen, handelt gegen eigenen Vorteil.
- **Verhalten zum Besitz:** anderen etwas wegnehmen; kann das Kind abgeben, schenken; weggenommene Dinge allein behalten oder damit angeben.
- **Ausdauer, Interesse, Initiative.**
- **Trotzverhalten, Wutausbrüche, bei welchen Situationen:** Kind widerspricht gern, macht Handlungen betont langsam, bockig.
- **Bestrafung:** Wird Kind oft bestraft? Wie? Ist es beeinflußbar?
- Unruhe, umtriebig, ständige Bewegung, tobt gern, lärmt.
- Kann sich das Kind allein beschäftigen?
- Ängste, Befürchtungen.

- Spielverhalten: Kontakt, Behauptung, Phantasie.
- Verhaltensstörungen (s. Tabelle 8.).
- Eßverhalten, Naschsucht, Appetit.
- Einzelgänger, Rückzug, spricht längere Zeit nicht.
- Lernverhalten: wißbegierig, Interesse, Leistungen, Ehrgeiz.
- Ordnung, Genauigkeit, Sorgfalt.
- Bravheit, Fügsamkeit.
- Erziehungsstil.

## 3.6. Der schriftliche Lebenslauf

Die schriftliche Biographie nach vorgegebenen Hinweisen stellt eine in der praktischen Arbeit wichtige Ergänzung des Gesprächs dar. Der Patient hat Muße, seine Lebensentwicklung zu bedenken. Er beschäftigt sich vielleicht erstmals tiefgründig mit seiner Vergangenheit.

**Gesichtspunkte für den Lebenslauf**
Eine wichtige Voraussetzung für die erfolgreiche Behandlung Ihrer Beschwerden ist ein Einblick in die für Ihr Leben wesentlichen Bedingungen und Ereignisse. Nur dann kann der Therapeut die Ursache Ihrer Beschwerden voll erkennen und verstehen. Um es Ihnen zu erleichtern, die Fülle der Erlebnisse zu ordnen, haben wir einige Gesichtspunkte zusammengestellt, die nicht vollständig sind, sondern dazu anregen sollen, über viele Fragen Ihres bisherigen Lebens weiter nachzudenken. Schreiben Sie keinen unpersönlichen Lebenslauf, der nur Daten enthält, sondern geben Sie eine sehr persönlich gefaßte Schilderung Ihres Lebens! Ihre Angaben werden selbstverständlich vertraulich behandelt und unterliegen der ärztlichen Schweigepflicht.

**Elternhaus:**
Entwicklung als Säugling und Vorschulkind. Erlebnisse aus der Kindheit, an die Sie sich erinnern.
Ehe der Eltern; Klima im Elternhaus, soziale Verhältnisse; Erziehungsmethoden der Eltern; weitere an der Erziehung beteiligte Personen und ihr Erziehungsverhalten; Charakter von Mutter und Vater; eigenes Verhältnis zu ihnen; Geschwister; ihr Charakter und Verhalten; Beziehung zu den Geschwistern; Verhalten der Eltern zu den Kindern; Spielkameraden; Freundschaften; Spielsachen; Kleidung; Geld; Jugendideale.

**Schule:**
Verhältnis zu den Mitschülern; Stellung in der Klasse; Beziehung zu den Lehrern; Leistungen; Begabungen; besondere Interessen innerhalb und außerhalb der Schule.

**Beruf:**
Ursprünglicher Berufswunsch; Gründe für Berufsausbildung; Unterbrechung; Berufswechsel; Anforderungen im Beruf; Leistungen; Belastungen; Beförderung; Beziehungen zu den Vorgesetzten, Mitarbeitern und Unter-

stellten; Probleme am Arbeitsplatz; berufliche Pläne; Qualifizierung; außerberufliche Tätigkeit; gesellschaftliche Tätigkeit. Zufriedenheit mit der Arbeit, Arbeit und Familie, finanzielle Situation.

**Partner:**
Sexuelle Aufklärung; erste sexuelle Erlebnisse; Liebesbeziehungen vor der Ehe, Charakteristik des Ehepartners; Verhältnis zu ihm; Familienleben; Interessen und Freizeitgestaltung; Beziehung zu den Kindern; Erziehungsprobleme; Beziehungen zu Verwandten, Freunden, Bekannten; Liebesbeziehungen außerhalb der Ehe; andere Partner; frühere Bindungen.
Nennen Sie Menschen, die in Ihrem Leben eine wichtige Rolle spielten, sowohl im Positiven als auch im Negativen; Menschen, die Sie nicht vergessen können! Schildern Sie ihren Charakter!

**Erkrankung:**
Art und Dauer früherer Erkrankungen und der gegenwärtigen Beschwerden, erstes Auftreten, Stärke der Beschwerden; Veränderungen der Beschwerden in bestimmten Lebenssituationen; bisherige Behandlung und ihre Erfolge; Ursache für die gegenwärtige Erkrankung nach Ihrer Meinung. Was für Hilfe erwarten Sie?

**Eigencharakteristik:**
Beschreiben Sie Ihren eigenen Charakter und Ihr Verhalten zu anderen Menschen im Beruf, in der Familie und im Verwandten- und Bekanntenkreis. Wie sehen Sie sich selbst?

**Beziehung zu den Ärzten:**
Schildern Sie enttäuschende oder erfüllte Erlebnisse mit Ärzten! Nennen Sie Worte von Ärzten, die Sie nicht vergessen können!

**Lebensüberblick:**
Gab es Schicksalseinbrüche in Ihrem Leben, die Sie belasten?
Gab es Situationen, wo Sie versagt haben?
Schildern Sie Ihre älteste Erinnerung!
Wann gab es Schwierigkeiten in Ihrem Leben?
Was würden Sie am liebsten tun, wenn Sie frei von krankhaften Störungen wären?
Zu welchem Zeitpunkt des Lebens würden Sie sich anders entscheiden, wenn Sie nochmals zu leben hätten?
Schildern Sie Ihren letzten Traum oder sich wiederholende Träume!

# 4. Psychosozialer und psychosomatischer Zusammenhang

## 4.1. Krankheitsformen

Die heutige Medizin ist durch die Zunahme solcher Krankheiten gekennzeichnet, bei denen der psychosoziale und psychosomatische Zusammenhang in der Ätiologie, Pathogenese und Bewältigung eine besondere Bedeutung erlangt und bei denen deshalb die diagnostischen und therapeutischen Methoden der krankheitsorientierten Medizin versagen.

Bezogen auf die höhere Lebenserwartung nehmen chronische Erkrankungen zu, die, beginnend im mittleren Lebensalter, das Leben verkürzen können und die eine enge Beziehung zur Lebensführung aufweisen, z. B. die Hochdruckkrankheit und die Arteriosklerose.

Die Aufmerksamkeit gilt weiterhin der „zweiten Krankheit", der Nichtbewältigung chronischer Erkrankungen durch depressives Verhalten, Hilflosigkeitssyndrom, aggressives Handeln, erhöhte Suizidalität und hypochondrische Fehlverarbeitung.

Der psychosoziale und psychosomatische Zusammenhang wird vor allem bei folgenden Störungen deutlich:

- **Psychosomatische Krankheiten.** Bei der Ulkuskrankheit, Colitis ulcerosa, „essentiellen" Hypertonie, koronaren Herzkrankheit, Neurodermatis, dem Asthma bronchiale u. a. haben Persönlichkeitseigenschaften (z. B. Besonderheiten der Streßverarbeitung) und gestörte interpersonelle Beziehungen bei der Ätiologie und Pathogenese eine mehr oder weniger große Bedeutung.
- **Neurosen.** Es handelt sich um psychosoziale Störungen im engeren Sinne, bei denen auch Funktions- und Organstörungen auftreten können.
- **Erschöpfungssyndrome** (neurasthenisches Syndrom).
- **Akute psychosomatische Funktionsstörungen:** z. B. Hyperventilationssyndrom, Effort-Syndrom, Reizkolon, Herzangstanfall, Erbrechen, psychogene Dyspnoe, emotionale Diarrhoe, Harndrang.
- **Chronische psychosomatische Funktionsstörungen:** z. B. muskuläre Schmerz- und Spannungszustände („Weichteilrheumatismus"), psychovegetatives Syndrom (funktionelle Störungen), psychogener Torticollis, Obstipation, Hyperazidität.
- **Psychosomatische Symptome:** z. B. Urtikaria, Pruritus, Dysmenorrhoe, Kopfschmerzen, andere Schmerzen ohne organische Ursache.
- **Akute Streßreaktionen.** Psychosomatische Reaktionen, bei denen ein enger Zusammenhang zwischen akuten psychosozialen Variablen und biologischen Parametern besteht.

- **Depressionsformen.**
- **Alkohol- und Medikamentenabhängigkeit.**
- **Nichtbewältigung chronischer Krankheiten** mit sekundären psychosozialen und psychosomatischen Störungen.
- **Nichtbewältigte und nichtkompensierte Entwicklungs- und Verhaltensstörungen**; z. B. autistisches Verhalten, hyperkinetisches Syndrom.
- **Soziopsychosomatische Störungen mit physiologischen Dysfunktionen.** Die Störungen sind in den primären Bedürfnissen begründet. Kommunikationsstörungen in der Primärgruppe haben eine besondere Bedeutung. Hierzu gehören Eßstörungen (Anorexia nervosa, Bulimia nervosa, bestimmte Formen der Adipositas), Schlafstörungen und sexuelle Dysfunktionen.

Der Arzt und der Psychologe prüfen, ob die Beschwerden des Patienten in einem ätiologischen oder pathogenetischen Zusammenhang mit psychischen und sozialen Faktoren gebracht werden können. Der diagnostische Prozeß ist schon Beginn der Therapie, wenn der Patient dabei den Zusammenhang erkennt und im Erleben bejaht.

Die Somatisierung von konfliktbedingten Affekten kann aber auch dazu führen, daß der Arzt die Abklärung eines Symptoms ad absurdum betreibt oder das Symptom wird nach einem negativen Befund bagatellisiert. Der über seinen organdiagnostischen Leerlauf enttäuschte Arzt macht den Patienten für das Symptom verantwortlich. Es wird dabei angenommen, es stehe im Belieben des Patienten, krank zu sein. Der Arzt muß Verständnis dafür haben, daß sein Angebot, die Beschwerden seien psychosozial verursacht und verfestigt, bei dem Patienten Verärgerung, Kränkung und Verunsicherung hervorrufen kann. Der Patient soll eine ihn schützende, wenn auch einschränkende somatisierte Abwehr aufgeben, ohne daß er einen „Gewinn" davon hätte. Er beginnt um seine Glaubwürdigkeit zu ringen, er entwickelt neue oder stärkere Beschwerden, um eine Organkrankheit zu beweisen. Ein Mensch, der vielleicht gerade noch mit viel Widerstand eine Krankheit akzeptiert, kann es mit seinem Selbstbild nicht vereinbaren, Probleme mit seinen Gefühlen oder Beziehungen zu haben. Er wird bei der Konfrontation mit seinen Wünschen, Einstellungen, Konflikten und Verhaltensweisen Angst bekommen und das Angebot des Arztes abwehren. Hinzu kommt, daß er seine psychosomatische Störung anderen nicht erklären kann, und er seinen Bezugspersonen kein Krankheitsangebot machen kann.

Die multifaktorielle Genese, die überwiegend körperliche Symptomatik und die wesentliche Rolle psychischer Faktoren erfordern bei psychosomatischen Krankheiten eine entsprechende Diagnostik.

- Nachweis oder Ausschließung eines organischen Krankheitsanteils, Objektivierung funktioneller Störungen.
- Nachweis bedeutsamer psychosozialer Faktoren, z. B. einer Neurose als erstes Stadium einer psychosomatischen Störung.
- Einschätzung des Zusammenwirkens der einzelnen somatischen und psychosozialen Faktoren bei der Ätiologie und Pathogenese.

## 4.2. Somatisierung

Affekte haben Äquivalente in der Körpersprache. Dieser psychosomatische Zusammenhang ist allgemein bekannt. Das Blut steigt zu Kopfe, wenn jemand wütend ist (Zornesröte), es entweicht, wenn jemand Angst hat (Angstblässe). Das Herz schlägt bei Ärger schneller. Schwindel, Zittern, Schwitzen, Urin- und Stuhldrang, Erschlaffung des Muskeltonus (ein „weiches" Knie haben) sind bewußt erlebte und oft auch der Umwelt erkennbar psychosomatische Reaktionen.

Wer eine gestörte Beziehung nicht kognitiv und emotional verarbeiten kann, wer nicht sagen kann: „Mir ist zum Kotzen, mir dreht sich alles im Kopf, es drückt mir das Herz ab, es schlägt sich auf den Magen, es liegt mir wie Blei in den Gliedern", der kann diese Beschwerden eben nur noch haben. Das Symptom (Erbrechen, Schwindel, Magenschmerzen, Gliederschmerzen, Herzschmerzen) wird dann zum Mittler in der Kommunikation mit zeitweiligem Krankheitsgewinn, perspektivisch aber mit einer eingeengten, deformierten oder zerstörten Beziehung.

Die Somatisierung, das Auftreten somatischer Symptome als Folge einer emotionalen Informationsverarbeitung wird begünstigt durch

- die Art der Probleme in der Partnerschaft, Familie und im Beruf;
- die Art der Verarbeitung unter dem Einfluß der individuellen Sozialisation und konkreter Lebensumstände („Krankheitsangebot" im Sinne eines Verarbeitungsangebotes);
- von der Umwelt akzeptierte Arten der Problemverarbeitung.

Somatisierung ist ein Epiphänomen aus einer Summe von Einzelprozessen. Die soziale Zuwendung (Akzeptanz) begünstigt die Entwicklung eines sekundären Krankheitsgewinns.

Der Begriff „psychosomatisch" (detailliert auch psychophysiologisch, psychoimmunologisch u. a.) ist nur gerechtfertigt, wenn als komplementärer Begriff „psychosozial" verwendet wird. Damit wird ein Zusammenhang zwischen vergangenen und aktuellen sozialen Faktoren, dem Verhalten und Erleben der Persönlichkeit und dem Körper mit seinen Organen und Funktionen hergestellt.

Das Desomatisierungs-Resomatisierungskonzept geht davon aus, daß es im Rahmen der Ich-Entwicklung zu einer Desomatisierung von Reaktionen auf bestimmte Erregungen in Form von handelnden und kognitiven Leistungen kommt. In besonderen traumatisierenden Situationen wird dann ein Angstaffekt im Sinne einer Regression resomatisiert.

Das konfliktpsychologische Modell beinhaltet, daß den in das Bewußtsein drängenden Triebwünschen, Affekten und Vorstellungen Abwehrkräfte entgegenwirken, um unlustvolle Affekte (Scham, Trauer, Angst, Schuld) oder Handlungskonsequenzen (Strafe, Verachtung) zu vermeiden. Das Symptom ist das Produkt dieses dynamischen Kräftespiels im Sinne einer Kompromißbildung. Der abgewehrte Impuls drückt sich in einer abgeschwächten und maskierten Form im Symptom aus. Es kommt zu einer Konversions-Reaktion in Organen und Organsystemen. Der Begriff „Konversion" ist heute weitgehend von der Hysterie gelöst und beinhaltet allgemein die Somatisierung, die Umwandlung von Affekten und Trieben in körperliche Symptome.

Das Konzept der „zweiphasigen Abwehr" (A. Mitscherlich) besagt, daß eine psychoneurotische Entwicklung als Grundbedingung der Chronifizierung anzusehen ist (erste Phase). Versagt die neurotische Bewältigung angesichts der weiterhin belastenden Realität, so erfolgt ein Rückgriff auf charakteristische körperliche Affektkorrelate der frühen Kindheit. Diese partielle Regression zeigt sich in einer psychosomatischen Störung (zweite Phase). Diese Resomatisierung entschärft den konfliktbedingten Affekt. Im Symptom erfolgt eine Ersatzbefriedigung. Das Verschwinden starker Abwehrverhaltensweisen kann die Kommunikation und soziale Einordnung verbessern. Die Krisenlösung auf apersonaler Symptomebene kann reversibel sein und dient damit der Lebensbewältigung. Sie kann aber auch als langzeitige psychosomatische Störung die Phantasie erheblich einengen, innere Zustände nur im Handeln erlebbar machen und das Benennen und Ausdrücken von Gefühlen erheblich beeinträchtigen (Alexithymie). Die Konflikthaftigkeit ist durch die Anpassung unauffällig geworden, die Konflikte erhalten im somatischen Bereich einen unpersönlichen Charakter.

Bei einer vereinfachten Betrachtung kann man ein differenziertes personenorientiertes Verhalten mit kommunikationsorientierter Abwehr (Regression, Identifikation, differenzierte Projektionen) und ein sachorientiertes, wenig differenziertes Verhalten mit kommunikationsbehindernder Abwehr (Verdrängung, Verleugnung) erkennen. Das personenorientierte Verhalten zeigt sich bei Personen mit differenzierten Beziehungs- und Verhaltensstörungen. Sie sind unsicher, umweltabhängig und ichbezogen, erhöht verletzbar. Sie schildern ihre Symptome und Konflikte ausgiebig, können Emotionen und Konflikte verbalisieren, phantasieren über Vergangenheit, Gegenwart und Zukunft. Es entwickelt sich eine differenzierte Arzt-Patient-Beziehung. Ein solches personenorientiertes Verhalten ist vielen Neurosekranken eigen. Das sachorientierte Verhalten zeigt sich in einem konkretistischen Denken. Die Personen sind häufig sozial über- oder pseudoangepaßt, wirken unauffällig, sind phantasielos, entscheiden sich nach sachbezogenen Kriterien. Eine Fehleinstellung ist bei der vom Patienten intendierten oberflächlichen undifferenzierten Beziehung nicht zu erkennen. Sie verleugnen intensiv Angst, Aggressivität und Konflikte (affektive Schonhaltung). Sie schildern ihre Symptome knapp und haben ein Unvermögen, Gefühle hinreichend differenziert wahrzunehmen und zu beschreiben. Es besteht eine unpersönliche Beziehung zum Arzt. Zu fragen bleibt, ob diese Menschen eher zu psychosozial bedingten Organ- und Körperfunktionsstörungen neigen. Würden wir im Einzelfall diese Frage bejahen, so hat dies Konsequenzen für die Therapie. Der Patient muß seine passive Abwehrpanzerung überwinden, muß erst ein personenorientiertes Verhalten erlernen. Er muß also zurückgehen zur ersten Phase der Abwehr, es erfolgt eine Re-Neurotisierung.

Die Übersetzung von Symptomen in einen Zusammenhang zum Erleben und zur Biographie ist weitgehend spekulativ. Die Annahme des Ausdrucksgehaltes und damit des appellativen Charakters von Symptomen bis hin zum symbolhaften Ausdruck kann aber unter therapeutischer Zielstellung genutzt werden. Symptome können bei einer solchen Betrachtungsweise einen Wunsch oder die Abwehr eines Wunsches darstellen (Reizhusten: ich möchte dir was husten, „Abwehrerbrechen"). Befriedigende Beziehungen in der Vergangenheit können auf der Grundlage eines Symptoms wieder aufleben, z. B. eine in der Kindheit erlebte Zuwendung bei Kopfschmerzen, Erbrechen oder einer psychogenen Lähmung kann im Jugend- oder Erwachsenenalter aktualisiert werden. Das Symptom kann auch Ausdruck einer gestörten Beziehung sein, z. B. Dyspareunie als Abwehr sexueller Kontakte. Es kann dem Wunsch dienen, daß die Bezugsperson am Symptom leidet oder selbst Symptome entwickelt, z. B. eine sexuelle Störung mit dem unbewußten Ziel der Depotenzierung des Partners.

Zusammenfassend können folgende Verhaltensweisen bei Patienten mit psychosomatischen Störungen bevorzugt auftreten:

- Gestörtes Selbstwertgefühl (labil, brüchig) mit dem Versuch, diese Ich-Schwäche durch eine enge symbiotische Bindung an einen Partner mit „Hilfs-Ich-Funktion" zu kompensieren.
- Identitätsschwäche mit übernormaler (pseudonormaler) sozialer Konformität mit erlebnisarmen Anpassungsschablonen, wobei die Beziehung zu anderen Menschen dem eigenen optimalen Funktionieren dient.
- Unfähigkeit, Gefühle ausreichend zu differenzieren und/oder mit Worten adäquat auszudrücken sowie Erlebnisse und Beziehungen mit personaler Anteilnahme und emotionaler Wärme darzustellen. Der Patient gibt einen apersonalen, abstrakten, nur der Gegenwart verhafteten Lebensbericht statt eines persönlichen, auf Vergangenheit und Zukunft bezogenen Lebenslaufes, er zeigt sich als Zeuge und nicht als Betroffener. Das alexithyme Verhalten mit operationalem Denken, Gefühlsleere und mangelhaft subjektivierter Sprache ist hiervon abgeleitet.
- Eingeschränkte Phantasietätigkeit.
- Eingeschränkte Fähigkeit, mit Aggressionen situationsadäquat umzugehen.

## 4.3. Risikofaktoren und Einflußfaktoren

Die multifaktorielle Ätiologie und Pathogenese psychosozialer und psychosomatischer Störungen erfordert die Beachtung einer breiten Palette von Risikofaktoren und Einflußfaktoren.

- **Biologische Risikofaktoren.** Es handelt sich um alimentäre, toxische, hypoxische, traumatische und infektiöse Einwirkungen in der Schwangerschaft, während der Geburt, postnatal und in den ersten beiden Lebensjahren. Für unsere Betrachtung sind solche Faktoren bedeutsam, die durch eine leichte Schädigung eine normabweichende Entwicklung mit mangelnder Impulskontrolle, kognitiven Leistungsmängeln, emotionalen Auffälligkeiten und sozialen Beziehungsstörungen verursachen.
- **Psychosoziale Risikofaktoren.** Sie umfassen Bildungsmangelfaktoren so-

wie emotionale Stör- und Mangelfaktoren in der Familie, Belastungsfähigkeit und berufliche Belastung der Eltern, Kinderzahl, Einkommen, Wohnung und Erziehungseinstellung. Psychosoziale Risikofaktoren mit Überbelastung (unangemessene hohe Erwartungen, heftige widersprüchliche Gefühlsregungen, erzieherische Fehleinstellungen) wirken als Streß und können zu einer Störung der Hirnfunktion führen. Eine Unterbelastung, ein Mangel an Reizen und Informationen führt zu einer Reduzierung der Hirnleistung.

Die Rostocker Längsschnittstudie (B. Meyer-Probst, H. Teichmann, 1984) erbrachte wichtige Ergebnisse zur Bedeutung biologischer und psychosozialer Risikofaktoren:

- Biologische Risiken sind gewöhnlich in einem psychosozial störungsfreien Milieu nach 2 Jahren kompensiert, sofern sie nicht von extremer Intensität waren.
- Eine Doppelbelastung mit biologischen und psychosozialen Risiken hat eine besonders entwicklungshemmende Wirkung.
- Ein günstiges familiäres Milieu kompensiert relativ besser Leistungsmängel als Verhaltensabweichungen.
- Psychosoziale Belastungsfaktoren sind in ihrer Wirkungsweise den biologischen Risiken analog.
- Die Auswirkungen biologischer Belastungen schwächen sich im Entwicklungsverlauf ab, während sie bei psychosozialer Dauerbelastung persistieren.

Zahlreiche Einflußfaktoren können bei der Pathogenese von Neurosen, psychosomatischen Erkrankungen und Funktionsstörungen, Drogenabhängigkeit, bestimmten Depressionsformen und komplizierten Verlaufsformen chronischer Erkrankungen von Bedeutung sein.

**Genetische Faktoren:**

- genetisch determinierte Vasolabilität
- unterschiedliche Organreagibilität

**Erworbene biologische Faktoren, z. T. mit genetischer Komponente:**

- Veränderung der Sensibilität von Schmerzrezeptoren
- eingeschränkte Adaptationsleistung (verringerte Toleranz im Ertragen pathogener Noxen)
- emotionale Übererregbarkeit mit rasch und überschießend einsetzender Ausschüttung von Hormonen und Neurotransmittern
- starke Tendenz zu Allgemeinreaktionen, Beibehaltung blockartiger ungezügelter vegetativer Reaktionsweisen der Kinder

**Erworbene besondere emotionale Reaktionen:**

- indifferente emotionale Verarbeitung von Situationen und Informationen
- indifferente Bewertung von Körperinformationen
- Alexithymie („emotionales Analphabetentum"); Konkretisation innerer Zustände als Benennung von Tätigkeiten, Vorfällen und Organerscheinungen
- Diskrepanz zwischen der Intensität des mitgeteilten Gefühls und der Intensität der Erregtheit

**Erworbene besondere kognitive Einstellungen:**
- irrationale Kognitionen (z. B.: „Ich muß immer ordentlich und gewissenhaft sein, hohe Leistungen bringen.“)
- Antizipation von Mißerfolg („Ich schaffe das nie.“)
- Antizipation von Schmerz (Schmerzwahrnehmung und Schmerzerleben verstärkt)
- Antizipation von Angst und Hilflosigkeit
- Einstellung auf Vermeidungsverhalten bei belastenden Situationen
- Einfluß der Ursachenerklärung (Kausalattribution), d. h. die Art und Weise, wie ein Patient seine Symptome erklärt

**Erworbene besondere Verhaltensweisen:**
- Abwehrverhalten (Unterdrückung konfliktbesetzter Verhaltensweisen)
- vermehrte Aktivität als ineffektive Ausweichstrategie bei hoher Erregung
- Selbstunsicherheit und geringe Selbstbehauptung
- überangepaßtes umweltabhängiges Verhalten, ausschließliche Orientierung am sozial erwünschten Verhalten
- starke Hemmung sozial unerwünschter Verhaltensweisen
- Unsicherheit in interpersonellen Beziehungen
- gesundheitsschädigendes Verhalten

**Aktuelle psychosoziale Einflußfaktoren:**
- Konflikte
- lebensverändernde Ereignisse (Verlusterlebnisse)
- Kommunikationsstörungen
- objektiver Streß
- Lebensführung

Die psychosoziale Umwelt bedingt Probleme, schränkt die Art der Verarbeitung ein und bestimmt akzeptable Problemlösungen.

## 4.4. Streß

Die Erfahrung, daß belastende Ereignisse im Leben eines Menschen zur Entstehung körperlicher und seelischer Störungen beitragen, ist alt. Die Rede vom „gebrochenen Herzen“ und von Unannehmlichkeiten, die einem „im Magen liegen“, zeugt davon. Objektiv schwere Belastungen oder als schwer erlebte Belastungen können zu einer solchen Steigerung des emotionalen Erregungsniveaus führen, daß die Reaktionskapazität und Streßtoleranz eines Individuums überschritten wird, die psychischen und physiologischen Reaktionen gewinnen krankheitsbegünstigenden Wert.

Wie ein unangenehmer Streß erlebt und verarbeitet wird, hängt von verschiedenen Faktoren ab:
- Intensität des belastenden Ereignisses
- vorhersehbar oder nicht
- eindeutig oder nicht
- zeitliche Nähe

- Beunruhigungs- und Bedrohungsgehalt
- Verlustcharakter
- erforderliche Anpassungsleistung
- Erfahrung, Kenntnisse über Ursachen und Konsequenzen
- Möglichkeiten der Bewältigung und Abwehr.

Immunisierende Einflußfaktoren gegenüber Streß im Rahmen der Streßbewältigung sind:

- Gefühl der Kontrolle über den eigenen Lebensplan
- positives Engagement in Beruf und Familie
- Bereitschaft, Herausforderungen anzunehmen
- Überzeugung vom Sinn des eigenen Handelns.

Es wird angenommen, daß Situationen, die eine hohe Leistung, einen Kampf um die bedrohte Kontrolle herausfordern, den amygdaloiden Komplex im limbischen System und entsprechend die Sympathikus-Nebennierenmark-Achse aktivieren. Situationen des Kontrollverlustes, der Hilflosigkeit, aktivieren den Hippokampus und davon ausgehend die Hypothalamus-Nebennierenrinde-Achse. Besonders problematisch ist die Aktivierung beider Streßachsen bei erfolgloser Verausgabung mit Ärger und Irritierung.

Lebensereignisse sind Bewährungssituationen des Menschen in seinem sozialen Umfeld. Sie sind Einbrüche ins Leben, Zäsuren, Knotenpunkte, haben eine hohe affektive Wertigkeit und zwingen zur Neuanpassung, zur Wiederherstellung eines gestörten Gleichgewichts. Negative Lebensereignisse oder das Nichteintreten erwünschter, erwarteter Ereignisse können als belastendes Ereignis, als Streß, verarbeitet werden. Vor allem Verlustereignisse sind einschneidend. Die Erkrankungshäufigkeit und Sterberate in den zwei Jahren nach dem Tod einer nahen Bezugsperson ist deutlich höher als in Vergleichsgruppen. Die Sterblichkeit der Männer im ersten Jahr des Rentenalters ist erhöht.

Krankheit selbst kann als Streßfaktor zu unspezifischen Reaktionen führen. Manche Befunde, z. B. Veränderungen des Hormonsystems („Kortisol-Antworten") und vegetative Parameter sind als unspezifische, vom Zustand des Patienten abhängige Veränderungen zu betrachten. Bei der Untersuchung von Psychosen geht es darum, Variablen zu finden, die unabhängig von den Symptomen auftreten und spezifisch sind.

Die Krankheit gehört zu den lebensverändernden Ereignissen und rangiert in der personalen Wertigkeit nicht selten nach dem Verlust von Bezugspersonen. Besonders neu und akut auftretende Krankheiten mit intensiven Schmerzen und noch unbekannter Ursache stellen eine starke Belastung dar. Ein belastungsbedingtes unspezifisches Beanspruchungssyndrom ist medizinisch bedeutsam bei erlebter akuter Gefährdung (Blutdruckkrisen, Herzrhythmusstörung, akute Psychosen) und bei anhaltenden persistierenden Zuständen mit depressiven Verhaltensweisen. Auch diagnostische und therapeutische Maßnahmen können streßauslösende Noxen sein.

Die plötzliche Einwirkung eines ungewöhnlichen äußeren Faktors auf den Körper bei Unfällen führt zu Angst, Schrecken, zum Erleben von der Verletzlichkeit des Lebens. Unfälle können zu abnormen Reaktionen und Fehlentwicklungen führen.

# 5. Medizinpsychologische Aspekte ausgewählter Störungen

## 5.1. Störungen des Eßverhaltens

Der psychosomatische Zusammenhang wird darin deutlich, daß Ärger das Eßverhalten beeinflußt und die Nahrungsaufnahme des Kleinkindes Symbol für Geliebt- und Umsorgtsein ist. Bestimmte Speisen sind mit einem sozialen Bedeutungsgehalt versehen. Milch läßt an Sicherheit und Geborgenheit denken, Süßigkeiten bedeuten Dank und Belohnung, Eier und Steaks verbinden sich mit Stärke und Potenz. Das Essen ist ein kommunikatives Geschehen. Störungen können auftreten, wenn das Kind lieblos gefüttert wird, unbedingt alles aufessen muß, Streit während der Mahlzeit erlebt oder wenn die Sorge der Eltern um Essen und Stuhlgang so zwanghaft ist, daß sie dem Kind den Appetit verdirbt.

### 5.1.1. Adipositas-Syndrom

Bereits im Kindes- und Schulalter haben 20 % der Kinder eine Adipositas. Im Säuglings- und Kleinkindalter kommt es zu einer Adipozytenvermehrung (hyperplastische Form), später zu einer Adipozytenhypertrophie (hypertrophe Form). Die einmal erreichte Zahl der Fettzellen bleibt konstant. Die hyperplastische Form hat eine ungünstigere Prognose, die Fettzellen füllen sich bei kalorienreicher Kost rasch auf.

Das Essen hat bei Kindern eine zentrale Rolle im Gefühlsleben: Linderung von Unbehaglichkeit, Wohlbefinden, Sicherheit, Gefüttertwerden, Geliebtwerden. Übermäßiges Essen ist meist eine Reaktion auf emotionale Spannungen wie Angst, Ärger, Langeweile und Bedrücktheit, kann aber auch ein aggressives Verhalten gegen die überkontrollierende Mutter ausdrücken. Die adipösen Kinder sind oft körperlich träge und langsam. Sie haben nicht selten schlechte Schulleistungen, eine eingeschränkte Kontaktfähigkeit und neigen zu depressiven Verstimmungen.

Personen mit einer alimentären Adipositas ernähren sich weitgehend unabhängig vom Hungergefühl, äußere Reize wie Geschmack, Geruch, optische Qualität und Verfügbarkeit haben großen Einfluß. Versagte emotionale Bedürfnisse zeigen sich beim Rauschesser („Freßanfälle"), beim Nimmersatt (unstillbarer Appetit), beim Mitternachtsesser und Ärgeresser (Kummerspeck).

Die optimale Therapie besteht aus Verhaltenstherapie, Diät und physischer Konditionierung. Eine Gruppenbehandlung hat sich bewährt. Ständige Vorhaltungen, Schuldverschreibungen, formale Ratschläge und die Verordnung von Appetitzüglern (Gefahr der Abhängigkeit!) sind zu vermeiden. Ein fehlerlerntes Eßverhalten kann nur durch eine Verhaltenstherapie normalisiert werden.

**Eßanamnese**

- Zeit und Zustände eines gesteigerten Eßverhaltens: Wochenende, Urlaub, Feiertage, Wohlbefinden, Ärger, Nervosität, Langeweile, schlechte Laune, enttäuscht, unzufrieden, Sorgen, Einsamkeitsgefühl, viel Arbeit.
- kalorienhaltige Getränke
- Essen zwischen Hauptmahlzeiten
- Heißhungerattacken
- Folgeverhalten bei Sattheit: entspannt, Wohlbefinden, kontaktfreudig
- Schuldgefühle
- angenehme Vorstellungen von Schlankheit: besseres Aussehen, Zufriedenheit, Partner zufrieden, beweglicher
- Vermeidungsverhalten wegen Adipositas: tanzen, ausgehen, Sport, Kontakte
- Reaktionen der Umwelt bei Gewichtsreduzierung: Verständnis, gleichgültig, Zuwendung, keine Anerkennung, sich lustig machen
- Bewegungsverhalten und Hinderungsgründe
- momentaner Zustand
- Konflikte, Probleme.

**Orientierendes Therapieprogramm**

- Selbstbeobachtung (Tagebuch): Kalorienzahl, Zeiten, Ort, Nebentätigkeit, zusätzliches und heimliches Essen.
- Motivation: langfristige Folgen der weiteren Gewichtszunahme als auch einer Abnahme verinnerlichen.
- Festlegung Therapieziel (z. B. 500 g Abnahme pro Woche).
- Stützende Verhaltensweisen: Therapieplan, tägliche Ziele bewußt machen, angenehme und unangenehme Folgen vergegenwärtigen, Dialog mit dem Bild im Spiegel, Selbstinstruktionen.
- Konkretes Eßverhalten: fester Eßplatz, Beseitigung von Naschnestern, keine Nebentätigkeit (außer Tischgespräch), kleine Bissen, viel kauen, langsam essen, Eßpausen, kleine Portionen, zuerst die schmackhaften Gerichte essen, Reste lassen und sofort beseitigen, keine großen Vorräte, zwischen festgesetzten Mahlzeiten nichts essen, Kontrolle des Eßverhaltens bei Besuchen, Reisen und an Wochenenden.
- Konfliktzentrierte Gespräche: Konfliktanalyse, Kommunikationsstörungen.
- Erlernen von Situationshilfen bei negativen Emotionen: alternative Verhaltensweisen (Spazierengehen, Musik hören), Selbstgespräch, Tagebuch, das Gespräch suchen.
- Analyse des inneren Monologs und korrigierende Selbstanweisungen.
- Negative Monologe: Ich schaffe es nicht, verliere kein Gramm, die anderen sind viel weiter, habe keinen Willen, bin von Natur aus dick, es kommt doch nichts dabei raus, bei diesem Streß muß man essen.

Korrekturen: Geduld, es dauert lange, auch gleichbleibendes Gewicht ist schon Fortschritt, langsam fühle ich mich besser, Essen heilt keinen Ärger.

- Bewegungsprogramm (Radfahren, Laufen, Schwimmen, Gymnastik).
- Einbeziehung Partner.

### 5.1.2. Anorexia nervosa

Die Störung ist durch folgende Leitsymptome charakterisiert:

- Bevorzugung von Mädchen in der Pubertät
- psychisch bedingte Einschränkung der Nahrungsaufnahme mit extremer Abmagerung unterhalb der doppelten Standardabweichung des Normalgewichts
- meist heimliches, spontanes oder induziertes Erbrechen
- Amenorrhoe (oft erstes Symptom)
- bedrohliche Folgen der Unterernährung
- chronische Obstipation, eventuell Laxantienabusus
- eventuell Bulimie (Heißhungerattacken)
- fehlende Krankheitseinsicht
- gestörte Selbstwahrnehmung
- soziale Isolation
- geringe Fähigkeit zur Konflikteinsicht und Konfliktäußerung
- therapeutischer Kontakt ist schwer herzustellen.

Ein anorektisches Syndrom kann auch in leichter Form in anderen Lebensabschnitten, bei Neurosen und Depressionen, auch bei Männern auftreten. Die Abmagerung ist selten bedrohlich. Es besteht eine Krankheitseinsicht und eine Behandlungsbereitschaft.

**Psychogenese**

Selbst bei ungestörter Entwicklung neigen manche junge Mädchen zu einer zeitweiligen Verunsicherung über ihren Körper. Es kommt zum Wechsel zwischen Unter- und Übergewicht, sie essen mal zu viel, mal zu wenig. Zahlreiche Mädchen beginnen willentlich mit einer Nahrungskarenz, sie halten sich für übergewichtig, fühlen sich gehänselt. Die Angst vor dem Zudickwerden führt zu einer extremen Leibfeindlichkeit. Sie fühlen sich in einer geschlechtslos-asketischen Leistungsfähigkeit wohl und empfinden ihre Magerkeit als ichsynton. Als Hauptkonflikt wird eine Beziehungsstörung zur Mutter angenommen. Es besteht eine hochgradige Ambivalenz zwischen Loslösungs- und Bindungsbestreben, wobei beides als bedrohlich erscheint. Die Väter sind nicht selten passiv, eventuell ablehnend oder zwanghaft-phobisch. Die Ambivalenz äußert sich in aggressiven Ausbrüchen bei ansonsten gehemmter Aggressivität. Die Patienten sind leistungsehrgeizig, zielstrebig, folgsam, zeigen ein rigides Verhalten, sind wenig spontan. Es bestehen meist keine sexuellen Partnerschaften. Eine erste sexuelle Beziehung kann Auslöser der Erkrankung sein.

**Therapie**

Voraussetzung für die Überwindung der Trotzreaktion ist die Entwicklung einer positiven Beziehung zum eigenen weiblichen Körper, ohne daß die Gefahr besteht, die Mutter zu verlieren.

Der Therapeut tritt in die Rolle eines neuen Identifikations- und Ablehnungsobjektes. Die Eltern erlernen in getrennter, später gemeinsamer Behandlung eine Entlastung von der Verantwortung bezüglich des Eßverhaltens. Die Therapie umfaßt eine intensive Psychotherapie mit Einbeziehung der Eltern. Die therapeutische Beziehung wird durch eine ambivalente Einstellung geprägt, die ein Scheitern antizipieren soll: Gut, ich nehme zu, aber gegen meinen Willen und meine Einstellung, dagegen werde ich mich wehren.

### 5.1.3. Bulimie

Das Bulimie-Syndrom ist durch folgende Leitsymptome gekennzeichnet:
- häufiges Auftreten zeitlich begrenzter exzessiver Einverleibung von Nahrung („Freßanfälle")
- aktive Gewichtskontrolle durch häufiges Erbrechen bzw. konsekutive restriktive Diät (Fasten) bzw. Einnahme von Laxantien
- „Freßanfälle" sind nicht Symptom eines anorektischen Syndroms und nicht auf eine organische Krankheit zurückzuführen.

Betroffen sind überwiegend weibliche Personen im Alter von 14—20 Jahren. Durch eine diffuse psychische Anpassung oder ein Gefühl der inneren Leere kommt es zur exzessiven Nahrungsaufnahme, die kurzzeitig entspannend und erleichternd wirkt, dann aber zu Schuld- und Schamgefühlen, zu depressiver Verarbeitung führt. Es besteht ein Normgewicht oder leichtes Untergewicht. Im Unterschied zur Anorexie orientiert sich die Patientin an einem konventionellen Bild von weiblicher Schlankheit, Attraktivität und Abhängigkeit. In der sexuellen Partnerschaft zeigt sich eine mangelnde Erlebnisfähigkeit mit Enttäuschungen. Im Unterschied zum Bindungsmodus bei der Anorexie wird eine vorschnelle Autonomie von der Familie angestrebt. Die Patientin möchte anderen gefallen und hat Furcht vor einer Ablehnung. Sie leidet unter dem Kontrollverlust beim Essen, hat eine Krankheitseinsicht und sucht den Arztkontakt. In der Arzt-Patient-Beziehung können in der Übertragungssituation die genannten Verhaltensweisen zur Sexualität und Partnerschaft transparent werden.

## 5.2. Schlafstörungen

### 5.2.1. Insomnien

Es handelt sich um Schlafstörungen in Form einer initialen Insomnie (Einschlafstörung), einer Durchschlafstörung (aufwachen und schwer wieder einschlafen) oder einer terminalen Insomnie (mindestens zwei Stunden vor der individuell üblichen Zeit aufwachen und nicht wieder einschlafen).

Insomnien können wie folgt eingeteilt werden:

1. Situative, meist vorübergehende und sekundär durch Schlafmittel oder Fehleinstellungen chronifizierte Insomnien:
   - Änderung der Lebenssituation: Krankenhaus, Heim, fremde Umgebung; Kinder erleben Geborgenheitsmangel, Erwachsene vermissen Schlafgewohnheiten, Störung intimer Gewohnheiten, schnarchende Mitschläfer
   - Änderung des Lebensrhythmus
   - lebensverändernde Ereignisse, Streß, Alleinsein
   - belastende und störende Umweltfaktoren: Lärm, Licht, Kälte, zu warmes Zimmer, sauerstoffarme Luft
   - schlafbeeinträchtigende Lebensgewohnheiten: Fernsehkonsum, ungenügende körperliche Betätigung, zu spätes Essen, Tee, Kaffee, hohe Dosen von Alkohol
   - pharmakogene Insomnien: reserpinhaltige Antihypertensiva, Alpha-Methyldopa, Diuretika (Nykturie), zu späte Einnahme von Appetitzüglern, Stimulantien, aktivierenden Antidepressiva (z. B. Imipramin, Desipramin)
   - Pseudo-Insomnien. Eine Person meint, ihr Schlaf sei zu kurz, und sie programmiert durch diese Erwartungshaltung eine Leistungsminderung am kommenden Tag.
2. Erlebnisbedingte Insomnien:
   - gestörte Konfliktverarbeitung
   - nachhaltige Erlebnisverarbeitung
   - gehemmte Aggressivität: Gespanntheit beim Einschlafen, Ärger über übernommene Pflichten
   - Erleben von Tagesschulden bei perfektionistischer Leistungshaltung
   - Schlafzwänge, Schlafängste, gespannte Erwartungshaltung, Angst vor dem Nichtausgeschlafensein
   - hypochondrische Befürchtungen
   - Realangst bei bestehender Krankheit
   - chronische Insomnien als Ausdruck einer somatisierten Angst und Spannung bei neurotischen Störungen: Angstneurosen mit Herzangstanfällen; anankastische und phobische Störungen mit Erwartungshaltungen, Befürchtungen und störanfälligen Einschlafritualen; neurasthenische Syndrome mit starkem Schlafbedürfnis, unruhigem Schlaf und fehlender Schlaffreude.
3. Insomnien bei Psychosen: häufig bei Depressionen; Insomnie kann Symptom einer larvierten Depression sein.
4. Insomnien bei Alkohol- und Medikamentenmißbrauch und -abhängigkeit.
5. Entwicklungsbedingte Insomnien: Pavor nocturnus, Schlafwandeln, Pubertätsprobleme, Veränderung des Schlafverhaltens im Alter
6. Insomnien bei somatischen Störungen: Schlafapnoe-Syndrom, kardiale Insuffizienz (Luftnot, Nykturie), Hyperthyreose, zerebrovaskuläre Insuffizienz (Schlafumkehr), Alterspruritus, Schmerzen usw.

### 5.2.2. Hypersomnien

Nachstehend sind die wichtigsten Ursachen von Hypersomnien aufgeführt:
- Langschläfer ohne subjektiv empfundene Hypersomnie
- Erschöpfungszustände, neurasthenische Syndrome
- depressive Syndrome mit Erschöpfung und Rückzugsverhalten
- neurotische Fehlentwicklungen mit depressiv-passivem Verhalten
- Medikamenten- und Alkoholmißbrauch
- Krankheiten: Narkolepsie, Kleine-Levin-Syndrom, ZNS-Erkrankungen, internistische Erkrankungen (z. B. Hypothyreose, Urämie, Anämie).

### 5.2.3. Schlafanamnese

Folgende anamnestische Angaben sind für eine Einschätzung des Schlafverhaltens erforderlich:
- Schlafstörungen in der Familie: Bedeutung von Schlafstörungen in der Kommunikation, erlernte Schlafstörungen
- Schlaf in der Kindheit: Einschlafgewohnheiten (Licht, offene Tür, Elternnähe), besonderes Schlafverhalten (Pavor nocturnus, Jaktationen, Schlafwandeln, Zähneknirschen), zu frühes Schlafengehen mit Reduzierung der Kontaktzeit zu Bezugspersonen
- Beginn der Schlafstörung
- Schlafverhalten: Schlafenszeit, Einschlafritual, Aufstehzeit, Schlaf- und Entspannungsphasen am Tage, Schlaftiefe, Schlafdauer, Schlafkontinuität, Träume, subjektives Schlafgefühl, Aufwachgefühl (ausgeruht, zerschlagen)
- Form der Schlafstörung
- zeitliches Auftreten der Schlafstörungen (evtl. zu Beginn der Arbeits- oder Schulwoche)
- Auswirkung auf Erholungsgefühl und Leistungsfähigkeit
- Schlafmittel: Art, Menge, Wirkung
- Beziehung der Schlafstörung zu Erlebnissen
- zwanghafte Erwartungen an Schlafverhalten
- Verhalten in der schlaflosen Zeit (grübeln, umhergehen, essen, lesen u. a.).

**Therapie**
Eine vorhandene organische Grundstörung ist zu behandeln, schlafstörende Symptome wie Schmerz, Dyspnoe oder Nykturie sind zu lindern oder zu beseitigen.

Im Aufklärungsgespräch werden falsche Vorstellungen über eine zwanghaft einzuhaltende Schlafzeit von 7–8 Stunden oder über die Folgen einer unvollkommenen Nachtruhe abgebaut. Dem Patienten wird erläutert, daß der Organismus sich den Schlaf holt, den er braucht und daß ein Schlafentzug keine nachhaltigen Folgen hat. Es wird auf die Differenz zwischen objektivem Schlafverhalten und dem Schlaferleben hingewiesen. Oft schläft man, ohne es zu wissen.

Das Beratungsgespräch zur Anerziehung schlaffördernder Verhaltensweisen beinhaltet folgende Hinweise:

- körperliche Belastung und Konditionierung
- Lebensweise: Genußmittel, Mahlzeiten, Medikamente
- Aktivierung der Selbstbehandlung: Einschlafmusik, entspannende Vorstellungen, Bäder, pflanzliche Beruhigungsmittel, kommunikationsfreundlicher Tagesausklang, kulturelle Erlebnisse, Abendspaziergang
- weitgehender Verzicht auf Schlafmittel
- Tagesplan älterer Menschen: geregelte Aufstehzeit, Bewegung, Mittagsruhe maximal 1/2 Stunde, abendlicher Spaziergang, Beschäftigung, Orientierung auf Gruppen, abendliche Entspannung (Unterhaltung, Lektüre), warmes Fußbad, Glas Rotwein, letzte Mahlzeit 4 Stunden vor dem Schlafengehen.

Schwere chronische Schlafstörungen erfordern bei entsprechender Motivation psychotherapeutische Maßnahmen:

- autogenes Training mit formelhaften Vorsatzbildungen („Ich schlafe bis morgen früh ganz ruhig, tief und fest. Grübeln ist ganz gleichgültig.")
- konfliktzentriertes Gespräch
- Verhaltenstherapie.

Die Verhaltenstherapie geht von einer Analyse des Schlafverhaltens aus und leitet davon das Therapieziel sowie den Therapieplan ab.

- Einschlafverhalten: Ärger über „nicht-schlafen-können", Grübeleien, Essen vor dem Schlafengehen, lesen, Musik, Fernsehen, Tabletten
- Verhalten beim Wachwerden: z. B. lesen, essen, Musik
- Therapieziel: ausreichender Schlaf, nach Gang zur Toilette gleich einschlafen
- Therapieplan: Essen und Tabletten vor dem Schlafengehen weglassen, Bett nur als Schlafstätte und nicht als Erholungsstätte (lesen, Musik) nutzen, nächtliches Wachsein mit unangenehmen Tätigkeiten (Schuhe putzen, sauber machen) koppeln; Entspannungsübungen; kognitive Gleichgültigkeit gegenüber dem Nichtschlafen („Ich will nicht unbedingt schlafen, auch wenn ich länger wachliegen sollte"); Grübeleien zu absurden oder lustigen Konsequenzen lenken; Tagesprobleme vorher schriftlich abarbeiten (Tagebuch).

**Schlafmittel**

Schlafstörungen veranlassen viele Ärzte, ein Schlafmittel zu verordnen. Ein situativ gestörter Schlaf im Krankenhaus führt oft zu einer unkritischen Einnahme. Die Gefahr des Mißbrauchs ist groß. Seit dem 1. 7. 1986 stehen in der DDR alle hochwirksamen Schlafmittel unter Rezeptpflicht. Die Probleme sind dem Patienten zu erläutern. Es gibt aber auch keinen Grund für eine Verweigerung, wenn der deutlich gestörte Schlaf durch die befristete Verordnung innerhalb eines Gesamtbehandlungsplanes normalisiert werden kann. Patienten mit einer Abhängigkeit von Alkohol oder Medikamenten dürfen keine Schlafmittel erhalten. Bei Absetzen der Mittel nach einem Mißbrauch oder einer Abhängigkeit (z. B. Niedrigdosis-Abhängigkeit bei Langzeiteinnahme von Benzodiazepinen) können Entzugssymptome auftreten: Zittern, Schwitzen, Unruhe, Angstzustände, allgemeines Unwohlsein, erhebliche Zunahme der Schlafstörungen, Herzklopfen. Nach dem Absetzen vergehen oft Wochen, ehe sich der natürliche Schlaf einstellt. In dieser Übergangszeit besteht die Gefahr, daß neue Schlafmittel verordnet werden. Leichte Entzugserscheinungen werden mit niedrigpotenten Neuroleptika, z. B. Promazin, behandelt. Alte Menschen mit einer Schlafumkehr und einem niedrigen Blutdruck sprechen gut auf Bohnenkaffee und Tee an. Die Schlafstörungen bei depressiven Syndromen können mit Amitriptylin oder niedrigpotenten Neuroleptika behandelt werden.

Das Aufklärungsgespräch bei der Verordnung von Medikamenten beinhaltet folgende Hinweise:

- Vereinbarung der befristeten Verordnung
- Schlafmittel unterdrücken in der Regel den natürlichen Schlaf
- eine Langzeitanwendung führt zu einer Verstärkung und Chronifizierung der Schlafstörungen
- bei einer Langzeitanwendung können Organschäden auftreten
- bei guter Compliance ist die Einnahme bei Bedarf einer regelmäßigen Einnahme vorzuziehen
- Gefahr des Mißbrauchs und der Abhängigkeit
- verordnete Schlafmittel dürfen nicht an Dritte weitergegeben werden
- striktes Alkoholverbot
- erste Woche nach Therapiebeginn keine Teilnahme am Straßenverkehr.

Tabelle 13. Vorteile und Nachteile von Schlafmitteln (nach Hartmann 1978)

| Vorteile<br>Schlafmittel | Nachteile |
|---|---|
| **Nitrazepam (Radedorm®), andere Benzodiazepine** | |
| • Sichere Wirkung<br>• Große therapeutische Breite | • Verkürzung der REM-Phase (Traumschlaf) |
| • Geringe Wirkung auf Atmung und kardiovaskuläre Funktionen | • Additive Wirkung mit Alkohol<br>• Zunahme der ZNS-depressorischen Wirkung im Alter |
| • Keine Induktion von Leberenzymen | • Lange Halbwertzeit<br>• Entzugs-Insomnien beim Absetzen |
| • Kein wesentlicher Wirkungsverlust bei wiederholter Einnahme<br>• Keine gravierende Gefahr einer Abhängigkeit<br>• Günstige Wirkung bei streßbedingten Schlafstörungen | • Gefahr des Mißbrauchs, Abhängigkeit möglich |
| **Chloralhydrat** | |
| • Gut bekannt<br>• Keine Störung des normalen Schlafmusters | • Wechselwirkung mit anderen Medikamenten, z. B. Antikoagulantien |

Fortsetzung Tabelle 13.

| Vorteile<br>Schlafmittel | Nachteile |
|---|---|
| ● Große therapeutische Breite | ● Wirksamkeit kann nach längerem Gebrauch nachlassen<br>● Mundgeruch (Abatmung über die Lunge)<br>● Geschmacklich unangenehm |
| **Barbiturate** | |
| Erwiesene Wirksamkeit | ● Geringe therapeutische Breite (Atemdepression)<br>● Leberenzyminduktion (Wechselwirkung mit vielen Pharmaka)<br>● Potentielles Suizidmittel<br>● Potentielles Suchtmittel<br>● REM-Schlaf-Phase verkürzt, reduzierter Tiefschlaf (unphysiologisches Schlafmuster)<br>● Hang over (Unausgeschlafensein)<br>● Paradoxe Reaktionen (Erregung oder Verwirrtheit bei Arteriosklerose)<br>● Barbiturat-Entzug ernstes und evtl. lebensgefährliches Problem<br>● Schlaf subjektiv erzwungen, Patient schwer erweckbar |
| **Glutethimid (Elrodorm®)** | |
| Gute Wirksamkeit und Verträglichkeit | ● Geringe therapeutische Breite<br>● REM-Phasen verkürzt<br>● Wirkungsabfall bei Langzeitgebrauch<br>● Mißbrauchsgefahr |
| **Methaqualon (Dormutil®, Dormutil retard®)** | |
| Verträglich | ● Geringe therapeutische Breite<br>● Mißbrauchsgefahr sehr hoch<br>● Wirkungsabfall bei längerem Gebrauch |
| **Pyrithyldion (Benedorm®)** | |
| Verträglich | ● Mißbrauchsgefahr |
| **L-Tryptophan** | |
| ● Biologische Substanz (essentielle Aminosäure) ohne Mißbrauchsgefahr<br>● Rasche Ausscheidung<br>● Keine Störung des normalen Schlafmusters | Kontraindikation bei Leberschaden |

## 5.3. Schmerzen

### 5.3.1. Soziopsychosomatischer Zusammenhang

Das psychogene Schmerzsyndrom beinhaltet Schmerzen ohne eine spezifische organische Ursache und ist wie folgt charakterisiert:

- Es besteht ein starker und meist anhaltender Schmerz als vorherrschende Beeinträchtigung.
- Der angegebene Schmerz entspricht nicht der Anatomie des peripheren Nervensystems, und es besteht kein pathologischer Organbefund oder pathophysiologischer Befund, der als Ursache des Schmerzes verantwortlich ist.
- Bei pathologischen Organerkrankungen sind die Schmerzen sehr stark und werden übertrieben geschildert, wie es nach den Befunden nicht zu erwarten ist.
- Psychische Faktoren sind nachweisbar: auslösende Ereignisse, Vermeidungsverhalten, Konversion, gestörte Beziehungen.
- Es besteht meistens eine betonte Darstellung mit dem Ersuchen nach wiederholten medizinischen Untersuchungen trotz negativer Befunde und der Versicherung des Arztes, daß die Schmerzen keine organische Grundlage haben.

Der Schmerz kann in unterschiedlicher Weise in die psychosomatischen und psychosozialen Beziehungen eingebettet sein. Die nachstehenden Beispiele sollen dies verdeutlichen.

- Schmerzen bei Organkrankheiten können unterschiedlich erlebt und verarbeitet werden, wobei Zuwendung, suggestive Effekte, beigemessene Bedeutung (z. B. Rezidiv) und ängstliche Erwartung von Einfluß sind. Die z. B. bei einer chronischen Polyarthritis besonders starke Zuwendung und Hilfe, das oft geförderte passive Verhalten („Gelenkschutz“) kann derart neu und angenehm sein, daß dieser unbewußte sekundäre Krankheitsgewinn zur Chronifizierung eines regressiven Verhaltens führt.
- Schmerzen bei psychosomatischen Funktionsstörungen (z. B. Reizcolon, nichtentzündliche Rheumaschmerzen) können von Fehleinstellungen beeinflußt werden, indem z. B. der Patient um „seinen Schmerz“ kämpft.
- Schmerzen können Ausdruck belastender Lebensereignisse und unbewältigter Konflikte sein.
- Schmerzen können Symptom einer depressiven Störung sein. Bei einer larvierten Depression stehen sie oft im Vordergrund. Die bei vielen depressiven Patienten vorhandene muskuläre Hypotonie und die veränderte Körperhaltung mit Beugung können zu Schmerzen im Schulter-Nacken-Bereich oder Lenden-Kreuz-Bereich führen.
- Eine depressive, dysphorische oder ängstliche Stimmung kann vorhandene Schmerzen verstärken.
- Schmerzen können sekundär zu depressiven, ängstlichen und dysphorischen Verstimmungen führen. Viele chronisch Schmerzkranke haben manifeste depressive Syndrome als Ausdruck der Gesamtbelastung (algogenes Psychosyndrom).

- Schmerzen bei neurotischen Störungen verweisen oft auf eine Somatisierung als ein organisches Entgegenkommen an den krankheitsorientierten Arzt und an die Umwelt.
- Chronische Schmerzen können in Form der „Schmerzkrankheit" eine neue Qualität erreichen. Es kommt zu psychosozialen Störungen durch ein Unverständnis der Umwelt und durch Medikamentenmißbrauch oder -abhängigkeit. In der „Schmerzehe" haben wir auf der einen Seite den Patienten mit seinen hartnäckigen Schmerzen, auf der anderen Seite den Partner, der alle Formen der Zuwendung ausprobiert, oder den Arzt, der nolens volens alle ihm zur Verfügung stehenden Schmerztherapien anbietet.
- Gestörte Funktionen können zu somatischen Störungen führen. Ein reflektorischer Hartspann bedingt einen ischämischen Schmerz, wenn der Muskeltonus den Gefäßtonus übersteigt und die Durchblutung vermindert wird. Reizzustände am Muskelansatz können Periostosen und Tendovaginosen, Fehlbelastungen der Gelenke Schmerzen der Gelenkkapsel nach sich ziehen. Die schmerzhafte muskuläre Dauerspannung der kleinen tiefen Rückenmuskeln kann zu degenerativen Veränderungen der Wirbelkörper und zur Mangelversorgung der Bandscheiben führen. Es kommt zu einer radikulären Reizung mit der Folge eines Circulus vitiosus zwischen Schmerz und Verspannung.

### 5.3.2. Schmerzanalyse

Die Schmerzanalyse umfaßt die Schmerzreaktionen, die Schmerzqualität und die Schmerzstärke (Tabellen 14. und 15.). Die Schmerzreaktionen zeigen sich im äußeren Verhalten auf der kognitiv-emotionalen Ebene und in physiologischen Reaktionen.

Schmerzreaktionen im äußeren Verhalten

- Expressives Verhalten: klagen, stöhnen, schreien, schmerzhafte Mimik, schmerzhafter Gang, schmerzfixierende Haltungen; demonstrative Ausdrucksübersteigerung, um den anderen von der angezweifelten Echtheit der Schmerzen zu überzeugen oder um einen Krankheitsgewinn zu erreichen.
- Regressives Verhalten mit dem Ziel der Zuwendung, des Mitleids, der Erreichung eines sozialen Schonklimas.
- Depressives Verhalten.
- Sozialer Rückzug mit Selbstbestrafungstendenzen (Schmerz als „Nesselhemd").
- Sekundärer Krankheitsgewinn, Schmerz als Alibi und zur Entlastung, Vermeiden von Versagenssituationen (Magenschmerzen vor Prüfungen), Dyspareunie zur Vermeidung sexueller Kontakte.
- Schmerz als Waffe, um sich behaupten zu können.
- Schmerz als Alibi für Medikamentenmißbrauch.
- Schmerz sich versagen, verkneifen, Zähne zusammenbeißen.

Schmerzverarbeitung auf der kognitiv-emotionalen Ebene

- Kognitive Verarbeitung, Selbstgespräche, positive Kognitionen (dagegen ankämpfen, damit fertig werden), negative Kognitionen (unerträglich, hoffnungslos, schlimmes Ende, zum Verrücktwerden).
- Befürchtungen, belastende Vorstellungen: Sterben, Krebs, Bettlägrigkeit, Lähmung, Rollstuhl.

Physiologische Reaktionen

- Starke vegetative Reaktionen.
- Verstärkte muskuläre Spannung.
- Kollaps (Schmerzsynkopen).

Tabelle 14. Qualitative Einteilung des Schmerzerlebens

| Schmerzqualität | Schmerzerleben |
|---|---|
| Räumliche Präsens | tief — oberflächlich<br>innen — außen<br>ausstrahlend — nicht ausstrahlend<br>ausgedehnt — begrenzt |
| Zeitliche Präsens | langanhaltend — kurzfristig<br>ständig — vorübergehend<br>häufig — selten<br>rhythmisch — unrhythmisch |
| Intensität | stark — schwach<br>gleich — wechselnd<br>schnell ansteigend — langsam ansteigend<br>schnell abklingend — langsam abklingend |
| Erleben | unerträglich — gut erträglich<br>bösartig — gutartig<br>übermächtig — kontrolliert<br>unvorhersehbar — vorhersehbar<br>qualvoll — auszuhalten<br>Angst — keine Angst |

Tabelle 15. Quantität der subjektiven Schmerzempfindung

| Quantität | Schmerzempfindung |
|---|---|
| Schmerzgrad 1 | Schmerz gerade fühlbar, äußere Ablenkung möglich |
| Schmerzgrad 2 | leichter Schmerz, unwesentliche Beeinträchtigung von Tätigkeiten |
| Schmerzgrad 3 | mäßiger Schmerz, Unterbrechung von Tätigkeiten, Unbehagen, Schonhaltung |
| Schmerzgrad 4 | schwerer Schmerz; geistige und körperliche Tätigkeit sowie Essen und Trinken unmöglich, dringender Wunsch nach Schmerzbeseitigung |
| Schmerzgrad 5 | schwerster Schmerz (schreien, sich am Boden wälzen), völlige psychische Konzentration auf Schmerzerlebnis |
| Schmerzgrad 6 | schwerster Schmerz mit Todesangst und Vernichtungsgefühl |

### 5.3.3. Kopfschmerzen

Affektäquivalente in Redewendungen und übertragene Redewendungen weisen auf eine Beziehung zwischen Kopfschmerzen und psychosozialen Faktoren hin: etwas bereitet Kopfschmerzen, etwas auf die eigene Kappe nehmen, Kopf raucht, sich einen Kopf machen, es im Kopf nicht aushalten, es fällt die Decke auf den Kopf. Kopfschmerzen werden oft in der Bedeutung gesehen, daß einer zu viel Kopfarbeit leistet, zu viel nachdenkt und erdenkt, zu wenig spontan handelt. Migränepatienten weisen nicht selten bestimmte Eigenschaften auf: perfektionistische Züge, strenge Einstellung gegenüber den eigenen Wünschen und Strebungen, ausgeprägtes Leistungsverhalten. Kopfschmerzen als akute psychosomatische Funktionsstörung treten bei Ärger, Aufregung, Übermüdung, Überforderung und Erschöpfung auf. Manche Personen reagieren auf Widrigkeiten und Konflikte mit Kopfschmerzen. Kopfschmerzen sind ohne Kenntnis der Persönlichkeit, der Biographie und der Umwelt nicht zu verstehen.

Kopfschmerzpatienten zeigen nicht selten eine schmerzbedingte Somatisierungstendenz. Es entwickelt sich ein Muskelhartspann im Schulter-, Nakken- und Rückenbereich, der zu einer chronischen Irritation des N. occipitalis major führt. Es kommt zu einem Circulus vitiosus von Schmerzverursachung und Schmerzerscheinungen, der von der Trias Angst, Spannung und Schmerz unterhalten wird.

**Verhalten**

Das Verhalten von Kopfschmerzpatienten kann auf Ruhe und Schonung orientiert sein, z. B. bei der Migräne. Die Aufforderung an die Umwelt lautet, in Ruhe gelassen zu werden. Damit unterscheiden sich manche Patienten mit Kopfschmerzen von solchen mit Lumbago oder pektanginösen Beschwerden, die ein Verlangen nach Nähe haben. Der Migränepatient fordert Zuwendung in Form einer Verfügbarkeit in der Abwendung („Ich habe heute Migräne, laß mich in Ruhe, aber geh' nicht weg."). Ein Kopfschmerz kann auch der Abwehr belastender Beziehungen dienen („zerebrale Frigidität"). Kopfschmerzen werden von der Umwelt anerkannt, sie sind ein Zeichen der Zeit, haben „höheren" Wert als z. B. Gliederschmerzen. Auch der Katerkopfschmerz, früher mit dem Eisbeutel und heute mit der Schmerztablette gelindert, verleiht Prestige und Aufmerksamkeit. Kopfschmerzen können Ursache oder Folge eines Analgetikamißbrauchs sein. Der Griff zur Tablette ist ausgeprägt. Ein Circulus vitiosus entwickelt sich dadurch, daß Analgetika und Ergotaminpräparate nach vorübergehender Linderung zu einer allmählich zunehmenden Schmerzsteigerung führen. Sie entfalten eine chronifizierende Wirkung auf den Kopfschmerz (Kopfschmerzmittel-Kopfschmerz).

Bei der Migräne handelt es sich um einen periodisch auftretenden Kopfschmerz unterschiedlicher Intensität, Häufigkeit, Dauer und Lokalisation. Der Kopfschmerz ist oft einseitig und mit Appetitlosigkeit, Übelkeit oder Erbrechen verbunden. Die Migräne tritt familiär gehäuft auf, beginnt oft schon im Kindes- und Jugendalter und neigt zur Chronifizierung. Eine spezifische Migränepersönlichkeit ist nicht nachgewiesen. Neben unauffälligen Personen wurden sehr unterschiedliche Eigenschaften gefunden: zwanghaft, perfektionistisch, ängstlich, depressiv, emotional labil, nervös, gehemmt aggressiv, mißtrauisch, erhöhter Neurotizismus. Es ist unklar, ob bestimmte Eigenschaften primär vorhanden waren oder im Verlauf der Migränekrankheit sekundär erworben wurden. In den Herkunftsfamilien Migränekranker wird offenbar vermehrt soziale Anpassung und Erwünschtheit (z. B. leistungsorientiertes Verhalten) bekräftigt und sozial unerwünschtes Verhalten (z. B. Aggressionen) bestraft. Es bestehen mehr oder weniger stabile Erziehungshaltungen. Der Anfall ist häufig multifaktoriell stimuliert (Streßinduktion). Der Anfall mit der sozialen Inaktivität konfrontiert den Migränekranken mit seinen Leistungserwartungen und denen der Umwelt; er kompensiert mit vermehrter Aktivität.

### 5.3.4. Therapie

Die Vielzahl der Schmerztherapien verweist auf den soziopsychosomatischen Zusammenhang und die sich daraus ableitenden unterschiedlichen pathogenetischen Ansichten und therapeutischen Erfahrungen. Der Therapeut verwendet die erlernten Methoden, bei denen er sich sicher fühlt. Er setzt damit den suggestiven Effekt der Sicherheit ein. Zuwendung und Suggestion sind bei Schmerzen wirksam. Bei allen Methoden beträgt der Plazeboeffekt etwa 30 %. Ein Anliegen der Therapie ist die Aktivierung der Selbstbehandlung (Yoga, Entspannungsverfahren, Ausdauertraining, Selbstmassagen; Einbeziehung von Bezugspersonen, z. B. Partnermassage).

Die nachfolgende Aufstellung gibt einen Überblick über Therapiemethoden bei Schmerzen.

- Wärme- und Kältebehandlung: Kryotherapie, lokale Wärme, heiße Rollen, Packungen, Lichtbogen, Bäder.
- Hyperämisierende Substanzen: Salben, Linimente.
- Therapeutische Lokalanästhesie: Nervenblockaden, Lokalanästhesie an hyperalgischen Druckpunkten, Quaddeln.
- Spezielle physiotherapeutische Maßnahmen: Reflexzonenmassage, Muskelmassage, Akupressur, Reiben, Handtuch-Extension, Unterwasserstrahl-Massage, Ultraschall, Kurzwelle u. a.
- Manualtherapie, chirotherapeutische Mobilisationen und Manipulationen.
- Ruhigstellung, Schonlagerung, fixierende Maßnahmen.
- Akupunkturen.
- Elektroanalgesie: Gleichstromtherapie (Möglichkeit der Selbstbehandlung mit Galvanostimulator TuR R41), hydroelektrische Bäder, Iontophorese, diadynamische Ströme, Kombination von Reizstrom und Ultraschall, TENS = transkutane elektrische Nervenstimulation, Elektroakupunktur; die letztgenannten Impulstherapien orientieren sich an spezifischen Reizpunkten, Triggerpunkten oder Akupunkturpunkten.
- Operative Maßnahmen.
- Psychotherapie.

- Pharmakotherapie.
- Methodenkombination, gezielte Polypragmasie im Rahmen eines individuellen Therapieplanes.

**Psychotherapie**

- Aufklärungsgespräch bei psychogenen Schmerzen zur Änderung der Kausalattribution. Der Patient verändert seine organische Ursachenannahme in Richtung einer psychosozialen Ursachenerklärung.
- Analyse der Auslösefaktoren (Antezedenten) und der Reaktionen der Bezugspersonen.
- Konflikt- und problemorientiertes Gespräch: Kontakt, Anforderungen, Mißerfolge, Reaktion auf Kritik, Umgang mit Aggressionen, Zurückweisungen, Versagungen, Leistungsverhalten.
- Aktivierung der Selbstbehandlung.
- Entspannungsverfahren (z. B. autogenes Training mit Zusatzübung „Schulter und Nacken sind leicht und weich."").

**Pharmakotherapie**

Die üblichen Schmerzmittel sind Risikomedikamente: Mißbrauchsgefahr (Phenacetin-Euphorie), Nebenwirkungen (Schwindel, Nausea), Chronifizierung von Kopfschmerzen, Gefahr der Analgetika-Nephropathie vor allem bei phenacetinhaltigen Präparaten, extrarenale Risiken, z. B. Hypertonus, kardiovaskuläre und gastrointestinale Störungen. Analgetika sind deshalb nur kurzfristig anzuwenden, phenacetinhaltige Präparate sind zu vermeiden. Mischpräparate mit Barbituraten (z. B. Copyrkal®, Migrätan-Supp.®) können zur Barbiturat-Abhängigkeit führen, ohne daß dem Betreffenden der Zusammenhang bewußt ist. Bei der Migräne haben sich im Anfall Azetylsalizylsäure, Metoclopramid (Cerucal®) oder Beta-Rezeptorenblocker (Obsidan®) bewährt.

**Psychopharmaka** (Tabelle 16.)

Psychopharmaka können zur Behandlung schwerer chronischer Schmerzen verwendet werden. Sie beeinflussen positiv das Schmerzerlebnis („Schmerzdistanzierung") und verringern die Schmerzaufschaukelung durch Angst, depressives Erleben und vegetative Erregbarkeit. Die Anwendung erfolgt bei Neuralgien, schmerzhaften Polyneuropathien, Nacken-Schulter-Arm-Syndrom, Lumbalgien, Ischialgien und Malignomschmerzen.

Tabelle 16. Psychopharmaka bei Schmerzen

| Schmerzcharakter | Präparat | Hinweise |
|---|---|---|
| | (Tagesdosis in mg) | (K = Kontraindikation<br>NW = Nebenwirkung) |
| • Schmerzen ohne depressive Verstimmung | Chlorpromazin (Propaphenin®, 200 mg), Laevomepromazin (Tisercin®, 150 mg), Haloperidol (bis 6 mg) | K: Leber- und Nierenschädigung, akute Herz-Kreislauferkrankung, Vorschädigung des hämatopoetischen Systems<br>NW: Hypotonie, extrapyramidale Symptome |

Fortsetzung Tabelle 16.

| Schmerzcharakter | Präparat | Hinweise |
|---|---|---|
| • Schmerzen mit depressiver Verstimmung | Clomipramin (Hydiphen®, 150 mg), Imipramin (Pryleugan®, 150 mg), Amitriptylin (150 mg), Trimipramin (Herphonal®, 150 mg) | K: Glaukom, Prostatahypertrophie NW: Mundtrockenheit, Akkomodationsstörungen, verzögerter Wirkungseintritt |
| • Schmerzen mit depressiver Verstimmung, sehr starke Schmerzen | Kombination von Neuroleptika und Antidepressiva, z. B. Hydiphen® und Haloperidol | |
| • Neuralgien, neuralgieforme Schmerzen | Carbamazepin (Finlepsin® bis 800 mg) | Leukozytenkontrolle |

## 5.4. Sexualstörungen

### 5.4.1. Sexualverhalten

Das sexuelle Erleben und Verhalten sowie die Fähigkeit zur Partnerschaft sind unlösbar mit der psychosexuellen Entwicklung verbunden. Der Mensch hat nach dem Eintreten der Geschlechtsreife eine durchgehende sexuelle Erregbarkeit. Es besteht ein Antriebsüberschuß, der nicht immer durch sexuelles Verhalten bewältigt werden kann. Der Geschlechtstrieb ist vom Sozialisationsprozeß, der sexuellen Erregbarkeit, dem Training und den Erfahrungen abhängig. Je stärker die sexuelle Aktivität und das sexuelle Erleben mit Lust, Befriedigung, Entspannung, Akzeptiertwerden und Wertschätzung verbunden ist, desto größer ist auch das sexuelle Verlangen. Die Sexualität ist eine psychosoziale Funktion des Menschen, die auf Kontakt und Kommunikation ausgerichtet ist. Gerade die Lust macht deutlich, wie sehr der Mensch selbst in physiologischer Hinsicht ein soziales Wesen ist, wie sehr die physiologischen Vorgänge des einen die Physiologie und damit die Gesundheit des anderen beeinflussen können.

Der Orgasmus führt zu einem zeitweiligen Ichverlust, zu einer Regression. Mit steigender sexueller Erfahrung nimmt die Orgasmusfähigkeit zu. Manche Paare meinen, der Orgasmus müsse immer gleichzeitig erlebt werden. Ein solch syntones Erlebnis ist aber nicht immer gegeben. Jedoch ist der gleichzeitige orgastische Gefühlsaustausch mit dem Partner ein besonderer Höhepunkt. Befriedigung und Orgasmus sind nicht dasselbe. Wenn eine Frau merkt, daß der Mann nicht befriedigt ist, kann sie trotz des Orgasmus unbefriedigt bleiben. Einen Orgasmus „haben“ bedeutet noch nicht, daß man ihn erlebt. Die junge Frau, ohne geboren zu haben, hat eine weniger hohe orgastische Intensität als der Mann. Später wird das sexuelle Erleben intensiver bis zu multiplen Orgasmen. Die Frau hat eine größere orgastische Potenz. Sie kann auch viel leichter als der Mann sexuelle Kompetenz vortäuschen. Das Intimverhalten der Frau nimmt im Laufe des Lebens zu und ist auch durch die späte Menstruation und das frühe Beenden der Phase der Geburten zeitlich ausgedehnter geworden. Der Mann kommt in der Praxis schneller zum Orgasmus. Durch eine Resterektion nach dem Orgasmus gelingt es meistens, daß die Frau noch zum Höhepunkt kommt. Das koitale Nachspiel durch intravaginales Verweilen ist notwendig.

Bei der Masturbation handelt es sich um eine psychische Stimulation und genitale Manipulation, die durch eine starke sexuelle Spannung mit nachfolgender Lösung gekennzeichnet ist. Die sogenannte Spielonanie kleiner Kinder beruht auf einer anderen Grundlage. Männliche Jugendliche masturbieren durchschnittlich zweimal in der Woche. Für manche Frauen ist die Masturbation die einzige sexuelle Betätigung, die sicher zum Orgasmus führt. Die Masturbation bringt keine Nachteile, wie es ein volkstümlicher Aberglaube meint. Doch sollte auch einer extremen Verharmlosung nicht das Wort geredet werden, da es bei alleiniger Masturbation zu einer Störung des emotionalen Erlebens, zur Tagträumerei und zur Isolierung kommen kann. Der reife Erwachsene sollte seinen Sexualtrieb zum Aufbau interpersoneller Beziehungen einsetzen.

Die moderne Kontrazeption ermöglicht eine ausschließlich partnerschaftliche sexuelle Beziehung, Ängste vor einer Schwangerschaft sind behoben. Konflikte können bei unterschiedlicher Meinung zum Kinderwunsch oder bei Ängsten des Mannes vor einer fordernden Sexualität der Frau auftreten. Kontrazeptiva führen eventuell zu pharmakologisch bedingten Nebenwirkungen. Es können aber auch Nebenwirkungen aufgrund einer Furcht vor Krebs oder einer Mißgeburt auftreten.

## 5.4.2. Sexualstörungen

### 5.4.2.1. Einflußfaktoren

Die sexuelle Betätigung ist ein ständiges Wagnis mit der Möglichkeit des Scheiterns. Das sexuelle Verhalten ist eine soziopsychosomatische Funktionseinheit, die durch Ängste und Konflikte gestört werden kann. Die Sexualität ist das Barometer für die Kommunikationsfähigkeit von Paaren. Gestörte sexuelle Beziehungen sind immer das Problem der ganzen Person und der Partnerbeziehung.

Die menschliche Sexualität reagiert besonders empfindlich auf intrapsychische und interpersonelle Konflikte. Dabei manifestieren sich die Störungen häufig an den empfindlichsten Funktionen, der Erektionsfähigkeit des Mannes und der Orgasmusfähigkeit der Frau. Wie die neurotische Symptombildung hat auch die Sexualstörung ihre Wurzeln in einer gestörten Entwicklung der Kindheit und Pubertät.

**Folgende Einflußfaktoren können zu Sexualstörungen führen:**

- Angst vor dem Ichverlust in der orgastischen Regression bei schizoider Persönlichkeit.
- Unvermögen der orgastischen Regression bei narzißtischer Einstellung (Sexualverhalten als Selbstbestätigung).
- Restriktive Erziehung mit Herausbildung sexualfeindlicher Einstellungen (enttäuschte oder eigene Sexualängste projizierende Mutter).
- Konflikte zwischen den Einstellungen der Geschlechter: Eine aktive selbständige Frau wird mit einem Mannesverhalten nach dem alten Klischee der Omnipotenz konfrontiert. Eine Frau mit den Attributen konventioneller Weiblichkeit sucht eine Abhängigkeit vom starken Mann. Angst des Mannes vor hohen sexuellen Anforderungen einer Frau.
- Konflikte durch sich unterschiedlich entwickelndes Sexualverhalten. Die Reduktion oder Steigerung des sexuellen Verlangens und Erlebens bei einem Partner ist häufige Ursache von Partnerkonflikten.
- Sexueller Leistungszwang, sexueller Ehrgeiz: Die Erwartung des Orgasmus nimmt den Platz des orgastischen Vergessens ein, der Orgasmus wird zum Objekt der Aufmerksamkeit. Die Folge des Leistungsdruckes sind ein enttäuschter Mann, eine unzufriedene Frau und eine beiderseits durch das Versagen gereizte Stimmung.
- Lustgefühl der sexuellen Vereinigung kontrastiert mit dem Ehezwist. Mancher Streit mündet in einen — nicht selten sadistisch-masochistisch geprägten — Sexualakt ein (Sexualakt als „Versöhnung“ bis zum „Versöhnungskind“).
- Überbetonung der sexuellen Technik kann bei einem Partner zu Insuffizienzgefühlen und Hemmungen führen.
- Mythos vom gleichzeitigen Orgasmus kann Hingabefähigkeit beeinträchtigen.
- Gestörte Partnerschaft (s. 3.5.3.).
- Mangelhafte Hygiene.
- Abneigung mit Meidungsverhalten, z. B. Vortäuschen von Müdigkeit, Arbeit, Kopfschmerzen.
- Kränkende Reaktionen beim Versagen.

#### 5.4.2.2. Sexualstörungen der Frau

Wir unterscheiden direkte und indirekte Sexualstörungen. Direkte Sexualstörungen: Libidostörung, Orgasmusstörung, Vaginismus, Algopareunie (Schmerzen bei und nach dem Koitus), kombinierte Störungen.
Indirekte Sexualstörungen: psychogene Unterleibsschmerzen (Pelvipathie, hysteriformes akutes Abdomen), psychogene Blutungsstörungen (Abwehrblutung, Amenorrhoe, Dysmenorrhoe), psychogener Juckreiz, psychogene Miktionsbeschwerden (Reizblase), psychogene Sterilität, therapieresistenter Fluor, klimakterische oder postmenopausale Beschwerden.

Das Wort „Frigidität“ (Gefühlskälte) wirkt neurotisierend und sollte vermieden werden. Es handelt sich um einen undifferenzierten Begriff für verschiedene Störungen der sexuellen Erlebnisfähigkeit. Die relative Bedeutung des Begriffes zeigt sich auch darin, daß manche Frauen sexuell stark erregt sind, aber nicht zum Orgasmus kommen, andere verspüren kein sexuelles Verlangen und erleben den Orgasmus. Bei einer Libidostörung zeigt sich ein fehlendes Interesse und sexuelles Verlangen in den konkreten Beziehungen. Es besteht häufig eine Überbeanspruchung im Leistungsbereich und eine starke emotionale Beteiligung außerhalb der Partnerschaft. Mit der Libidostörung kann eine primäre Hypolubrikation („trockene Scheide") einhergehen.

Die Anorgasmie ist für manche Frauen nicht von gleicher Wertigkeit wie beim Mann, ein Koitus ohne Orgasmus wird von ihnen als Partnerschaftserlebnis befriedigend erlebt. Andere Frauen fühlen sich trotz des körperlichen Orgasmus unbefriedigt, es können schmerzhafte Sensationen im Unterleib auftreten. Eine Störung des sexuellen Erlebens kann zu Reaktionsbildungen führen: Sexualphobie, Scham und Ekel, Aversion, ausweichen, abwehren. Bei dem Vaginismus handelt es sich um ein starkes genitales Abwehrverhalten mit massiver muskulärer Abwehrspannung.

### 5.4.2.3. Sexualstörungen des Mannes

Zu den direkten Sexualstörungen gehören die Erektions- und Ejakulationsstörungen. Indirekte Sexualstörungen sind psychogene Unterleibs- und Kreuzschmerzen sowie Miktionsbeschwerden.

Die verminderte Libido zeigt sich in seltenen Pollutionen, im Fehlen sexueller Phantasien, im fehlenden Drang zur Kontaktaufnahme und in so gut wie keiner sexuellen Betätigung. Die Libido kann durch psychische Traumen, körperliche Schwäche, somatische Erkrankungen und Medikamente gestört sein. Eine Libidominderung kann auch Schutzbehauptung sein (Schutz vor Blamage, Angst vor Überforderung), meist werden Schmerzen, Krankheit und Überforderung vorgeschützt.

Bei der Erektionsstörung dominiert die Angst vor dem sexuellen Versagen. Die Bedeutung partnerschaftlicher Bedingungen zeigt sich darin, daß die Erektionsfähigkeit häufig nur beim Koitusversuch gestört ist, nicht aber bei nicht-koitaler Befriedigung. Eine relative Abschwellphase während des Koitus ist normal. Während der Plateauphase der Frau kann es infolge starker Lubrikation und der weiten Scheide zum Phänomen des „verlorenen Penis" kommen. Es besteht die Gefahr der Selbstbeobachtung mit Versagensangst.

Die oft übermächtige Bedeutung der Erektion als Zeichen der Leistungsfähigkeit, als sexuelle Vorleistung und Potenzbeweis kann bei physiologisch bedingten Minderleistungen zu einer nachhaltigen und damit den Sexualablauf störenden Erlebnisverarbeitung führen. Wird die Aufmerksamkeit während des Vorspiels auf die eigene sexuelle Reaktion gerichtet, so kann der spontane Ablauf sexueller Funktionen gehemmt werden. Erektionsstörungen sind stark von der Persönlichkeit abhängig. Ein selbstsicherer Mann setzt bei einer Erektionsstörung das Liebesspiel fort und erigiert, ein ängstlicher und selbstunsicherer Mann versagt.

Neben psychischen Faktoren sind auch somatische Ursachen einer Erektionsstörung zu bedenken: Allgemeinerkrankungen, neurologische und psychiatrische Krankheiten, Nebenwirkungen von Medikamenten (Psychopharmaka, Antihypertonika).

Bei der Ejaculatio praecox handelt es sich um eine frühzeitige Orgasmusstörung ante portas. Sie liegt dann vor, wenn es einem Menschen nicht gelingt, den Ejakulationsvorgang nach der Immissio penis so lange zu kontrollieren, daß die Partnerin bei den meisten Kohabitationen sexuell befriedigt wird. Die Frau empfindet den Mann als impotent. Die Störung hat Beziehung zum Forderungscharakter der Partnerin, zur Situation (Kohabitation zwischen Tür und Angel) und zum eigenen Anspruch. Das subjektive Leidensgefühl und die negative Auswirkung auf die Partnerschaft können zu sekundären neurotischen Entwicklungen führen. Als physiologische Reaktion kann die Ejaculatio praecox nach längerer Abstinenz, bei starker Stimulation und nach Erschöpfung auftreten.

### 5.4.3. Patient mit Sexualstörungen

Jeder Arzt, besonders der Hausarzt, wird mit Fragestellungen aus dem Sexualleben konfrontiert. Es sind nicht nur die Sexualstörungen im engeren Sinne, die zum Aufsuchen des Arztes führen. Es ist sehr häufig auch das offen oder versteckt vorgetragene Anliegen, wie das Sexualverhalten bei einer Krankheit (z. B. Diabetes mellitus), einer Behinderung (Querschnittslähmung, geistige Behinderung) und im Alter realisiert werden kann. Der Arzt muß sich diesen Fragen stellen und nicht in allgemeine Redensarten ausweichen. Eine gegenseitige Gehemmtheit kann durch die unterschiedlichen Begriffe in der Fachsprache und der Vulgärsprache eintreten. Der Arzt muß taktvoll und geschickt das für ein Verständnis notwendige Vokabular anbieten. Die Bedeutung der psychosozialen Bedingtheit von Sexualstörungen wird unterschätzt oder aus therapeutischer Hilflosigkeit verdrängt. Es wird dann zuviel unter rein somatischem Aspekt untersucht, z. B. das Ejakulat oder die Hormone, obwohl 95 % der Potenzstörungen psychogener Natur sind.

In einer tragfähigen Arzt-Patient-Beziehung wird ohne Zeitdruck ein Untersuchungsgespräch bei Sexualstörungen geführt. Das Gespräch wirkt entlastend und ist bereits der Beginn der Therapie. Oftmals können schon im ersten Gespräch Fehlvorstellungen über sexuelles Verhalten abgebaut werden.

### 5.4.4. Sexualanamnese

**Psychosexuelle Entwicklung**

- Elternfamilie: Sexualerziehung, Einstellung, Konflikte.
- Erinnerungen: früheste Erinnerung an sexuelle Erlebnisse, bedeutungsvolle Erinnerungen aus der Kindheit und Jugendzeit.
- Erlebnisse: belastende Erlebnisse (Mißlingen einer sexuellen Beziehung), prägende Erlebnisse.

- Pubertätsentwicklung, erste Pollution, Masturbation, Pubarche, Thelarche, Vorbereitung auf und Einstellung zur Menstruation, Erlebnis der Kohabitarche.
- Heterosexuelle Kontakte und Erfahrungen.
- Homosexuelle Kontakte und Erfahrungen.
- Freundschaften und Kontakte in der Schulzeit.
- Schwangerschaft, Geburt, Interruptio, Kontrazeption.

**Aktuelles Sexualverhalten**

- Aktivität: Kohabitationsfrequenz, wer bestimmt, Erleben des Partners (hypersexuell, müde, lästig), Kohabitationspraktiken, Bedeutung Liebesspiel.
- Sexuelle Phantasien, Träume, Tagträume, denken an anderen Partner.
- Libido: Interesse, Desinteresse, gefühlshafte Abwehr (Angst, Ekel).
- Orgasmus: Kongruenz im Ablauf (Übereinstimmung evtl. zwanghaft angestrebt), Anorgasmie (partnerspezifisch), nur durch Masturbation.
- Erektion: morgendlich, spontan, bei „unpassender" Gelegenheit, Erektionsstörung und deren psychische Verarbeitung, Einfluß Alkohol, kränkende Partnerreaktionen.
- Ejakulationsstörung.
- Abgebrochene sexuelle Kontakte und psychische Verarbeitung: versuchter Verkehr, mißglückter Verkehr.
- Persönlichkeit-Einfluß: depressiv, ängstlich, Neurose, Alkohol- oder Medikamentenabhängigkeit, Leistungszwang, Schuldgefühl, Gehemmtheit.
- Partnerschaft, Ehe: Beginn, Trennung, Scheidung, Fremdbeziehungen, Sexualängste (Vermeidungsängste, Versagensängste), emotionale Störungen (Entwürdigung, Kränkung, Verunsicherung, Forderungsdruck, Unzufriedenheit), Konflikte, Vermeidungsverhalten (Vorschützen von Müdigkeit, Arbeit, Krankheit).

**Spezielle Fragen**

„Warum glauben Sie, nie Befriedigung empfinden zu können?"
„Warum empfinden Sie Ihren Partner als gefühlskalt?"
„Was geht in Ihnen vor, wenn Sie sich Ihren Partner vorstellen?"
„Was bereitet Ihnen Angst bei der Vorstellung des Sexualaktes?"
„Auf Grund welcher Gegebenheiten fühlen Sie sich nicht wohl?"

### 5.4.5. Aufklärungsgespräch

Der Arzt muß manchmal den Eltern Hinweise zur Sexualerziehung der Kinder geben. Es sind dabei folgende Schwerpunkte zu beachten:

- Kinder sollen so früh wie möglich eine positive Einstellung zum Körper gewinnen. Das Kleinkind darf genauso mit den Genitalien spielen wie mit den Zehen. Es wird davon ablassen, sobald es etwas Interessanteres entdeckt.
- Die Geschlechtserziehung kann nicht früh genug beginnen. Die Geschlechtlichkeit sollte nicht als ein Bereich erlebt werden, der mit den

sonstigen Erfahrungen nicht im Zusammenhang steht. Das Kind soll keine Vorurteile gegenüber dem anderen Geschlecht erfahren.
- Die Sexualität ist nicht erst ab der Pubertät da. Sobald ein Kind fragt, soll man darauf eingehen. Ein Kind fragt immer nur so viel, wie es verstehen kann.
- Spätestens vor Beginn der ersten Pubertätszeichen sollte das Kind über den Vorgang der geschlechtlichen Vereinigung und Zeugung Bescheid wissen, das Mädchen über die zu erwartende monatliche Blutung und der Junge über Samenerguß und Masturbation informiert werden. Schwangerschaft und Geburt sind für den Dialog zu nutzen.
- Die Kinder sind ernst zu nehmen, ihre Fragen dürfen nicht abgewertet und die Beantwortung nicht auf später vertröstet werden. Bei vulgärsprachlichen Ausdrücken sollte keine Schimpfkanonade losbrechen, auch hier ist der vertrauensvolle Dialog zu finden. Die Eltern sollen an dem Wort Geschlechtlichkeit nicht nur das „schlecht" heraushören.
- Die Entwicklung positiver Haltungen und Einstellungen am Beispiel der Eltern ist wesentlicher als das Aufklärungsgespräch. Das wichtigste „Geschlechtsorgan" ist immer noch das menschliche Gehirn, die Haltung zur Sexualität bestimmt das Verhalten in der Partnerschaft.

Das Aufklärungsgespräch mit dem Patienten oder einem Ratsuchenden kann folgende Probleme beinhalten:
- Informationsvermittlung über angemessenes sexuelles Verhalten, Toleranz bei unterschiedlichen sexuellen Praktiken, Abbau von Vorurteilen über die Sexualität im Alter und von Behinderten.
- Korrektur falscher Vorstellungen über die Beziehung zwischen Penisgröße und Potenz, über die Koitusfrequez und über ein stets notwendiges kongruentes orgastisches Erleben. Es ist darauf hinzuweisen, daß der kleine Penis sich bei der Erektion relativ mehr vergrößert als ein großer Penis und daß jede Vagina sich beim Koitus anpaßt, da es sich bei Penis und Vagina um Schwellorgane handelt. Wichtiger als die Penisgröße sind die sexuelle Sicherheit und das werbende Drängen.
- Angstentlastung bei Störungen des Erektionsgefühls: relative Abschwellphase ist normal, bei manueller Immissio reicht auch geringe Gliedsteife aus.

### 5.4.6. Therapie

Der Hausarzt kann seinem Patienten mit Sexualstörungen das Aufsuchen der Ehe- und Sexualberatung empfehlen. Er kann aber auch die Vertrautheit mit dem Patienten und seiner Familie für das eigene therapeutische Handeln nutzen. Das Untersuchungsgespräch zum Sexualverhalten hat dem Patienten bereits Angst und Hemmungen genommen. Er ist auch bereit, den Partner in die Gespräche einzubeziehen.

Die allgemeinmedizinische Behandlung von Sexualstörungen berücksichtigt folgende Aspekte:
- Gespräch mit beiden Partnern über das konkrete Sexualverhalten, Infor-

mationsvermittlung über die Breite sexueller Verhaltensweisen, Erlernen einer toleranten Einstellung.

- Gespräche entlasten und schaffen ein angstfreies Klima, welches auf das Sexualverhalten ausgedehnt wird. Der Grundtenor ist: das Sexualverhalten darf nicht leistungsorientiert, angstvoll oder zwanghaft sein.
- Verordnete Entlastung: Dem Patienten mit einer Erektionsstörung wird eine Abstinenzzeit (Koitusverbot) auferlegt, die ihn gegen Insuffizienzgefühle schützt. Die intime Kommunikation mit dem Partner (Liebkosungen, Petting) soll aber beibehalten werden. Der Patient erlebt Vergnügen ohne Leistungsdruck und kommt in einer entspannten Situation zum Koitus. Ein Urlaub, ein netter Abend wirken unterstützend.
- Vorschlag, die morgendliche Erektion oder eine andere nicht zur üblichen Bettzeit auftretende Erektion für eine Kohabitation zu nutzen.
- Partnerkonflikte aufarbeiten: Einstellungskonflikte, abgewehrte sexuelle Beziehungen („Ich habe Kopfschmerzen, viel zu tun, fühle mich nicht wohl."), Doppelbindungen („Sei zärtlich ... wenn ich es Dir erst sagen muß, macht es mir keinen Spaß."), programmiertes Scheitern („Du versagst ja doch."), Schuldverschreibung („Wenn Du nicht wärst ...").
- Ejaculatio praecox: Coitus iteratus versuchen, Beherrschungstraining durch Ablenkung.
- Drucktechnik bei Ejaculatio praecox: Partnerin unterbricht durch Druck im Bereich der Corona glandis den Ejakulationsdrang, anschließend durch Stimulation erneute Erektion, allmählicher Abbau der Angst und des Kontrollverlustes.
- Hormonbehandlung (Vistimon®).

# 6. Medizinpsychologische Aspekte ausgewählter Krankheiten

## 6.1. Chronische Krankheit

### 6.1.1. Bewältigungsaufgaben

Eine chronische Erkrankung wird zu einem zentralen Faktor des Erlebens, sie führt zu einer Änderung der Einstellung zu sich und der Welt. Vor dem Kranken und seiner Familie steht die Aufgabe der Adaptation an die neue Lebenssituation.

Womit muß der Patient fertig werden, was muß er bewältigen?

- Angst vor der Ungewißheit des Verlaufs.
- Angst vor Komplikationen (z. B. Folgen der Mikro- und Makroangiopathie beim Diabetes mellitus).
- Angst vor belastenden medizinischen Maßnahmen (Endoskopien, Dialyse, Operationen).
- Minderwertigkeitsgefühl durch Verluste an Leistung, Unversehrtheit des Körperbildes.
- Minderwertigkeitsgefühl und Unzufriedenheit durch Verzichte (Partnerschaft, Sexualität, Beruf, Reisen, Vergnügen).
- Belastend erlebte Abhängigkeit von Personen und Institutionen des Gesundheitswesens.
- Belastend erlebte Abhängigkeit von anderen Menschen.
- Belastend erlebte Abhängigkeit von einem einengenden Lebensregime (z. B. Diabetes: Diät, Injektionen, Blutzuckerkontrollen).

Wie kann der Patient damit fertig werden? Was muß er lernen, um sein Kranksein zu bewältigen?

- Übernahme von Verantwortung für die Krankheit.
- Orientierung an den gesunden Anteilen, das Leben lebenswert gestalten, das Beste daraus machen.
- Anerkennung des Unvermeidlichen.
- Erlernen einer optimalen Unabhängigkeit.
- Bemühen um emotionale Stabilität und Frustrationstoleranz.
- Bewältigung emotionaler Krisen, kathartischer Umgang mit regressiven, depressiven und aggressiven Reaktionen.
- Positive Einstellung zur Unterstützung durch die Familie und andere Personen.
- Gute kooperative Beziehung zum behandelnden Arzt und anderen Mitarbeitern des Gesundheitswesens.

- Überwindung des Haders mit dem Schicksal und des Zornes auf sich, Umlenkung psychischer Kräfte auf Bewältigungsaufgaben.

### 6.1.2. Therapeutenhilfe

Der Arzt wird durch sein patientenorientiertes Handeln, durch die Beachtung der Ganzheit des Patienten in einer partnerschaftlichen Beziehung, dem Patienten die Adaptationshilfe anbieten, die zu einer weitgehend unabhängigen Krankheits- und Lebensbewältigung notwendig ist.
Möglichkeiten der Adaptationshilfe:

- Orientierung auf intakte Funktionen, Übungsbehandlung, Bedienung von Hilfsgeräten, Einüben täglicher Verrichtungen.
- Wunsch nach mehr Aktivität und Selbständigkeit wecken und fördern.
- Orientierung auf möglichst weit gespannte psychische und soziale Aktivität.
- Förderung der Kommunikation: Gespräche, Briefwechsel, Telefonate, Kontakte.
- Willenstraining, Bewältigung von Teilzielen.
- Aktivierung von Familienressourcen.
- Vermeidung von Abhängigkeiten, keine Belohnung regressiver Verhaltensweisen, Stimulierung der Eigenaktivität und Eigenverantwortlichkeit.
- Aufklärung über die Erkrankung, Information über alle Maßnahmen.
- Angstabbauendes Gesprächsverhalten.
- Gemeinsame Suche nach Lösungen bei psychischen Belastungen und Konflikten.
- Sexuelle Rehabilitation, Abbau von Vorurteilen, Hinweis auf Varianten sexuellen Verhaltens.
- Unterstützung bei der beruflichen Rehabilitation.

### 6.1.3. Familienhilfe

Die Bewältigung einer Krankheit ist von den gesellschaftlichen und sozialen Bedingungen abhängig. Sie impliziert die Beteiligung und Mithilfe der Familie, von Verwandten, Freunden, Nachbarn und anderen Personen (z. B. Volkssolidarität) außerhalb des Gesundheitswesens. Einerseits müssen die Anforderungen und Belastungen beachtet werden, die einer Familie durch Therapieanweisungen, Symptomkontrolle und Betreuungsaufgaben entstehen. Zum anderen sind die Möglichkeiten der Adaptationshilfe einer Familie für ihr krankes Mitglied einzuschätzen. Die Adaptationshilfe bei einer Krankheit wird von ihrer lebensgeschichtlichen Einordnung (krankes Kind, der alte kranke Mensch, Krankheit im Leistungsalter), ihrer Dauer, dem Charakter (Erblichkeit, angenommene „Selbstverschuldung“ bei Unfall und Alkoholkrankheit) und der Beurteilung durch die Umwelt („Wasserkopf“, „nervenkrank“) beeinflußt. Der Arzt muß bei einer chronischen Krankheit rechtzeitig die Familienressourcen erkunden und frühzeitig die Familie in Beratungsgespräche einbeziehen. Er wird dabei folgende Schwerpunkte ansprechen:

- Aufgaben bei plötzlicher lebensgefährlicher Verschlechterung (Koma, Re-Infarkt), organisatorische Beherrschung solcher Notsituationen.
- Schutzaufgaben, z. B. Begleitung von Anfallskranken, Gelähmten, Blinden.
- Mithilfe bei Verordnungen: Physiotherapie, Diät, Medikamenteneinnahme.
- Unterstützung bei der Realisierung vereinbarter Maßnahmen (Arztbesuch, Terminwahrnehmung).
- Mithilfe bei Pflegeverrichtungen, Erlernen pflegerischer Handlungen, Überwindung von Angst, Scham und Ekel.
- Erlernen eines partnerschaftlichen Umgangs ohne übertriebenes Mitleid, Bagatellisierung, Lügen oder angstvolles Schweigen.
- Vermeidung von Panik und Hoffnungslosigkeit bei Rückfällen und Verschlechterungen.

Der Arzt muß immer auch für die Familie ein Partner in Krisensituationen sein. Der Hausarzt kann hier wie kein anderer seine besonderen Möglichkeiten nutzen. Er kann am besten einschätzen, ob er auf die Unterstützung einer Familie bauen kann oder nicht.

Ein günstiges Familienklima zeigt sich in folgenden Verhaltensweisen bei der chronischen Erkrankung eines Familienmitglieds:

- Zunehmender innerfamiliärer Zusammenhalt bei parallel laufenden Sozialkontakten.
- Übereinstimmung in den Rollen, flexible Festlegung von Rollen in Abhängigkeit vom Krankheitsverlauf (z. B. Übernahme verlorener Rollen und Aufgaben bei der Rehabilitation der Alkoholkranken).
- Einigung und Abstimmung der persönlichen Bedürfnisse und Interessen der Familienmitglieder.
- Zielorientiertheit, abgestimmte Lebensplanung.
- Hoher Grad der Befriedigung (jeder kommt auf seine Kosten).
- Optimale personelle Hilfe, emotionale und sachliche Unterstützung bei bestehender Eigenverantwortung des Kranken.
- Guter sozioökonomischer Status.
- Positive Bewertung der Belastung durch die Betreuungsaufgaben („Ich helfe, um mir zu helfen. Vielleicht geht es mir auch mal so.“).

In einem ungünstigen Familienklima hat es der Kranke schwer, mit seiner Krankheit fertig zu werden. Er entwickelt unter Umständen Verhaltensweisen einer Nichtbewältigung und neigt häufiger zu Krisen. Eine solche Familiensituation ist wie folgt gekennzeichnet:

- Zunehmender innerfamiliärer Kontakt bei Abbruch von Sozialkontakten.
- Auflösung des innerfamiliären Zusammenhangs bei Verstärkung von Sozialkontakten.
- Auflösung des innerfamiliären Zusammenhangs und der Sozialkontakte.
- Fixierung von veränderten Rollen („Schone Dich mal, Du brauchst nichts

mehr zu machen.") und Rollendiffusion (Keiner weiß richtig Bescheid, was er für Aufgaben hat.).

- Interessen- und Bedürfnisdiffusion (Jeder geht seinen Interessen und Bedürfnissen nach, ohne daß eine Abstimmung erfolgt.).
- Fehlender oder für den Kranken negativer Lebensplan (abschieben, „Sollen die anderen sich auch mal um ihn kümmern.", „Wie lange noch?").
- Vernachlässigung (Überforderung der Eigenverantwortung) und Überbefürsorgung (abhängiger Pflegling ohne Eigenverantwortung).
- Schlechter sozioökonomischer Status.
- Negative Bewertung der subjektiven Belastung („Jeder muß sehen, wie er klarkommt. Das wird mir zuviel. Mir hilft auch keiner.").

### 6.1.4. Nichtbewältigung

Wird eine chronische Krankheit nicht bewältigt, so verharrt der Kranke in kommunikations- und verhaltensbehindernden Abwehrverhaltensweisen. In der Regression hat er ein überbetontes Fürsorgebedürfnis, er ist passiv und zieht sich zurück. Bei der Überkompensation werden unrealistische Pläne geschmiedet. In der Verleugnung wird der Status des chronisch Kranken verweigert. Es besteht keine adäquate Einschätzung der eigenen Leistungsfähigkeit, es kommt zur Selbstüberforderung. Der Kranke will es den anderen beweisen. Ein solches Verhalten kann z. B. beim Diabetiker zu Stoffwechsellabilisierungen führen. Die oft problemlose Betreuung von Verleugnern verleitet den Arzt auch zur Problemverleugnung, er negiert vorhandene Konflikte. Die Patienten sind, da sie die Grenzen ihrer Ansprüche erleben, nicht selten unter der Oberfläche ihres Verleugnungsoptimismus unzufrieden, gereizt, nörgelnd, ohne über ihre massive Angstabwehr sprechen zu können. Andere Patienten projizieren alle Verantwortung auf den Arzt und lasten ihm bei Verschlechterungen Schuld an. Der Kranke versucht, den Arzt in die Rolle des Helfers, Retters und Konfliktlösers zu drängen. Der Arzt hält sich häufig aus der Beziehungsproblematik raus. Oder er weist dem Patienten Schuld zu (zu wenig kooperativ, unvernünftig, läßt sich gehen). Die gegenseitigen Schuldzuweisungen dienen der Abwehr einer Auseinandersetzung mit den Verlusten.

Beim hypochondrischen Verhalten besteht eine Blickfeldbeschränkung auf den Leib. Es kommt zu einer hypochondrischen Wucherung des kranken Organs in der Vorstellung, zu einer Überidentifizierung mit dem Organ (Mein Herz erlaubt mir nicht ... Mein Magen läßt es nicht zu ...).

Ein sekundärer Krankheitsgewinn beeinträchtigt die Eigeninitiative des Patienten. Das Befolgungsverhalten ist gestört.

### 6.1.5. Depressives Syndrom

Das Wahrnehmen und Erleben einer chronischen Krankheit mit ihren Folgen kann zu Angst, Panik und depressivem Verhalten führen. Das depressive Syndrom ist eine regelmäßige Begleiterscheinung maligner Erkrankungen und kommt relativ häufig bei Patienten mit rheumatischen Erkrankungen vor. Der depressive chronisch Kranke kommuniziert Hilflosigkeit. Er zeigt verminderte Aktivität, fühlt sich unzulänglich, hat kein Selbstvertrauen („Ich gebe auf, ich halte es nicht mehr aus.“), neigt zum sozialen Rückzug („Es wird mir alles zuviel.“), zum Zukunftspessimismus, verliert Freude und Interesse („Es lohnt nicht mehr. Wozu noch? Es nützt alles nichts.“). Die Beziehungen sind durch die besondere Betonung von Hilflosigkeit und Entmutigung gestört, das Sichaufgeben macht den Bezugspersonen Angst. Dabei ist das depressive Verhalten oft mit einem hohen Zuwendungsbedürfnis verknüpft, das aber auch die Angst vor dem Liebesverlust beinhaltet. Bei Beziehungskrisen verstärkt die Interaktion von Sich-Aufgeben und Aufgegeben-werden die Entwicklung depressiven Verhaltens. Die Passivität und das Rückzugsverhalten verringern die sozialen Kontakte (bis hin zur Non-Compliance), wodurch wiederum die depressive Sicht verstärkt wird („Keiner will was von mir wissen.“).

Ein depressives Verhalten kann durch verschiedene psychische Verarbeitungen entstehen:

- Es besteht eine direkte Reaktion auf die Funktionsbeeinträchtigung, die soziale Behinderung und den Schmerz.
- Die Beeinträchtigung durch die Krankheit oder Behinderung wird als Selbstwertverlust erlebt und als persönliches Versagen interpretiert.
- Die Krankheit wird als permanente Frustration erlebt, der man hilflos ausgeliefert ist.
- Der Zusammenbruch der angstabwehrenden Verleugnung („Es ist nicht mehr zu leugnen, ich habe Krebs.“) drückt sich in depressiven Verhaltensweisen aus.

## 6.2. Malignomkrankheit

### 6.2.1. Problembereiche

Die Malignomkrankheit ist durch besondere Problembereiche gekennzeichnet (s. Abb. 4):

- Es handelt sich um einen starken langwierigen Streß, der das biologische und persönliche Dasein, Identität und Sicherheit bedroht. Es kommt zum Verlust des Vertrauens zum eigenen Körper, zum Verlust des Selbstvertrauens und zu einem negativen Selbstbild.
- Es besteht eine starke Belastung durch die Chronizität, Progression, Unheilbarkeit, Rezidive und Schmerzen. Der Kranke fühlt sich der Krankheit passiv ausgeliefert.
- Es besteht eine starke Belastung durch diagnostische, vor allem aber therapeutische Maßnahmen mit ihren Konsequenzen und ihrer Unsicherheit. Belastend sind vor allem Organverluste, Mastektomie, Kolostomie, La-

ryngektomie, Radio- und Chemotherapie. (Patient: „Das Schlimmste an der Erkrankung ist die Behandlung.").

- Viele Malignomkranke nehmen nach der Therapie gar nicht oder nur zögernd Kontakte auf. Sie fühlen sich ausgeschlossen, von einer Mauer des Schweigens umgeben oder befürchten, andere warteten auf ihren Tod.

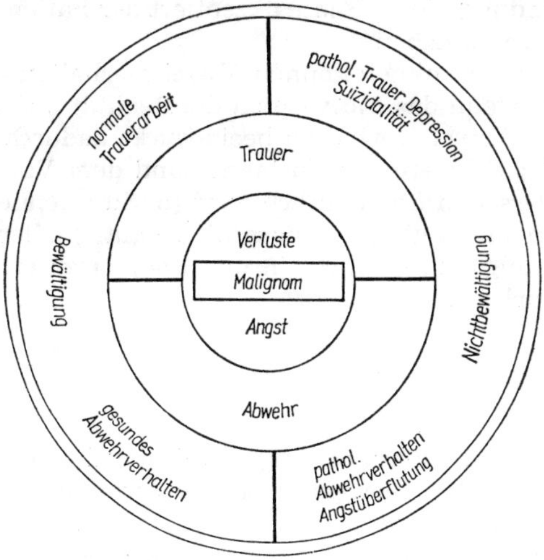


Abb. 4. Verarbeitung der Malignomkrankheit.

### 6.2.2. Bewältigung

Nach der anfänglichen Schockphase erarbeitet sich der Malignomkranke mit Unterstützung der Umwelt meistens eine aktive, akzeptierende und problemlösende Einstellung. Er erfragt Informationen, berät sich mit der Familie, Freunden und Mitpatienten (evtl. Selbsthilfegruppe). Die Kooperation mit dem Patienten ist gut. Die normalen Reaktionen von Wut, Trauer, Angst, Depressivität und Regression werden überwunden oder abgewehrt, der Patient durchschreitet die Talsohle seiner Empfindungen.

Der Malignomkranke hat starke Ängste: vor dem Verlassenwerden, dem Überwältigtwerden durch unkontrollierbare Kräfte, vor verstümmelnden Eingriffen, Verlust an Lebensqualität, Schmerzen, Metastasen und vor dem Tod. Abwehrverhaltensweisen dienen bei solchen Ängsten dem Schutz der Integrität der Persönlichkeit, sie schaffen eine äußerliche Ruhe und verhindern Panikattacken. Sie sind zu akzeptieren, wenn durch sie keine notwendigen diagnostischen und therapeutischen Maßnahmen behindert werden. Der Patient verleugnet („Ich habe keine Angst, ich bin auf alles vorbereitet."), rationalisiert („Ich habe keine Angst vor der Krankheit, fürchte aber die Behandlung."), vermeidet („Ich möchte nicht über die Krankheit sprechen, nicht daran denken, so komme ich am besten darüber hinweg."), projiziert („Meine Frau hat solche Angst um mich, helfen Sie ihr.") und verkehrt ins Gegenteil („Jetzt erst hat mein Leben einen Sinn“.). Durch das Abwehrverhalten kann die Angst nicht vollständig kontrolliert werden. Der Rest an freier Angst muß im Gespräch verarbeitet werden. Das Handeln während der Rehabilitation wirkt angstlösend.

Der Zusammenbruch des Abwehrverhaltens führt zu depressiven Verstimmungen, die als eine notwendige Phase der Krankheitsverarbeitung anzusehen sind. Nach der Überwindung dieser Phase akzeptiert der Patient die Krankheit und findet seinen Sinn im Leben.

In einer späten Phase der Malignomkrankheit können Abwehrverhaltensweisen erneut bedeutsam werden, wenn das Individuum die Realität nicht mehr ertragen kann. Dieses späte Abwehrverhalten beeindruckt dadurch, daß der Widerspruch zwischen der Schwere des Zustandes und dem Verhalten des Kranken für andere Personen überdeutlich wird (hochfliegende Pläne, „Ich brauche keine Hilfe mehr, es ging mir noch nie so gut.“). Hier taucht immer wieder die Vermutung auf, ob nicht in den Endphasen ein hirnorganisches Psychosyndrom vorliegt.

### 6.2.3. Nichtbewältigung

Die intrapsychische und interpersonelle Verarbeitung ist nicht gelungen. Der Bewältigung dienende Abwehrverhaltensweisen werden chronifiziert, führen zu einem rigiden Verhalten und verhindern eine Adaptation.

Die Nichtbewältigung kann sich in folgenden Verhaltensweisen zeigen:

- Die Trauer um Verluste und Verzichte wird zur Verzweiflung. Es stellen sich Resignation, Hoffnungslosigkeit und Passivität ein.
- Der Kranke verleugnet die Krankheit zum eigenen Nachteil. Er meint, es sei „nichts Ernstes“, nur „wildes Fleisch“ oder eine „chronische Entzündung“. Die Verleugnung wird durch das Entgegenkommen der Umwelt, auch der Ärzte, gefördert. Die Kooperation mit dem Arzt ist behindert.
- In der chronischen Regression verharrt der Kranke im Zustand der Hilflosigkeit und Abhängigkeit.
- Der Kranke neigt zur Isolation. Er vermeidet Kontakte, er möchte nicht über sich und seine Krankheit sprechen. Die Umwelt erleichtert dies Verhalten, der Kranke fühlt sich wie ein Toter behandelt. Manche Kranke suchen Trost im Alkohol oder betreiben Medikamentenmißbrauch. Auch diese Flucht in die Abhängigkeit wird von der Umwelt erleichtert („Was hat er denn noch vom Leben“), die sich damit eigener Mühen enthoben sieht.
- Der Kranke lastet Schuld und Verantwortung für die Krankheit der Umgebung an. Der Arzt erlebt — zu Recht oder Unrecht — Vorwürfe, er habe die Krankheit zu spät erkannt, nicht rechtzeitig die richtige Behandlung eingeleitet und die Wahrheit verschwiegen.

### 6.2.4. Arzt-Patient-Beziehung

Der Patient braucht eine ärztliche Bezugsperson; oft ist es der Hausarzt. Diese Rolle des engsten ärztlichen Vertrauten des Patienten sollte auch vom klinischen Onkologen bei der Zusammenarbeit beachtet werden. Die Angst vor einem Rezidiv kann oft lebenslang anhalten, jeder Nachuntersuchungstermin wird wie ein „Gottesurteil" erlebt.

Der Arzt verhält sich aktiv und hoffnungsvoll. Sein Einfühlungsvermögen vermittelt Verständnis, Ruhe und Sicherheit. Er prüft das Informationsbedürfnis des Patienten und stellt es zufrieden. Er läßt den Patienten nicht allein und vermeidet nicht einhaltbare Versprechungen.

Die Empathie ist gestört, wenn ein Arzt von Angst und Hilflosigkeit überwältigt wird, z. B. beim Dialog des jungen Arztes mit einem jungen Malignomkranken. Zu starke Abwehrverhaltensweisen des Arztes gegen seine Angst vor gefühlsmäßiger Überwältigung – er verleugnet, ist betont sachlich, meidet das Gespräch – beeinträchtigen die Kommunikation. Dies gilt auch, wenn ein Arzt durch Scheinbegründungen – für das depressive Verhalten sei er nicht kompetent – einer patientenorientierten Haltung aus dem Wege geht.

Die Malignomkrankheit bedeutet eine starke Belastung für die Familie, sie ist eine Familienkrankheit. Der Arzt muß die Familie beraten, wie sie bei der Bewältigung mithelfen kann. Er wird durch eine adäquate Schmerzbekämpfung dafür sorgen, daß keine Hilflosigkeitsreaktionen auftreten.

Das Wort „Krebs" weckt unheimliche Vorstellungen, es ist eine Metapher für böse, qualvoll, schmerzreich, todbringend. Verläßt der Herzinfarktpatient die Klinik mit einer positiven Grundhaltung, so geht der Malignomkranke voller Ängste nach Hause und zieht sich zurück. Dabei ist die Prognose quoad vitam nicht schlechter als beim Infarkt. Bei frühzeitiger Diagnose und fachgerechter Behandlung erreichen oder überschreiten ein bis zwei Drittel aller Tumorpatienten die Fünfjahresgrenze. Auch bei Ärzten vermittelt das Wort „Krebs" ein Gefühl der Unheimlichkeit. Es führt sofort zur Vorstellung vom ungehinderten undifferenzierten Wachstum und von einer Metastasierung via Blutbahn. Das macht mehr Angst und Unsicherheit als der „saubere" Verschluß einer Arterie. Der Arzt weiß bei der Therapie nicht, ob sie nützt. Oft erlebt er Schaden und stößt an die Grenzen seiner Möglichkeit. Diese Unsicherheiten, ergänzt durch die eigene Angst vor einem Malignom und dem Tod, führen nicht selten zu einer distanzierten Beziehung zum Patienten.

Im Stadium der Progredienz, der Metastasierung, sind Trennungs- und Verlustängste besonders stark. Der Patient verliert die Hoffnung auf Heilung, wird mißtrauisch, isoliert sich. Die Angst des Arztes nimmt zu, die Wahrheit zu sagen. („Ich darf es ihm nicht sagen, sonst bringt er sich um.")

### 6.2.5. Aufklärung

Im Rahmen einer vertrauensvollen, partnerschaftlichen Arzt-Patient-Beziehung ist eine Aufklärung über die Krankheit und über das, was dem Patienten bevorsteht, notwendig. Die Aufklärung erfolgt behutsam, schrittweise. Die Einfühlung in den Informationswunsch des Patienten, sein Vorwissen und seine Ahnungen sind dabei zu berücksichtigen. Unterschiedliche Formen und Stadien der Malignomkrankheit erfordern auch ein unterschiedliches Aufklärungsverhalten. Ob sich ein Karzinom im Ruhezustand befindet oder ob ein inoperables Ovarial-Karzinom vorliegt – die Grundsituation ist äußerst verschieden. Der Patient selbst ist nicht immer einer Aufklärung zugänglich. So ergibt sich einmal ein offenes Aufklärungsgespräch, ein andermal muß der Arzt sich auf die Verleugnung einstellen. Die Dialogebene entscheidet der Patient.

Die Frage ist nicht, ob aufgeklärt werden soll, sondern wie, wann und in welcher Form die mehrmaligen Aufklärungsgespräche durchzuführen sind. Es steht heute nicht die Frage, was passiert, wenn der Patient informiert wird, sondern was geschieht, wenn er nicht informiert wird. Letztlich erfährt der Patient doch die Wahrheit durch andere oder durch das eigene Nachdenken. Er hat dann kein Vertrauen mehr zu dem schweigenden oder bagatellisierenden Arzt. Auch gegenüber der wichtigsten Bezugsperson sollte kein Versteckspiel erfolgen eingedenk ihrer wichtigen Hilfe in der Nachsorge. Mit der Aufklärung hat sich der Arzt entschieden. Jetzt darf er den Patienten nicht mehr allein lassen, jetzt muß er verfügbar sein. Wen wundert es, wenn manche Ärzte diese Verantwortung scheuen und mit fadenscheinigen Gründen die Aufklärung ablehnen.

## 6.3. Koronare Herzkrankheit

Neben den bekannten biologischen Risikofaktoren (Bluthochdruck, Übergewicht, erhöhte Serumlipide und Lipoproteine, Alter, Nikotinabusus u. a.) wird oftmals das sogenannte Typ-A-Verhalten hervorgehoben. Es handelt sich um sozial aufgeschlossene, ehrgeizige Menschen, die erfolgreich und dominierend sind, sich ständig in Zeitnot befinden und Gelassenheit vermissen lassen. Der übermächtige Leistungsehrgeiz führt zu erhöhter innerer Spannung, zu Unruhe und Getriebensein, zu Arbeitshektik, ungenügender Erholung und vermehrtem Rauchen.

In der jüngsten Lebensgeschichte finden sich nicht selten Erfahrungen relativer Erfolglosigkeit oder eine soziale Desintegration durch den Verlust von Bezugspersonen. Situationen, die zur Leistung herausfordern, aktivieren den amygdaloiden Komplex im limbischen System und entsprechend die Sympathikus-Nebennieren-Mark-Streßachse. Kommt es zusätzlich zu Situationen der Hilflosigkeit, so wird der Hippokampus und davon ausgehend die Hypothalamus-Nebennieren-Rinde-Streßachse aktiviert. Es sind also Situationen, die gleichzeitig hochgradige Verausgabung erfordern und mit Mißerfolg sowie Kontrollverlust verknüpft sind. Sie stellen einen besonders kritischen Typus von Erfahrungen dar und rufen negative Emotionen hervor. Eine langdauernde synergistische Aktivierung beider Streßachsen beeinträchtigt Regulationsleistungen des kardiovaskulären Systems und beschleunigt bei bereits vorliegender Grundschädigung die Entwicklung der koronaren Herzkrankheit. Dem Infarkt geht meistens eine Erschöpfungsphase mit neurasthenisch-depressiven Erscheinungen voraus.

Das Abwehrverhalten der Kranken ist oft ausgeprägt: Gefühle werden rationalisiert und verleugnet; Überschwenglichkeit als Reaktionsbildung gegen die nicht wahrgenommene Angst; zwanghaftes und hysteriformes Verhalten; Neigung zum Bagatellisieren; auffallende Anpassung an das sozial Erwünschte. Der Herzinfarkt wird von dem Patienten mit einem Typ-A-Verhalten als besonders schweres psychisches Trauma erlebt, da er seinen ehrgeizigen Einsatz plötzlich unterbricht und sinnlos werden läßt. Die Abwehrverhaltensweisen werden labilisiert und zeigen deutlicher als zuvor ihren interaktionellen Charakter. Der Patient verhält sich bei einer Bezugsperson verleugnend, bei einer anderen nicht. Dem Arzt gegenüber wird die eigene Beunruhigung und Ängstigung verheimlicht.

Das koronare Angstsyndrom resultiert unmittelbar aus dem Erleben der koronaren Herzerkrankung oder ihrer oft lebensbedrohlichen Manifestation. Es wird geprägt von Schmerz, Vernichtungsgefühl, Arrhythmien, drohendem Kollaps, Depersonalisations- und Derealisationserlebnissen.

Es ist notwendig, die psychische Risikodisposition und die sozialen Risikosituationen bei der Rehabilitation zu berücksichtigen. Statt allgemeiner Floskeln („Schaffen Sie sich ein dickes Fell an.“) ist das konkrete Verhalten zu analysieren. Die Patienten wollen alles selbst machen und erwarten Dank. Sie können nichts verweigern (nicht-nein-sagen-können), weil sie die Aufgabenerfüllung zur Selbstbestätigung brauchen. Sie steigern ihr Selbstwertgefühl durch Perfektionismus, können nichts „Sinnloses“ tun und kein Unterlegenheitsgefühl zulassen. Die Verhaltensanalyse ist Voraussetzung einer Verhaltenstherapie. Der Infarktpatient ist bei aller Verleugnung gesprächsbereit, auch wenn ihm „das Herz nicht auf der Zunge liegt“, und er sich nur schwer öffnet. Die verbalisierten Gefühle sind oft undifferenziert und aggressiv getönt. Der Patient spricht leichter über den Beruf und seine Leistungen im Leben. Je besser man den Kranken kennenlernt, desto schwächer wird die Verleugnung. Im Verlauf der Gespräche kommt es zur Konfrontation mit Ärger, Angst, Bitterkeit, Trauer, Hoffnungslosigkeit, Depression und Abhängigkeit. Der Koronarkranke muß ausreichend Kenntnisse über seine Krankheit haben, um richtig mit ihr umgehen zu können. Die ausreichende Information ist Voraussetzung für einen neuen adäquaten Lebensstil.

Inhalt der Aufklärungsgespräche: Ursachen des Herzinfarkts, Medikamente, Untersuchungen, Ernährung, Rauchen, Hypertonie, Blutdruckmessung, Freizeit, Urlaub, Sport, physikalische Therapie, Arbeit und Beruf, Kur, Intimleben, Angst und Depression, Verleugnung.

Der Partner hat nach der Entlassung des Patienten aus dem Krankenhaus eine starke Angst. Ein überbefürsorgendes Verhalten ruft den Widerspruch des Patienten hervor, es kommt zu ersten Konflikten. Im gemeinsamen Gespräch wird eine solche Einstellung erarbeitet, daß unter günstigen Umständen der Infarktpatient so wie ein Diabetiker als bedingt gesund gelten kann. Bei der beruflichen Wiedereingliederung sind der Betriebsarzt und das Arbeitskollektiv einzubeziehen.

## 6.4. Herz-Kreislauf-System

Es handelt sich bei den psychosomatischen Störungen des Herz-Kreislauf-Systems um eine Kreislaufschwäche mit einer Neigung zu Schwindel, Angst, Ohnmacht, Herzbeschwerden und wechselndem Blutdruck ohne Nachweis einer organischen Erkrankung des Herz-Kreislauf-Systems und ohne eine andere organische Verursachung (keine Nebenwirkung von Medikamenten, keine begleitende Symptomatik bei organischen Krankheiten, keine Folge von einem Schädelhirntrauma oder einer Operation). Die Störung ist nicht in ein depressives oder neurotisches (Ausnahme: Herzangstsyndrom) Syndrom eingebettet.

Bei der Untersuchung ist folgendes praktisches Vorgehen zu empfehlen:

- Organdiagnostik: BSR, BB, Hämatokrit, Mineralien; EKG im Liegen, Stehen und unter Belastung (Hinweise auf sympathikotone, parasympathikotone oder orthostatische Regulationsstörung), Röntgen Thorax, Atemanhalteversuch (positiv: 50 Sekunden ohne Pulsanstieg), orthostatischer Test nach Schellong.
- Anamnese, auslösende Situationen, Konflikte, Lebensveränderungen.
- Disposition.
- Biographische Anamnese.

Das unspezifische allgemeine Syndrom beinhaltet mehrdeutige Symptome, die z. B. sowohl beim hypertonen als auch hypotonen Symptomenkomplex auftreten:

- Schwindelgefühl und Angst als häufige Symptome.
- Neurasthenisches Syndrom: reizbare Schwäche oder gespannte Erschöpfung.
- Leichtes dysthymes Syndrom.
- Kardiogenes Syndrom: Herzklopfen, -stolpern und -jagen; Herzunruhe, Parästhesien und Absterbegefühl im linken Arm, Unverträglichkeit der linken Seitenlage, anfallsartige Kurzatmigkeit, Herzbeklemmung, Herzbeschwerden bei Erregung, Herzstiche.
- Vegetative Symptome: kalte Hände und Füße, vermehrtes Schwitzen, Zittern.
- Mitbeteiligung anderer Körperregionen: Kopfsensationen, Magen-Darm-Beschwerden, Obstipation, Appetitstörung.

Wenn auch die nachfolgend genannten pathogenetischen Faktoren zum Teil spekulativ sind, können sie aber als therapeutischer Zugang genutzt werden:

- Angst. Es handelt sich um irritierbare empfindsame Personen mit erhöhter Aufmerksamkeitszuwendung und Erwartungsängsten.
- Spannung. Es besteht eine Ehrgeizhaltung mit Selbstüberforderung und Verausgabungsbereitschaft. Die Personen sind in ihrem Selbstwertgefühl außerordentlich von ihrer Leistungsfähigkeit abhängig, fürchten sich vor dem Mißerfolg. Sie sind empfindsam und kränkbar in ihrem Bedürfnis nach Anerkennung. Eine erfolglose Verausgabung kann zu Erschöpfungskrisen und zur Hilflosigkeit führen. Es besteht eine chronische Spannung zwischen Fehleinschätzung der eigenen Kompetenz, dem erhöhten An-

spruchsniveau und der unrealistischen Einschätzung der Belastungssituation. Es fehlen Freude, Genuß und Entspannung in einem Leben auf „Krampf".

- Abhängigkeit. Es bestehen nicht bewältigte Abhängigkeitsprobleme in Form von Trennungsängsten und Anklammerungswünschen.
- Gehemmte Aggressivität. Die chronische Hemmung der Aggressivität zeigt sich im heimlichen Aufbegehren, im nachträglichen Ärger über übernommene Pflichten. Das Nicht-nein-sagen-können und das Sich-nicht-durchsetzen-können führt zu einer allgemeinen Unzufriedenheit im beruflichen und familiären Bereich. Das Bild vom „Tiger im Käfig" verdeutlicht die Situation des nicht ausgelebten aggressiven inneren Verhaltens.
- Bedingt-reflektorische Fixierung. Bestimmte Objekte und Situationen können sich bedingt-reflektorisch mit dem Beschwerdekomplex verbinden (z. B. Telefonklingeln, Wetteränderung). Je mehr Auslöser bestehen, desto schwieriger ist die Behandlung.
- Iatrogene Einflüsse. Eine überzogene Ausschließungsdiagnostik, ein zu forsches Anbieten der Psychogenie, die Mitteilung von Grenzbefunden oder unwichtigen Befunden (das etwas zu große Herz, der niedrige Blutdruck), unnötige Medikamente und die Verordnung von Schonung kann zur Chronifizierung der psychosomatischen Störungen beitragen.
- Lebensverändernde Ereignisse.
- Persönlichkeitszüge, wie erhöhte Angstbereitschaft, anankasisches, phobisches, hypochondrisches, hysterisches und depressives Verhalten.

# 7. Neurosen

## 7.1. Deskriptive Betrachtung

Folgende Syndrome können bei Neurosen allein oder kombiniert vorhanden sein: Angstsyndrom, phobisches Syndrom, anankastisches Syndrom (Zwangsideen und/oder Zwangshandlungen), depressives Syndrom, Depersonalisations-Derealisations-Syndrom, hypochondrisches Syndrom, hysterisches Syndrom, neurasthenisches Syndrom, Somatisierungs-Syndrom (organfunktionelles Syndrom).

Die deskriptive Betrachtung ist an einer Negativ-Definition orientiert. Die genannten Syndrome sind

- nicht begründbar durch hirnorganische Störungen
- nicht so schwer und wahnhaft ausgeprägt wie bei endogenen Psychosen
- nicht typisches Merkmal einer Persönlichkeitsstörung
- nicht sekundäres Syndrom einer Alkohol- oder Medikamentenabhängigkeit.

### 7.1.1. Angst-Syndrom

Es handelt sich um eine Manifestation generalisierter übernormaler Angst, die nicht umweltbezogen (Umgebung, Situation) auftritt. Angst ist ein zentrales Gefühl bei Neurosen und die Wurzel verschiedener Abwehrverhaltensweisen. Beim angstneurotischen Syndrom ist die Angst auch phänomenologisch vorherrschend. Sie tritt als generalisiertes Angst-Syndrom, als Angstanfall und als Hyperventilationsangst in Erscheinung. Es besteht eine Tendenz zur Somatisierung, Chronifizierung und zu depressiven Verstimmungen.

**Generalisiertes Angst-Syndrom**

Es handelt sich um eine generalisierte, anhaltende, frei flottierende und ungerichtete Angst, die sich in nachfolgenden Symptomverbänden ausdrückt:

- Motorische Spannung: Aufgeregtsein, Beben, Zittern, Anspannung; Unfähigkeit, sich zu entspannen; Unruhe.
- Vegetative Hyperaktivität: Schwitzen, Herzklopfen oder -rasen, kalte feuchte Hände, Mundtrockenheit, Kribbelgefühl in Händen und Füßen, Hitze- und Kältegefühl, häufige Miktionen, Diarrhoe, Unbehagen in der Magengegend, Kloß im Hals, erhöhter Ruhepuls.
- Erwartungsangst: Ängstlichkeit und Sorge hinsichtlich eines Unglücks für sich und andere.

- Überwachheit und Reizbarkeit, Ungeduld, Konzentrationsschwierigkeiten, ständiges Beobachten der Umgebung.

**Paroxysmale Angst**
Bei der episodischen paroxysmalen Angst (Angstanfall, Panikattacke) sollen mindestens vier der folgenden Symptome vorhanden sein: Dyspnoe, Palpitationen, Schmerzen oder Unwohlsein in der Brust, Erstickungs- oder Beklemmungsgefühl, Schwindelgefühl oder Unsicherheit, Parästhesien (Kribbelgefühl in Händen und Füßen), Hitze- oder Kältewellen, Schweißausbruch, Zittern, Todesfurcht, Angst vor einem Kontrollverlust oder dem „Verrücktwerden", Gefühl der Ohnmacht und Schwäche. Der Anfall kann Minuten bis Stunden dauern. Angstanfälle können in ein generalisiertes Angst-Syndrom eingebettet sein. Eine spezifische Ausprägung ist die „Herzneurose".

Die Hyperventilationsangst ist eine Sonderform des Angstanfalls mit einer Mehratmung, die vom Patienten meist als Atemnot erlebt wird. Die Hyperventilationssymptome resultieren überwiegend aus dem vasomotorischen Effekt der Hypokapnie: periorale und akrale Parästhesien, Kältedysästhesien der Extremitäten, bei starker Ausprägung Karpopedalspasmen. Diagnostische Fragen: „Haben Sie in letzter Zeit an Ängsten gelitten? Wann war das, in welcher Form, ständig oder anfallsweise? Gab es Ursachen? Hatten Sie Todesangst? Welche körperlichen Empfindungen traten auf? War ein Organgefühl (meistens das Herz) beteiligt?"

### 7.1.2. Phobisches Syndrom

Es handelt sich um eine anhaltende, irrationale Furcht vor bestimmten Gegenständen, Tätigkeiten oder Situationen, welche den zwingenden Wunsch hervorruft, das gefürchtete Objekt, die Tätigkeit oder Situation (phobischer Stimulus) zu vermeiden. Meistens meidet der Patient die gefürchtete Situation oder das Objekt, obwohl er einsieht, daß seine Furcht unsinnig, übertrieben und unbegründet in Anbetracht der realen Gefährdung ist. Die Furcht drängt sich zwanghaft auf. Manche Patienten begründen ihr Meidungsverhalten damit, daß sie sonst eine überwältigende unkontrollierbare Angst befürchten. Schon die Vorstellung der phobischen Situation erzeugt antizipatorische Angst. Die Angst kann auch auf ein Körpersymptom (organbezogene Phobien, z. B. Herzphobie) oder ein Gefühl der Ohnmacht fokussiert sein, oft verbunden mit der Furcht zu sterben, die Kontrolle oder den Verstand zu verlieren. Eine strenge Trennung zwischen Angst und Phobie ist nicht haltbar.

**Agoraphobie**
Es besteht eine ausgeprägte Furcht vor Situationen, die keine Fluchtmöglichkeit und/oder keine Hilfe bei plötzlicher Hilflosigkeit zulassen: Aufenthalt in geschlossenen Räumen, in einer Menschenmenge, auf einer Brücke, in einem öffentlichen Verkehrsmittel, allein zu Hause, außerhalb der schützenden Häuslichkeit, auf freien Plätzen u. a. Die Situationen werden ver-

mieden, und es kommt dadurch zu einer zunehmenden Einschränkung der normalen Tätigkeiten, bis die Furcht und/oder das Vermeidungsverhalten das Leben beherrschen. Die Befürchtung beinhaltet das Verlassen Sicherheit vermittelnder Personen oder Orte, da es dadurch zur Ohnmacht, zum Kontrollverlust, zum Herzanfall, zum Tod kommen könnte und es verunmöglicht wird, nach Hause oder an einen sicheren Ort zu gelangen. Fördernd wirken das Gefühl des Festgehaltenseins (z. B. beim Friseur), Schlange stehen, die zunehmende Entfernung von zu Hause, bestimmte Plätze, Räume und Straßen, Grübeleien und häusliche Auseinandersetzungen. Die Begleitung durch Bezugspersonen, die Nähe vertrauter Objekte (Haustier), ein Sitzplatz in Türnähe und ein problemorientiertes Gespräch mindern die Furcht. Die Agoraphobie kann mit Angstanfällen einhergehen.

**Soziale Phobien**
Sozialängste sind an die Anwesenheit anderer Menschen gebunden. Die Befürchtung einer negativen Bewertung (Blamage, Peinlichkeit) führt zu Rückzug und zu sekundärer Angstverstärkung. Bei Prüfungsängsten handelt es sich um den Teilaspekt einer Angstbereitschaft gegenüber Leistungssituationen, wobei eine negative Selbsteinschätzung das Verhalten bestimmt. Andere Phobien sind Berufsängste, Schulverweigerung und Schulphobie. Zu den spezifischen isolierten Phobien gehören die Thanatophobie (Todesfurcht ohne reale Bedrohung) und Tierphobien. Integrationsängste umfassen Krankheitsfurcht, Verletzungs- und Operationsfurcht sowie die Dysmorphophobie als eine unbegründete Befürchtung einer umschriebenen körperlichen Deformität.

Diagnostische Fragen: „Gibt es irgendwas, wovor Sie sich besonders fürchten? Befällt Sie in bestimmten Situationen Unsicherheit, Furcht oder Angst, z. B. bei vielen Menschen, beim Alleinsein, in geschlossenen Räumen, auf einem freien Platz?“

### 7.1.3. Anankastisches Syndrom (Zwangsgedanken, Zwangshandlungen)

Zwangsgedanken sind wiederholte, länger andauernde Ideen, Gedanken, Vorstellungen und Impulse, die in stereotyper Form in das Bewußtsein eindringen. Die Zwangsgedanken werden als eigene und nicht als fremdbeeinflußt erlebt, sie sind quälend, sinnlos und störend. Im Gegensatz zu den Phobien drängen sie sich spontan und relativ unabhängig von situativen Bedingungen auf, sie sind deshalb nicht vermeidbar. Die Person versucht, ihnen erfolglos zu widerstehen oder sie zu ignorieren. Sie beinhalten z. B. Befürchtungen, andere oder sich selbst schädigen zu müssen, Befürchtungen vor Verletzungen, Unfällen oder Überfällen bei nahestehenden Personen oder Befürchtungen, die Kontrolle über die eigenen Impulse zu verlieren, am Unglück anderer Schuld zu sein.

Bei Zwangshandlungen besteht ein wiederholtes und scheinbar zweckmäßiges äußeres Verhalten, das nach bestimmten Regeln oder in stereotyper Weise ausgeführt wird, z. B. Wiederholung, Kontrolle, Reinigung, Vermeidung, übertriebene Genauigkeit, Verlangsamung. Das Verhalten dient dazu, zukünftige Begebenheiten zu verhüten oder herbeizuführen. Die Handlung steht jedoch in keinem realen Zusammenhang mit den Gegebenheiten, die sie verhüten oder herbeiführen soll, und sie ist stark übertrieben. Die Handlung wird mit dem Gefühl des subjektiven Zwanges ausgeführt, verbunden, wenigstens anfänglich, mit dem Wunsch zu widerstehen. Sie wird im allgemeinen als sinnlos erlebt. Die Ausführung kann eine gewisse Entspannung bewirken, während die Unterlassung zu heftiger Angst führt. Im Gegensatz zur Agoraphobie vermindert die Gegenwart einer vertrauten Person die Angst nicht.

Anankasmen sind ein erhebliches Leid für den Betroffenen, sie stören die sozialen Funktionen. Ein depressives Syndrom und ein Zwangssyndrom können gemeinsam vorkommen. Zwänge und Phobien haben Gemeinsamkeiten: Verlust der Handlungsfreiheit und erhaltene selbstreflektive Stellungnahme. Zwangshandlungen oder Zwangsunterlassungen (Zwangsvermeidungen) können aufgrund bestimmter Phobien entstehen.

Diagnostische Fragen: „Neigen Sie zum Grübeln? Kommen Ihnen gegen Ihren Willen immer wieder die gleichen Gedanken, Vorstellungen, Erinnerungen oder Fragen in den Sinn, die Sie später als unsinnig oder überflüssig erkennen? Kommen Ihnen immer wieder bestimmte Worte, z. B. unanständige, oder Melodien in den Sinn, die Sie nicht loswerden können? Haben Sie den Drang zu Handlungen, die Ihrer eigenen Vernunft widersprechen? Erledigen Sie alles peinlich genau? Haben Sie Ihre Handlungen immer wieder kontrollieren müssen, um sich zu vergewissern, auch alles richtig ausgeführt zu haben, z. B. die Tür abschließen, den Gashahn zudrehen, das Licht ausmachen usw.? Kommt es vor, daß Sie bestimmte Gegenstände immer wieder zählen oder ordnen?“

### 7.1.4. Dysthymes Syndrom (depressiv-neurotisches Syndrom)

Es besteht eine langanhaltende depressive Verstimmung, die weitgehend konstant ist (Zwischenperioden normaler Stimmung von nur wenigen Wochen) und ohne Episoden gehobener Stimmung verläuft. Die Symptome sind nicht schwer genug, um die Kriterien eines typischen depressiven Syndroms zu erfüllen. Während der depressiven Periode sollen wenigstens drei der folgenden Symptome vorhanden sein:

- geminderte Energie und Aktivität
- Insomnie
- Gefühl der Unzulänglichkeit, verringertes Selbstvertrauen
- Konzentrationsstörung
- sozialer Rückzug
- Verlust von Interesse oder Freude an lustbetonten Aktivitäten einschließlich Sexualität
- weniger gesprächig als üblich
- pessimistische Einstellung zur Zukunft oder Grübeln über die Vergangenheit
- wiederkehrende Gedanken an Tod oder Suizid.

Oft besteht gleichzeitig ein Angstsyndrom. Depressive und angstneurotische Syndrome machen über die Hälfte neurotischer Störungen aus.

### 7.1.5. Hypochondrisches Syndrom

Eine unrealistische Darbietung und Interpretation körperlicher Zeichen und Empfindungen, die als anormal angesehen werden, führt zu einer übermäßigen Beschäftigung mit der Furcht vor einer schweren Krankheit oder zu der Überzeugung, eine schwere Krankheit zu haben (Nosophobie). Es besteht eine ängstlich getönte Beziehung zum eigenen Leib und eine objektiv unbegründete Befürchtung, krank zu sein oder zu werden. Es kommt zum Nachlassen der sozialen Leistungen. Nach Freud tritt das „umsorgte" Körperorgan an Stelle des Interesses an sozialen Objekten. Die hypochondrische Verarbeitung kann als Überbewertung körperlicher Symptome, Besorgtheit, Krankheitsbefürchtung, überwertige Idee oder wahnhafte Überzeugung auftreten.

### 7.1.6. Somatisierungssyndrom

Ein Somatisierungssyndrom kann bei unterschiedlichen neurotischen Störungen (Angst-Syndrom, depressives, hypochondrisches, neurasthenisches und hysterisches Syndrom) auftreten und wird im Erleben und Verhalten von der jeweiligen neurotischen Persönlichkeitsstruktur geprägt.

Das wiederholte Anbieten von körperlichen Symptomen ist mit einem wiederholten Verlangen nach medizinischen Untersuchungen verbunden. Dies Verlangen besteht weiter trotz wiederholter negativer Befunde bei sorgfältiger Untersuchung und der Versicherung des Arztes, daß die Symptome keine organische Grundlage haben. Irgendeine vorhandene Organkrankheit ist nicht die Ursache der angebotenen Symptome. Die Symptome können multipel und undifferenziert sein, können vorrangig das vegetative Nervensystem betreffen, können Schmerz-Syndrome oder andere psychogene Störungen sein (Torticollis, Pruritus, Dysmenorrhoe, Dyspareunie, Anorgasmie u. a.). Es besteht eine Neigung, aus den Beschwerden einen inneren oder äußeren Gewinn zu ziehen. Dies führt, ebenfalls in Abhängigkeit von der neurotischen Persönlichkeit, zu einem spezifischen Krankheitsverhalten und zu bestimmten Verhaltensweisen in der Arzt-Patient-Beziehung.

### 7.1.7. Neurasthenisches Syndrom

Der Begriff wird immer seltener verwendet. Das Beschwerdebild geht ein in depressive, hypochondrische und psychosomatische (psychovegetative) Syndrome.

Das neurasthenische Syndrom — Ermüdungs- oder Erschöpfungssyndrom — beinhaltet eine allgemeine Leistungsinsuffizienz (abgespannt, müde, konzentrationsschwach, allgemeine Schwäche, Gefühl von Unfähigkeit), Reizbarkeit und vegetative Störungen (Kopfschmerz, Augenflimmern, Schlafstörungen, Fingerzittern u. a.). Das Syndrom tritt bei sogenannten Überforderungen auf. Hohe Belastungen werden um so eher als Überforderung empfunden, je weniger sinnvoll sie motiviert werden. Nicht bewältigte Konflikte können zur Flucht in die Arbeit, zur Selbstüberforderung führen.

### 7.1.8. Hysterisches Syndrom mit vorrangig körperlichen Beschwerden

#### 7.1.8.1. Polysymptomatischer Typ (hysterisches Somatisierungssyndrom)

Das Somatisierungssyndrom (s. 7.1.6.) wird mit dem typischen hysterischen Verhalten (dramatisierend, übertrieben) angeboten.

#### 7.1.8.2. Konversionstyp

Die klassischen Formen der „Konversionshysterie" sind Stupor, Bewegungsstörungen (Astasie, Abasie, Tremor), Anfälle, Anaesthesien und Verluste von Sinnesleistungen. Heute stehen „Intimformen" und iatrogen erlernte Formen hysterischer Störungen im Vordergrund: Schmerzen (Kopfschmerzen an erster Stelle, dann Rückenschmerzen), Herzanfälle, Atemstörungen, Dysphonie, Erbrechen, Erregungszustände, Umfallen, Darstellung körperlicher Erkrankungen (iatrogene Einflüsse!), psychogene „Ausgestaltung" körperlicher Krankheiten u. a. Das hysterische Konversionssyndrom ist wie folgt gekennzeichnet:

- Die vorherrschende Beeinträchtigung besteht in dem Verlust oder der Veränderung einer körperlichen Funktion, was eine körperliche Krankheit vermuten läßt.
- Der Nachweis einer ursächlichen Beteiligung psychischer Faktoren erfolgt durch zeitlichen und persönlichkeitsspezifischen Zusammenhang zwischen einem Konflikt und dem Beginn des Symptoms, wobei die Umsetzung des Konflikts in körperliche Symptome nach wie vor ein „rätselhafter Sprung" ist.
- Das Symptom versetzt den Betroffenen in die Lage, eine unangenehme Tätigkeit zu vermeiden.
- Das Symptom verschafft dem Betroffenen eine Unterstützung von der Umgebung, die er andernfalls nicht erhielte.
- Es ist erwiesen, daß das Symptom nicht unter willkürlicher Kontrolle steht.
- Das Symptom kann nach gründlicher Untersuchung nicht durch eine bekannte körperliche Störung oder durch pathophysiologische Mechanismen erklärt werden.

### 7.1.9. Hysterische Syndrome mit vorrangiger Störung des Identitätserlebens

#### 7.1.9.1. Dissoziativer Typ

Es handelt sich um sehr seltene Formen psychogener Bewußtseinsänderungen: Amnesie, Fugue, Trance und Dämmerzustand.

#### 7.1.9.2. Depersonalisations-Syndrom

Es handelt sich um kurzdauernde, sich wiederholende, als unangenehm und ängstigend erlebte Gefühle der Veränderung, Unwirklichkeit und Entfremdung gegenüber dem früheren Zustand. Oft besteht auch ein verändertes Erleben der Umwelt (Derealisation). Das Syndrom tritt als Abwehr einer Bedrohung auf, z. B. bei extremen Selbstwertkrisen oder Triebkonflikten in der Pubertät.

Diagnostische Fragen: „Kommen Sie sich selbst fremd, verändert oder unwirklich vor? Hatten Sie zuweilen das Gefühl, nicht mehr Sie selbst zu sein? Hatten Sie mitunter das Gefühl, daß sich Ihr Körper oder bestimmte Körperteile verändert haben?“

## 7.2. Pathogenetische Betrachtung

### 7.2.1. Definition und Einteilung

In der DDR kommen in der Praxis die Festlegungen des Vorstandes der Gesellschaft für ärztliche Psychotherapie zur Anwendung. „Neurosen sind nachhaltige erlebnisbedingte Störungen der Person-Umwelt-Beziehung mit psychischer und/oder körperlicher Symptomatik.“ Zu den Bedingungen gehört, daß die Fähigkeit zur aktiven Gestaltung der Wechselbeziehung zwischen der Person und den konkreten Anforderungen der Umwelt so eingeschränkt ist, daß eine Gesundheitsstörung vorliegt und Fehleinstellungen nachweisbar sind.

Es wird zwischen neurotischen Reaktionen und neurotischen Entwicklungen unterschieden. Bei den neurotischen Reaktionen spielen auslösende Bedingungen eine entscheidende Rolle, vor allem bei der nachhaltigen Affektreaktion. Es bestehen enge Beziehungen zu den akuten Streßreaktionen und Anpassungsstörungen. Die Pathogenese der primären neurotischen Entwicklungen wird von sogenannten initialen (Umstände der frühen Kindheit, die zu Fehlanpassungen führen) und stabilisierenden (Umstände, die zu einer Verfestigung der Fehlanpassung führen) Bedingungen geprägt. Chronifizierende Bedingungen wie Erwartungsängste, Vermeidungsverhalten, Reduktion von Verhaltensaktivitäten, sekundärer Krankheitsgewinn und neurotische Arrangements sind bei den sekundären neurotischen Entwicklungen von Bedeutung.

Bei den primären Fehlentwicklungen handelt es sich um die eigentlichen

Neurosen. Sie sind auf der Grundlage frühkindlicher chronischer Traumatisierungen (s. Kap. 2.) entstanden. Der Neurosekranke kann durch erworbene Fehlerwartungen, Fehlvorstellungen und Fehleinstellungen in bestimmten Situationen nicht handeln, ohne erhebliche Angst zu bekommen. Das Verhalten ist eingeschränkt. Die zugrunde liegende Konflikthaftigkeit und die Abwehrverhaltensweisen sind unbewußt. Eine Neurose in Form einer primären Fehlentwicklung ist u. a. wie folgt gekennzeichnet:

- Die Symptome werden durch leichte Konflikte und Belastungen, die mit einer persönlichkeitsspezifischen Erregung einhergehen, ausgelöst.
- Es sind deutliche Fehlhaltungen nachweisbar.
- Die bisherige Lebensentwicklung weist wiederholt Auffälligkeiten auf.
- Bereits in früher Kindheit traten Verhaltensauffälligkeiten und lang anhaltende Symptome auf.

S. Freud hat die Neurosenlehre begründet. Er vermochte aufzuzeigen (1896), daß den Hysterien und anderen Neurosen eine Konfliktkonstellation und eine emotionale Mangelerfahrung in der frühen Kindheit zugrunde liegt. Damit entstand ein neuer Krankheitsbegriff: Krankheit wird nicht allein aus dem organischen Substrat abgeleitet, sondern Störungen der emotionalen Reife und der zwischenmenschlichen Beziehungen erhalten eine pathogenetische Bedeutung.

### 7.2.2. Neurotische Persönlichkeit

#### 7.2.2.1. Abwehrverhalten

Die Persönlichkeit des Neurosekranken wird von bestimmten Charakterstrukturen, Abwehrverhaltensweisen, Fehlanpassungen und dem Kompensationsverhalten geprägt. Durch ein persönlichkeitsspezifisches Abwehrverhalten (s. 1.7.) werden bestimmte Gefühle, Wünsche und Konflikte so stark abgewehrt („Panzerung"), daß die Bewältigung der Lebensaufgaben nur durch eine Einengung des Verhaltens, durch eine behinderte Kommunikation oder Konfliktverarbeitung gelingt. Die Selbstwahrnehmung und das Selbstbild sind beeinträchtigt, die Beziehungen zu sich und zur Umwelt gestört, der Neurosekranke macht sich blind für einen Teil seiner psychosozialen Realität. Die neurotischen Symptome entstehen im Konflikt zwischen der gestörten Sozialisation in der Kindheit mit einengenden Abwehrverhaltensweisen und den Entwicklungsaufgaben des Erwachsenen.

Die Einengung des Verhaltens und die gestörte Kommunikation zeigt sich in folgenden Merkmalen:

- Eingeschränkte und verformte Wahrnehmung der sozialen Umwelt; Schwierigkeit, fremde Verhaltensweisen einzuschätzen: Erleben von Undank, Belastung, Ungerechtigkeit, „Ich bin tüchtig, aber mir dankt keiner, bin fünftes Rad am Wagen, schwarzes Schaf."
- Gestörte Einstellung zur Vergangenheit, Gegenwart und Zukunft: Blick voll Trauer auf das Vergangene, das Verlorene, „es ist zu spät, es wird

nie wieder", Selbstmitleid in der Gegenwart, triste Zukunft.

- Eingeschränkte Entwicklung der eigenen Möglichkeiten durch Gehemmtheit, selbstunsichere Abhängigkeit vom Urteilen anderer, Senkung des Anspruchsniveaus.
- Situationsinadäquate Verhaltensmuster.
- Verminderte Frustrationstoleranz, leicht kränkbar und verletzbar.
- Kommunikationsbehindernde Übertragungsreaktionen, Schwierigkeiten im zwischenmenschlichen Gefühlsaustausch.
- Auffallende Diskrepanz zwischen Selbst- und Fremdbild, mangelndes Wissen über die Wirkung der eigenen Haltung.
- Störungen im Lern- und Leistungsbereich.

### 7.2.2.2. Wiederholungszwang

Die erworbenen Fehlhaltungen und Fehleinstellungen provozieren, ohne daß der Neurosekranke es will oder weiß, die Umwelt, ihn ständig weiter zu traumatisieren. Der Patient überträgt frühere Fehlerfahrungen (z. B. unterwürfiges, perfektionistisches oder passiv gewährendes Verhalten) auf spätere Situationen, es kommt zur störenden Übertragung, und er verhält sich nicht mehr realitätsgerecht. Was in der Kindheit der Anpassung und Angstbindung diente, führt später zur Angststeigerung. Durch die neurotischen Verhaltensweisen erreicht die Person nicht das, was sie möchte, sondern das, was für sie in hohem Maße unvorteilhaft ist.

Eine gestörte Partnerschaft kann auf dem Boden einer neurotischen Partnerwahl der Befriedigung infantiler Wünsche und Abhängigkeiten dienen. Eine Partnerschaft ist durch das enge Miteinander besonders geeignet, Verhaltensweisen und emotionale Erlebnisse der Eltern-Kind-Beziehung zu aktualisieren; z. B. ein Nachholbedarf bei einer als frustrierend erlebten Kindheit oder die Fortdauer des Zustandes bei verwöhnender Kindheit. Der Wiederholungszwang kann dann dazu führen, daß auch beim Partnerwechsel die alten Verhaltensweisen reproduziert werden, da keine neue Erfahrung gewonnen wurde.

Bei einer neurotischen Störung kann es zum Sündenbock-Mechanismus kommen, wobei eine ganze Gruppe verpönter Eigenschaften, Wünsche und Handlungen auf eine geeignete schwache Person übertragen werden. Das „harte Schicksal" des Neurosekranken ist eine geschickte komplexe Projektion, wodurch lebenslänglich die Sündenböcke verfolgt werden. Eine Korrektur ist ohne Therapie kaum möglich, bei einer Richtigstellung antwortet der Neurosekranke mit immer neuen Projektionen und wiederholt sich. Jede Rücknahme wäre mit dem Gefühl der Schwäche verbunden. Der Neurosekranke sucht unter dem Wiederholungszwang das „ungünstige Milieu" auf, welches ihm immer wieder Projektionen gestattet, um die eigene Verantwortlichkeit abzuweisen. Hinzu kommt, daß die falschen Denkschablonen gerade das projizierte Verhalten bei anderen projizieren und somit den neurotischen Kommunikationsablauf bestätigen: Der Mißtrauische hat sein Mißtrauen projiziert und erlebt Mißtrauen; die projizierte Abneigung ruft Abneigung hervor.

#### 7.2.2.3. Kompensation

Die kommunikationsbehindernden Verhaltensweisen werden durch neurotische Ehrgeiz- und Leistungshaltung (Beruf als Ersatzbefriedigung), neurotisches Vermeiderleben und eine neurosenangepaßte Partnerschaft kompensiert oder überkompensiert. Im Leistungsbereich steht der Patient vor dem Konflikt, ob er sich wissentlich überfordern oder bei Nichterfüllung laufend unzufrieden sein soll.

Folgende Fehleinstellungen treten auf: man hat nicht das Recht, nichts zu tun; immer hätte man die Zeit anders verbringen können (neurotisches Bedauern); dauernde Aktivität, um Interesse auf sich zu lenken; unter der Freizeit leiden, Urlaubsangst.

#### 7.2.2.4. Schizoide Neurosenstruktur

Das schizoide Verhalten entwickelt sich in einer Erziehungssituation, die als unzuverlässig, wechselhaft, gefahrvoll und gefühlsarm erlebt wird. Der Individuationsprozeß, die Ich-Werdung, verläuft ohne eine ausreichende ergänzende Entwicklung der Du-Kommunikation, des Vertrauens zum anderen, des Kontaktes und der Kooperation. Die überstarke Entwicklung der Eigenständigkeit ist eine Anpassung an die Emotionen versagende Umwelt („Sieh zu, wie Du ohne Liebe zurechtkommst."). Es entwickelt sich eine starke Angst vor dem Ich-Verlust. Kompensatorisch entstehen folgende Kontaktstörungen: auf niemanden angewiesen sein, niemandem verpflichtet sein, Sicherheit in der Distanz, Bindungsangst, Mißtrauen, Autismus. Es besteht ein überentwickeltes Bedürfnis nach Selbstverwirklichung.

#### 7.2.2.5. Depressive Neurosenstruktur

Das depressive Verhalten entwickelt sich in einer Erziehungssituation, die verwöhnend und nachgiebig ist („Ich mache das schon für Dich, aber sei immer lieb."). Die Selbstentfaltung und das Ausprobieren aggressiver Impulse werden behindert. Die Entwicklung zur Angepaßtheit, zur Kontaktbereitschaft und zur Du-Kommunikation verläuft ohne ergänzende Entwicklung zur Eigenständigkeit und Selbstverwirklichung. Kontakt, Hingabe und Nähe sind die Anpassung an die Verwöhnung („Wenn Du lieb bist, bekommst Du auch alles."). Es entsteht eine starke Angst vor der Ich-Werdung, die ja mit Konfrontation und Konflikthaftigkeit verbunden wäre. Auch aus einer versagenden Erziehungssituation kann sich ein übermäßiger Anspruch nach Zuwendung im Sinne eines Nachholebedarfs entwickeln. Kompensatorisch treten folgende Verhaltensweisen auf: hohe Identifikationsbereitschaft; Suche nach Nähe, die Sicherheit und Geborgenheit gibt; Verlustangst, Ich-Schwäche, Abhängigkeiten, Hilflosigkeitssyndrom, Verklammerungen. Die gehemmte Aggressivität führt zur Anspruchslosigkeit und Passivität. Es besteht ein überentwickeltes Bedürfnis nach Zuwendung („Alle sollen mich liebhaben."). Der neurotische Konflikt liegt meist im Gegensatz von Anklammerungswunsch und expansiv-aggressiven Tendenzen, im Wechsel zwischen Erfüllung und Enttäuschung. Als neurotische Fehlhaltung werden aggressive Gefühle starr und automatisch gegen sich selbst gerichtet. Aus der Verhaltenskette Auflehnung – Verurteilung durch andere – Selbstverurteilung kann der Kern einer neurotisch-depressiven Persönlichkeit entstehen mit der Selbsteinschätzung als schlecht, böse, krank und schwach. Die Kommunikation ist durch folgende Verhaltensweisen gekennzeichnet: Passivität, Ansprüche (Erwartungshaltung), starke Abhängigkeit mit passender Objektwahl, Verlustangst, Minderwertigkeitsgefühl und Aggressionshemmung.

#### 7.2.2.6. Anankastische Neurosenstruktur

Das zwanghafte Verhalten entwickelt sich in einer Erziehungssituation, die durch Pedanterie, überbetonte Sauberkeit, übersteigerte Ordnungsliebe, zu frühe Leistung (Orientierung auf Sollen und Müssen) und zu viele Verbote gekennzeichnet ist. Die Spontaneität, die Lust zum Wandel und am Neuen werden stark gehemmt. Die Entwicklung zu Ordnung, Stabilität und dauerhaften Regelungen verläuft ohne eine ergänzende Entwicklung der Wandlungsbereitschaft (Vertrautes aufgeben, Risiko eingehen, Neues versuchen). Ordnung und Pflichterfüllung sind die erlernte Anpassung an die Wünsche und Forderungen der Bezugspersonen („Wenn Du alles ordentlich machst und immer gute Leistungen zeigst, haben wir Dich lieb.“). Es entsteht eine starke Angst vor dem Wandel, dem Risiko, dem Neuen, der Überschreitung von Grenzen, dem Erwerb von Freiheitsräumen.

Die zwanghafte Persönlichkeitsstörung ist durch folgende Merkmale gekennzeichnet:

- Eingeschränkte Fähigkeit, warme und zärtliche Gemütsbewegungen auszudrücken (konventionell, ernst, förmlich, zurückhaltend).
- Perfektionismus („Hundertprozentigkeit“), überentwickeltes Bedürfnis nach Sicherheit, Übermaß an Kontrolle.
- Verlangen, daß andere sich seiner Art und Weise, die Dinge zu erledigen, anpassen sollen; fehlende Wahrnehmung der Gefühle, die durch dieses Verlangen bei anderen ausgelöst werden.
- Übermäßige Bindung an Arbeit und Leistung bis zum Ausschluß jeglicher Freude und des Wertes zwischenmenschlicher Beziehungen.
- Entscheidungen werden vermieden, zurückgestellt oder hinausgezögert: Unentschiedenheit, Zweifelsucht, Vorsicht, Angst vor dem ersten Schritt; Prioritäten können nicht bestimmt werden.

Es bestehen Beziehungen zu depressiven Störungen, da das Eingeschlossensein in Ordnung und Leistung sowie das Zurückbleiben hinter den Pflichten zu depressiven Verhaltensweisen führen kann („Typus melancholicus“).

#### 7.2.2.7. Hysterische Neurosenstruktur

Das hysterische Verhalten entwickelt sich in einer Erziehungssituation, die ein Rollenverhalten („Sonnenscheinehen“), eine Rollendiffusion (Mutter hat Hosen an – Vater Pantoffelheld) zeigen oder dem Kind eine entwicklungshemmende Rolle aufnötigen („Bleibe noch lange unser kleines Kind.“). Das Kind erlernt ein Wunsch- und Toleranzverhalten, eine übermäßige Anpassung. Die Entwicklung der Wandlungsbereitschaft, zum Risikoverhalten, zur Aufgabe von Vertrautem verläuft ohne die ergänzende Entwicklung von Sicherheitsbedürfnis, Ordnungsliebe und dem Streben nach dauerhaften Regelungen. Die überbetonte Wandlungsbereitschaft ist die Anpassung an das Verhalten der Bezugspersonen, die bestrebt sind, daß das Kind lange an frühkindlichen Verhaltensweisen festhält. Es entsteht eine starke Angst vor Ordnungen, Regelungen und Pflichten.

Die hysterische Persönlichkeitsstörung ist durch folgende Verhaltensweisen gekennzeichnet:

- Expressives Verhalten mit einem übertriebenen Ausdruck von Emotionen, angestrebter Mittelpunktstellung, starkem Verlangen nach Aktivität; Überreaktionen auf kleine Ereignisse bis zu Affektausbrüchen, Risikoverhalten, theatralisches Verhalten.
- Kommunikationsstörung durch oberflächliches, unechtes, egozentrisches Verhalten, fordernde Verhaltensweisen, betonte Hilflosigkeit, demonstratives suizidales Verhalten, Bindungsschwäche, Sofortbefriedigung und Narzißmus.

In der Arzt-Patient-Beziehung haben die Patienten eine hohe Erwartung, sie sind anfangs nachgiebig und entgegenkommend. Bei Enttäuschungen kann es zu affektiven Ausbrüchen kommen.

#### 7.2.2.8. Ängstliche Verhaltensdisposition

Ängstliche Personen zeigen eine latente Angstbereitschaft, sie sind unschlüssig und werden schnell kopflos. Die Angst resultiert aus einem Gefühl der existentiellen Bedrohung, der hilflosen Verlassenheit, z. B. bei Trennungsängsten. Angst ist eine Reaktion auf die Bedrohung individueller Sicherungsbedürfnisse („Und nun auch noch das“ gibt einen Hinweis auf die Lebenssituation). Erwartungsängste können zu einem Teufelskreis werden, in den der Patient eingeschlossen ist und immer wieder neue Angstzustände produziert. Angstzustände haben einen Aufforderungscharakter nach Liebe, Zuwendung und Schonung.

#### 7.2.2.9. Phobische Verhaltensdisposition

Es handelt sich oft um ängstlich-sensitive, scheu-passive, das Risiko meidende Personen. Sie wünschen Kommunikation und fürchten sie auch, zeigen gute Arbeitsleistungen, neigen zu Ordnung und Perfektion. Es sind Menschen, die viel denken und wenig sprechen. Sie zeigen defiziente Kommunikationsformen: leise undeutliche Sprechweise, geringer nonverbaler Ausdruck, stereotype Verhaltensweisen. Sie sind introvertiert, gering gefühlsbetont und durchsetzungsfähig, kritikempfindlich und wenig flexibel gegenüber sozialen Anforderungen. In der Kindheit kam es zur Zurückweisung und Bestrafung emotionaler Reaktionen. Es bestand ein Konflikt zwischen elterlicher Abhängigkeit und Verselbständigkeitsstreben. Das Symptom ist der Rückzug in die ursprüngliche Abhängigkeitssituation. Sozialphobische Patienten erleben Situationen mit sozialem Aufforderungscharakter oder deren Antizipation mit akuter unkontrollierbarer Angst: Angst vor Fremden, Autoritätspersonen, Öffentlichkeit, Kontrollverlust und Situationen mit Selbstdarstellung. Die Schulphobie ist ein Zeichen erhöhter Abhängigkeit von den Eltern bei geringer Selbständigkeit. Es bestehen Trennungsängste. Körperliche Beschwerden stehen oft im Vordergrund, vor allem gastrointestinale Beschwerden und Kopfschmerzen. Die Kinder haben einen hohen Stellenwert in der Familie, die Mutter ist stark auf die Kinder orientiert. Die intrafamiliäre Dynamik mit einer wechselseitig-abhängig-aggressiven Beziehung zwischen Mutter und Kind hat ätiologische Bedeutung. Bei der Agoraphobie wird der kommunikative Charakter der Phobie besonders deutlich: Verlassen vertrauter Umgebung oder von Bezugspersonen; Angst vor Situationen, in denen der Patient nicht schnell genug entkommen oder Hilfe sichern kann. So können sowohl Menschenansammlungen als auch das Alleinsein oder die Abwesenheit von Bezugspersonen die Symptomatik provozieren. Der Patient erlernt ein Vermeidungsverhalten.

### 7.2.3. Biologische Faktoren

Auf die Bedeutung biologischer Risikofaktoren wurde hingewiesen (s. 4.3.). Monozygote Zwillinge haben eine höhere Konkordanzrate für Phobien und anankastische Wesenszüge als dizygote Zwillinge. Das anfallsartige Auftreten von Angstzuständen (Panik-Attacken) kommt unter den nächsten Familienmitgliedern häufiger vor.

### 7.2.4. Epidemiologie

Die Punktprävalenz von Neurosen in der Bevölkerung beträgt 9,4 %. Frauen erkranken häufiger als Männer. Das bevorzugte Manifestationsalter liegt zwischen 20 und 50 Jahren mit einem Gipfel der Erstmanifestation in der dritten Dekade.

## 7.3. Diagnostik

Indem Störungen des menschlichen Erlebens und Verhaltens und nicht allein meßbare objektivierende Daten als Krankheitszeichen Bedeutung erlangen, sieht sich der Untersucher besonderen diagnostischen Schwierigkeiten und einer persönlichen Unsicherheit gegenüber.

Eine Neurose unterscheidet sich im Gegensatz zu einer Psychose weniger qualitativ als quantitativ vom normalen Verhalten. Soziopsychosomatische Vorgänge überschreiten dabei hinsichtlich ihres Ausmaßes, ihrer Intensität und ihrer Dauer die Norm des Gesunden, führen zur sozialen Behinderung und bedingen nicht selten auch Arbeitsunfähigkeit. Das rechtzeitige Erkennen neurotischer Störungen ist für die Therapie und Prognose entscheidend. Nach wie vor ist die Zeitspanne zwischen einer Erstkonsultation und der Erkennung der Psychogenese zu groß. Die oftmals lange Zeit einer überzogenen Ausschlußdiagnostik und einer inadäquaten Somatotherapie begünstigt Fehleinstellungen und führt zur Chronifizierung.

Das diagnostische Vorgehen sollte dem Patienten transparent gemacht werden. Wenn er weiß, daß unsere Fragen zur Lebenssituation der Erhellung seiner Störungen dienen, wird er mitarbeiten. Aus der Gruppe von Patienten mit Beschwerden ohne organischen Befund, mit Störungen in der Partnerbeziehung oder mit einer Beeinträchtigung der Arzt-Patient-Beziehung (Problempatienten) werden diejenigen ausgewählt, bei denen ein ausführliches Untersuchungsgespräch notwendig erscheint. Die Auswahl orientiert sich am Leidensdruck, an der Notwendigkeit und den eigenen Möglichkeiten einer Psychotherapie. Es kann auch durch ein rasches Verständigen mit dem Patienten über einen Konfliktbereich oder eine Lebensproblematik zur Erkenntnis einer neurotischen Störung kommen. Die Auswahl der Patienten kann durch Siebtestverfahren (z. B. der Beschwerde- und Verhaltensfragebogen von K. Höck und H. Hess) zur Groberfassung von Beschwerden und Verhaltensweisen, wie sie bei Neurosen häufig vorkommen, erleichtert werden. Es ist dabei zu beachten, daß die Testdiagnose einer wahrscheinlichen Neurose nicht der diagnostischen Einordnung als Neurose gleichzusetzen ist.

**Erfassung der Symptome**

Ausgehend von dem Angebot des Patienten und der Befragung werden die Symptome in ihrer Dauer und ihrem Verlauf erfaßt. Dabei sollte immer beachtet werden: Der Patient hat keine neurotischen Symptome, sondern er handelt mit ihnen. Das Ergebnis kann eine Syndromdiagnose sein, z. B. Angstsyndrom, phobisches Syndrom. Es bleibt nicht aus, daß die Einordnung der Symptome in die Lebenssituation zur Sprache kommt. Wie behindert ihn die Symptomatik? Wie erlebt er die Reaktionen anderer Personen auf seine Beschwerden? Auch chronifizierende Faktoren wie verunsichernde ärztliche Maßnahmen, ein sekundärer Krankheitsgewinn, Erwartungsängste, Meidungsverhalten und neurotisches Arrangement werden erkannt. Der Patient schildert bei der Symptomentwicklung auch die Entwicklung oder Fehlentwicklung seiner bisherigen Arzt-Patient-Beziehung.

**Auslösende Situation**

Wenn wir die Entwicklung der Symptomatik rückwärts verfolgen, so gelangen wir an einen Zustand, in dem das Symptom und ein Krankheitsgefühl auftraten, wo das unreflektierte Körpergeschehen in ein gestörtes Erleben der somatischen und psychischen Funktionen umschlägt. Der zeitliche Zusammenhang zwischen einem Symptom und einer Konfliktsituation reicht für das Verständnis nicht aus. Fragt man einen Patienten mit funktionellen Herzbeschwerden oder Kopfschmerzen nach irgendwelchem Ärger in der letzten Zeit, dann findet jeder in irgendeinem Lebensbereich einen Anlaß dazu. Damit ist die Ursache der Beschwerden noch nicht geklärt. Es geht um den dynamischen, den neurosenpsychologischen verstehbaren Zusammenhang zwischen den Symptomen und einer ihrer Manifestation vorausgegangenen Versuchungs- und Versagenssituation innerhalb einer neurotischen Persönlichkeitsstruktur. Warum bekommt ein bestimmter Patient in einer bestimmten Situation eine krankheitswertige Symptomatik? Was versetzt ihn in dieser Lebenssituation in Spannung und Angst? Dabei ist vor allem die Zeit vor dem Auftreten der Symptome bedeutsam.

Wir erfragen die Wünsche, Hoffnungen, Pläne, Ziele und Absichten des Patienten in dieser Zeit. Der Patient führt uns zu Versuchungs-, Versagens- und Bewährungssituationen, zu Kränkungen und Enttäuschungen. In Versuchungssituationen werden Bedürfnisse im Bereich des Forderns und Behaltens, des Geltungs- und Liebesstrebens angeregt, durch Situationen provoziert, und das Individuum erlebt ein starkes Unbefriedigtsein. In der Versagenssituation führen Verluste zu einer Versagung bisheriger Befriedigungen und Lebensmöglichkeiten. Die Befriedigung bestimmter Bedürfnisse wird unmöglich gemacht, es kommt zu einer starken Frustration mit Anpassungskonflikten. Solche Versagungen können sein: reale oder drohende Verluste von Bezugspersonen, liebgewonnenen Tätigkeiten und Heimstätten; Krankheiten; Veränderung des Verhaltens oder der Gesundheit von Bezugspersonen; berufliche Krisensituation; phantasierte Verluste in der genannten Form durch Fehldeutungen.

Die auslösende Situation gewinnt in den sogenannten Schwellensituationen des Lebens ein besonderes Gewicht: Schulbeginn, Berufswahl, Berufsabschluß, erste sexuelle Beziehungen, Ablösung von den Eltern, Partnerschaft, Weggang der Kinder, Berentung. In solchen Situationen wird der Mensch aufgefordert, in einen neuen Lebensbereich einzutreten, er muß sich weiter entfalten und die Situation bewältigen. Neurosekranke bleiben oft in den alten Verhältnissen stecken, sie können sich aufgrund ihrer Gehemmtheit nicht selektiv anpassen.

Können wir keine auslösende Situation erkunden, so kann dies bedeuten, daß die neurotische Grundstörung (Charakterstruktur, Abwehrverhalten) so verfestigt ist, daß schon belanglose Situationen des Alltags zur Symptomauslösung und Symptomverstärkung führen. Es lohnt sich, bestimmte allgemeine Situationen, auch Ruhe- und Entspannungssituationen, zu analysieren, um Fehlverhaltensweisen erkennbar zu machen.

**Der Konflikt (Fokus)**

Dem Patienten fällt es nicht schwer, einen Gegenwartskonflikt im Beruf oder in der Partnerschaft anzusprechen. Wesentlich schwieriger ist das Erarbeiten des Grundkonfliktes in den Bereichen der Leistung, Zuwendung, Anerkennung, Weltanschauung und des Selbstkonzepts. Das Bedienungsgefüge der auslösenden Situation führt zum Konfliktbereich, zu typischen Verhaltensweisen und zur Biographie. Sprechen wir den spezifischen Störbereich des Patienten, den Fokus, an („Ich glaube Sie so verstanden zu haben, daß Sie Schwierigkeiten beim Durchsetzen, bei der Kontaktfindung, bei der Anerkennung ... haben?"), so reagiert der Patient darauf oft mit

Angst und Widerstand. War es doch mit weniger Angst, aber mit mehr Beziehungsstörungen verbunden, die Schuld am Versagen der Umwelt in die Schuhe zu schieben.

**Biographie**

Neurosekranke haben in der Kindheit und Jugend bestimmte Belastungsfaktoren häufiger erlebt als psychisch gesunde Personen. Die biographische Anamnese (s. 3.5.) umfaßt die Reifung und Sozialisation, wobei auch biologische Faktoren (s. 4.3.) zu beachten sind. Das Leben des Patienten wird, auch durch den schriftlichen Lebenslauf (s. 3.6,), in allen wichtigen Bereichen erfahren. Die Persönlichkeitsentwicklung zeigt auf, unter welchen Bedingungen Fehlverhaltensweisen erworben wurden und welche Faktoren sie aufrechterhalten.

**Verhaltensweisen**

Ausgehend von der auslösenden Situation, dem wichtigsten Konfliktbereich und der Biographie gelingt es, typische Verhaltensweisen in den Bereichen Gesundheit, Leistung, Kontakt, Besitz, Fordern, Abgrenzen, Aggressivität, Geltung, Macht, Zärtlichkeit, Liebe, Sexualität, Perspektive, Ideologie u. a. zu erfassen. Welche erstarrten, sich wiederholenden Verhaltensweisen wirken sich zum Schaden des Patienten aus? Warum ist er auf ein bestimmtes Kommunikationsmuster festgelegt und kann sich nicht anpassen, kann keine unterschiedlichen Verhaltensweisen erproben und unterschiedliche Lösungen finden? Warum erlebt der Patient die Umgebung verzerrt? Warum fühlt er sich ständig angegriffen, herabgesetzt, benachteiligt, befeindet? Wir erfahren seine Gehemmtheit, Ängste, Anklammerungen und Kränkungen.

**Arzt-Patient-Beziehung**

Das Verhalten des Neurosekranken beeinflußt auch das Verhalten des Therapeuten, seine Einstellung kann der Einstellung anderer Bezugspersonen entsprechen. Wir fragen uns: Wie bietet der Patient die Symptome an, wie geht er mit uns um und wozu versucht er uns zu veranlassen? Die eigenen Reaktionen sind dabei durch eine innere Suchhaltung zu überprüfen, sie lassen eigene zwanghafte, schizoide, hysterische oder depressive Anteile erkennen.

Der Therapeut muß die Abwehr erkennen, die sich hinter dem Symptom verbirgt und in der Kommunikation erkennbar ist: Angst, Unsicherheit, Aggressivität, Regression und Abhängigkeit, Starrheit und Perfektion, Abwehr von Gefühlen und zwischenmenschlichen Kontakten. Wichtig ist, daß der Therapeut durch sein Verhalten dem Patienten seine Abwehrpanzerung erlebbar macht und im Wechselspiel zwischen Einsicht und Rückzug eine partnerschaftliche Grundhaltung beibehält. So kann er mit dem Patienten auch Pseudoeinsichten besprechen, die dieser anbietet, um den Arzt nicht zu verprellen. Eine einseitige Negativ-Etikettierung des Neurosekranken (z. B. Ichschwäche, unreif, infantil) ist zu vermeiden. Neurotische Patienten sind in der Regel arbeitsfähig. Eine vorübergehende Arbeitsunfähigkeit kann bei akuter Exazerbation neurotischer Symptome (z. B. bei einer Angstneurose) oder bei besonderen beruflichen Problemen (z. B. Dachdecker mit

Schwindel) erfolgen. Ständig wiederholte Arbeitsbefreiungen führen zur Chronifizierung der Neurose. Auch eine ambulante Psychotherapie kann so durchgeführt werden, daß der Patient seiner Arbeit nachgeht.

**Zusammenfassung diagnostischer Maßnahmen:**
- Siebtestverfahren (BFB, VFB)
- Symptomerfassung
- Syndromdiagnose (z. B. Angst-Syndrom)
- auslösende Situation
- Gegenwartskonflikt (z. B. Berufskonflikt)
- Grundkonflikt (z. B. im Bereich Anerkennung)
- biographische Einordnung (z. B. passiv-verwöhnende Erziehung mit entsprechender Fehlhaltung), initiale und stabilisierende Faktoren
- Charakterstruktur (schizoid, depressiv, anankastisch, hysterisch)
- Abwehrverhaltensweisen (z. B. Regression, Projektion)
- chronifizierende Bedingungen
- Persönlichkeitsdiagnostik durch den Psychologen (z. B. 470-F-Test, Freiburger Persönlichkeitsinventar).

# 8. Persönlichkeitsstörungen

Es gibt ein breites Spektrum zwischen der durchschnittlich angepaßten Persönlichkeit und von der Norm sich abhebenden Extremvarianten im Erleben und Verhalten. Bei einer Betonung bestimmter Wesenszüge wird von akzentuierten Persönlichkeiten gesprochen. Kommt es durch ausgeprägte überdauernde Persönlichkeitszüge zu erheblichen subjektiven Beschwerden, gerät eine Person durch ihr Verhalten oft in Bedrängnis und ist die soziale Kompetenz nachhaltig beeinträchtigt, so sprechen wir von Persönlichkeitsstörungen. Persönlichkeitsstörungen sind bereits in der Kindheit und Jugend erkennbar. Die Grenze zu den primären neurotischen Fehlentwicklungen ist offen. Auf die Viereinteilung in schizoide, depressive, anankastische und hysterische Persönlichkeitsstruktur als bewährte neurosenpsychologische Typologie sei verwiesen. Die Etikettierung als „Psychopath" ist zu vermeiden, da sich dahinter eine historisch entstandene abwertende Einstellung verbirgt. Eine mehrdimensionale Betrachtung der Entstehung von Persönlichkeitsstörungen wird genetische Faktoren, schwere primäre Fehlentwicklungen (Charakterneurose) und den Einfluß leichter frühkindlicher Hirnschädigungen berücksichtigen. Bei jeder Persönlichkeitsstörung können krankhafte Zuspitzungen oder kurze reaktive Psychosen auftreten. Nachfolgend werden einige wichtige Persönlichkeitsstörungen beschrieben.

## 8.1. Schizoide und paranoide Persönlichkeitsstörungen

Die schizoide Störung entspricht der schizoiden Neurosenstruktur (s. 7.2.2.4.). Es besteht keine Beziehung zur Schizophrenie. Je nach den vorherrschenden Verhaltensweisen sprechen wir von schizoider oder/und paranoider Persönlichkeitsstörung.

Schizoide Verhaltensweisen:

- Sozialer Rückzug; im Kontakt distanziert, ambivalent, unverbindlich; Bindungsangst.
- Scheinbarer oder echter affektiv-emotionaler Mangel, Gleichgültigkeit; auch Wechsel zwischen kühl-schroff und überempfindlich-verletzbar; stolz auf die eigene Rationalität.
- Kommunikationsstörungen, emotionales Defizit und sonderlinghaftes Verhalten führen zu sozialen, zwischenmenschlichen und sexuellen Konflikten; dabei im Berufsleben oft erfolgreich.

Paranoide Verhaltensweisen:

- Neigung zu Mißtrauen und Argwohn mit Überwachheit gegenüber der Umwelt (Vorsicht, Beobachtung); Erlebnisse werden leicht als feindlich gegen die eigene Person mißdeutet, anderen werden Fehler angelastet; Nachdenken über die besondere Bedeutung von Ereignissen.
- Überempfindlichkeit bei Mißerfolgen und Zurückweisungen; leicht verletzt, gekränkt.
- Manche Personen sind streitsüchtig, aggressiv (expansiv, z. B. Fanatiker, Querulant), andere eher resignierend, hilflos (sensitiv).
- Emotionale Rigidität (beharrlich, starr), scheinbar gefühllos.

## 8.2. Erregbare Persönlichkeitsstörung (emotional instabile Persönlichkeit)

Verhaltensweisen:

- Affektausbrüche ohne sinnvolles Verhältnis zum Anlaß (Primitivreaktion); irrationale zornige Ausbrüche und Wutanfälle bei Belanglosigkeiten, impulsives Agieren, Unberechenbarkeit; nachher Bedauern.
- Verhalten ist dramatisiert und expressiv (hysterische Verhaltenszüge).
- Tätlichkeiten und Affektdelikte rücken diese Menschen in die Nähe der dissozialen Persönlichkeitsstörung.

## 8.3. Asthenische, sensitive und abhängige Persönlichkeitsstörungen

Asthenische Verhaltensweisen:

- Erschöpfungszustände: Schwächegefühl, ermüdbar, wenig Spannkraft und Ausdauer, erholungsbedürftig.
- Versagenszustände: empfindlich, ängstlich, wehleidig.
- Häufig depressive Verstimmungen.
- Funktionelle Beschwerden: vegetative Symptome, Schlafstörungen.

Abhängigkeitsverhalten:

- Hilflosigkeit, wenig Selbstvertrauen, Anklammern an Bezugspersonen, starker Wunsch nach Zuneigung.
- Unselbständigkeit, sich unterordnend, anderen die Verantwortung überlassend, Meiden von Bewährungssituationen.
- Angst vor Forderungen an andere, um Beziehungen nicht zu gefährden.
- Im Alltag oft freundlich, gefällig, bescheiden, so daß Störung leicht verkannt wird.

Sensitives Verhalten:

- Empfindlich, beeindruckbar, nachgiebig.
- Nachhaltige Verarbeitung von Ärger und Kummer, von Belastungen und Konflikten mit Aggressionshemmung.

- „Sthenischer Stachel“: Ehrgeiz, Gewissenhaftigkeit, Ordentlichkeit; Selbstwertkrisen bei fehlender Anerkennung.

Vermeidungs-Verhalten:
- Mangel an Selbstvertrauen, wenig sicheres Selbstgefühl.
- Überempfindlichkeit gegenüber Ablehnung, Zurückweisung und Erniedrigung.
- Zwischenmenschliche Beziehungen werden gemieden, wenn nicht im voraus ein beinahe unbedingtes Akzeptiertwerden garantiert ist.

Passiv-aggressives Verhalten:
- Verhaltensweisen der Inaktivität und Passivität: Zaudern, Verbummeln, Unpünktlichkeit, Vergessen.
- Verhalten wird zwanghaft auch in Situationen wiederholt, wo Aktivität und effektives Verhalten möglich wären.

## 8.4. Subaffektive Persönlichkeitsstörungen

Hyperthyme (submanische) Verhaltensweisen:
- Fröhliche Grundstimmung, lebhaft-sanguinisches Temperament, ausgeprägte Aktivität.
- Gesteigertes Selbstvertrauen, Kontaktfreudigkeit, Lebhaftigkeit, Geltungssucht.
- Ausprägungspole: leistungsfähig-tüchtig-hilfsbereit bis betriebsam-unruhig-rücksichtslos.
- Oft persönliche und soziale Schwierigkeiten einschließlich Delinquenz und Alkoholmißbrauch.

Dysthyme (depressive) Verhaltensweisen:
- Verhalten entspricht der depressiven Neurosenstruktur (s. 7.2.2.5.).
- Menschen wirken bedrückt, gehemmt, sind still und zurückhaltend, erwarten vom Leben nicht viel.
- Einstellung skeptisch bis pessimistisch oder am Sinn des Lebens zweifelnd.
- Gefühl der Unzulänglichkeit und Minderwertigkeit.
- Trübe Gestimmtheit häufig hinter Maske von Angepaßtheit und scheinbarer Gelassenheit verborgen.

Zyklothyme Persönlichkeit:
Wechsel zwischen langfristigen Perioden einer dysthymen und submanischen Verstimmung. Die Verstimmungen erfüllen nicht die Kriterien eines depressiven oder manischen Syndroms.

## 8.5. Narzißtische Persönlichkeitsstörung

Es handelt sich um eine Störung des Selbstbildes mit folgenden Merkmalen:

- Übertriebenes Selbstwertgefühl, Gefühl der Einmaligkeit (z. B. in Leistung und Begabung).
- Phantasien über Erfolg, Schönheit, Bevorzugung und ideale Liebe.
- Verlangen nach dauernder Aufmerksamkeit und Bewunderung.
- Stark kränkbar und verletzbar; auf Kritik, Gleichgültigkeit oder Versagen wird mit Zorn, Scham und Bemühung reagiert oder es erfolgt eine Abwehr dieser Gefühle (betonte kühle Gleichgültigkeit).
- Labilisierung bei Versagenssituationen mit suizidalen Krisen.

In der Kommunikation wirken bestimmte Verhaltensweisen störend:

- Hoher Anspruch und Erwartung an andere ohne eigene Verpflichtung, Frustration bei Nichterfüllung.
- Ausnutzen anderer Personen zur Steigerung des Selbstwertgefühls und zur Wunscherfüllung, Mißachtung der Persönlichkeit anderer.
- Beziehungen schwanken zwischen Idealisierung und Entwertung (auch in der Beziehung zum Arzt).
- Mangel an Empathie; Unfähigkeit, die Gefühle anderer zu verstehen.

## 8.6. Dissoziale (antisoziale) Persönlichkeitsstörung

Bei der dissozialen Persönlichkeitsstörung sind nicht selten Entwicklungsstörungen in der frühen Kindheit (emotionales Mangelmilieu) und leichte frühkindliche Hirnschäden von Bedeutung. Folgende Verhaltensweisen können vorkommen:

- Es besteht eine erhöhte Kränkbarkeit (Frustrationsintoleranz) mit einer Neigung zum Agieren mit Fehlhandlungen: Fortlaufen, Kurzschlußhandlungen, Alkoholexzesse, aggressives Verhalten, abrupter Beziehungsabbruch. Ein realitätsgerechtes Agieren ist durch diese ausgesprochene Neigung zu impulsiven Handlungen (leben statt erleben) erheblich beeinträchtigt. Reizbarkeit, Aggressivität und die Orientierung auf eine unmittelbare Bedürfnisbefriedigung beschränken zusätzlich die Handlungsfähigkeit.
- Es zeigt sich eine starke Tendenz zur Externalisierung von Konflikten, die durch eine Störung der interpersonellen Wahrnehmung (Realitätsverkennung und Umdeutung) unterstützt wird. Es kommt zu einem Inszenieren der Konflikte in die Außenwelt.
- Eine Beeinträchtigung der Beziehungsfähigkeit zeigt sich im flüchtigen oberflächlichen Charakter und dem oft abrupten Abbrechen der Beziehungen. Es besteht ein Verlangen nach einem nicht realisierbaren hohen Maß an Zuwendung. Dieser von der Umwelt nicht realisierte Anspruch führt zu neuen Fehleinstellungen: „Man mag mich nicht, man ist gegen mich, keiner hilft mir."

- Es besteht eine Ambivalenz zwischen Insuffizienzgefühlen und einem Geltungsbedürfnis. Ein oft extremes Selbstwertgefühl wird durch eine Flucht nach vorn kompensiert.
- Eine geringe Orientierung an sozialen Normen führt zu antiautoritären, rücksichtslosen, egozentrischen und asozialen Verhaltensweisen: Delinquenz, Arbeitsbummelei, Lügen, Vernachlässigung der Kinder, Unterhaltsentzug usw.
- Die Personen führen einen Zweifrontenkrieg, einmal gegen die eigene Person (Alkohol- und Medikamentenmißbrauch, suizidales Verhalten), und gegen die Gesellschaft.
- Mangelhafte Fähigkeit, aus Erfahrungen zu lernen.
- Geringer Leidensdruck, Strafen wirken kaum abschreckend.

## 8.7. Borderline-Persönlichkeit

Bei der Borderline-Persönlichkeit besteht eine allgemeine Instabilität des Verhaltens, Erlebens und der Symptome. Es kommt häufig zur Kombination mit schizoid-paranoiden Verhaltensweisen, Konversionssymptomen, hypochondrischen Befürchtungen, Depersonalisations-Erlebnissen, multiplen Phobien mit Panikattacken, frei flottierender Angst, narzißtischen und dissozialen Verhaltensweisen. Psychotische Episoden können auftreten. In ausgeprägter Form kommt es zur Unfähigkeit, das Leben zu meistern.

Im einzelnen ist die Persönlichkeitsstörung durch folgende Merkmale gekennzeichnet:

- Verlust der Impulskontrolle mit Unberechenbarkeit im Verhalten: Suizidalität, gestörtes Eßverhalten (Polyphagie, amorektisches Syndrom), gestörte Sexualität, Alkohol- und Medikamentenabhängigkeit.
- Instabile, sprunghafte und intensive Beziehungen; Wechsel zwischen Idealisierung und Abwertung, punktuellem und distanziertem Kontakt und Verklammerung; Ausnutzen von Bezugspersonen; Scheitern von Beziehungen; gleichzeitig oder kurz hintereinander positive und negative Gefühle und wechselnde Ich-Zustände (Spaltung).
- Impulsives Agieren, unangemessener heftiger Zorn, unzureichende Kontrolle über den Zorn, affektive Instabilität (depressiv, reizbar, ängstlich).
- Identitätsunsicherheit im Selbstbild, in der Geschlechtszugehörigkeit, Berufswahl, in Lebenszielen, Freundschaften, in der Sexualität, keine eigene Identität, schwere Schädigung des Selbstwertgefühls, Schwanken zwischen Omnipotenz und Minderwertigkeit.
- Furcht vor dem Alleinsein, Vermeiden des Alleinseins.
- Körperliche Selbstschädigung: suizidale Handlungen, Schlägereien, Unfälle.
- Chronisches Gefühl von Langeweile und Leere.

# 9. Suizidalität

J. W. v. Goethe schrieb am 3. 12. 1812 an Zelter einen Brief. Zelter hatte ihm mitgeteilt, daß sein Stiefsohn sich das Leben genommen hatte.

„Über die Tat oder Untat selbst weiß ich nichts zu sagen. Wenn das Laedium vitae den Menschen ergreift, so ist er nur zu bedauern, nicht zu schelten. Daß alle Symptome dieser wunderlichen, so natürlichen als unnatürlichen Krankheit auch einmal mein Innerstes durchrast haben, daran läßt Werther wohl niemand zweifeln. Ich weiß recht gut, was es mich für Entschlüsse und Anstrengungen kostete, damals den Wellen des Todes zu entkommen, so wie ich mich aus manchem spätern Schiffbruch auch mühsam rettete und erholte."

## 9.1. Definition

Unter einem Suizidversuch verstehen wir jeden Akt einer aktuellen Selbstschädigung, der mit einer mehr oder weniger ausgeprägten Selbsttötungsabsicht unternommen wurde.

Das suizidale Verhalten zeigt sich in folgenden Formen (Feuerlein, Abb. 5):

1. suizidale Handlungen, bei denen die Tendenz zur Selbsttötung im Vordergrund steht
2. parasuizidale Handlungen

2.1. parasuizidale Gesten: vorwiegend appellative suizidale Verhaltensweisen als Form nonverbaler Kommunikation

2.2. parasuizidale Pausen: Im Vordergrund steht ein regressives Flucht- und Ruhebedürfnis, ein Wunsch nach einer vorübergehenden Unterbrechung (Zäsur) des Lebens („Verschnaufpause").

Der Suizid kommt häufiger bei Männern (meist über 45 Jahre, Gipfel im höheren Lebensalter) vor, und es besteht ein Zusammenhang zu körperlichen Krankheiten. Der Suizidversuch ist häufiger bei Frauen (meist unter 45 Jahre, Gipfel im zweiten und dritten Dezennium). Suizid und Suizidversuch sind häufig bei Alleinlebenden, Depressiven, Alkohol- und Medikamentenabhängigen sowie bei zerrütteter Familiensituation in der Kindheit. Etwa 20—30 von 100 000 Menschen verüben einen Suizid. Die Zahl der Suizidversuche beträgt etwa das zehn- bis zwanzigfache der Suizide.

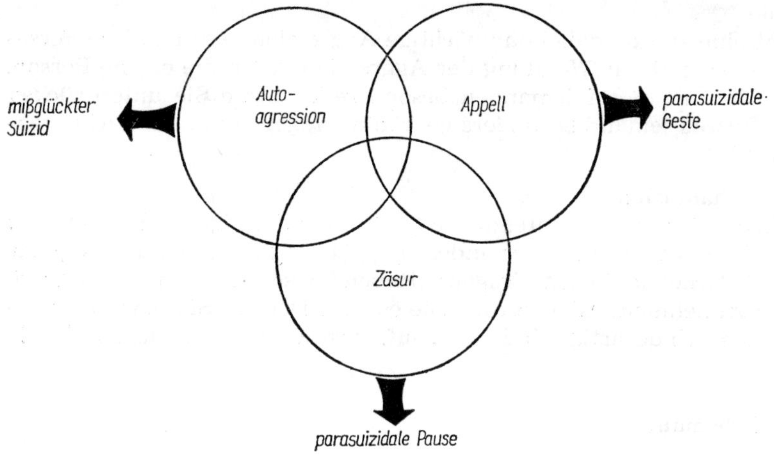


Abb. 5. Suizidale Handlungen (nach FEUERSTEIN 1971).

## 9.2. Risikofaktoren

Die Selbstmordgefährdung (Suizidalität) umfaßt einen besonderen Komplex psychosozialer Faktoren, der zu einer Suizidhandlung führen kann. Durch die Kenntnis der Risikofaktoren können selbstmordgefährdete Personen entdeckt und behandelt werden.

### 9.2.1. Präsuizidales Syndrom (Ringel)

Das präsuizidale Verhalten wird als krankhaft angesehen, der Selbstmordgefährdete leidet an der Krankheit „Sterben-zu-wollen". Das Syndrom umfaßt die Einengung, die Aggression und Selbstmordphantasien. Es handelt sich um depressive Verhaltensweisen.

**Einengung**
Es kommt zur situativen, dynamischen, zwischenmenschlichen und wertspezifischen Einengung. Die situative Einengung beinhaltet ein Ohnmachts- oder Bedrohungsgefühl angesichts schwieriger Lebensumstände. Nicht zu bewältigende Ereignisse antizipieren eine Ausweglosigkeit, eine „Sackgasse". Die dynamische Einengung zeigt sich in Hoffnungslosigkeit, in einer „eingefrorenen Perspektive". Zwischenmenschlich besteht ein Gefühl der Isolierung, es kommt zum Rückzug von anderen Menschen. Eine Erschütterung des Wertsystems und des Selbstwertgefühls, ein Eindruck der Sinnlosigkeit vervollständigen das Bild von der Einengung. Die Frage an den Gefährdeten lautet: „Haben Sie Ihre Interessen, Gedanken, zwischenmenschlichen Kontakte und Aktivitäten gegenüber früher eingeschränkt oder reduziert?"

**Aggression**
Es besteht eine starke, dabei ohnmächtige Aggression gegen andere Personen, und es kommt zur Wendung der Aggression gegen die eigene Person. Fragen: „Haben Sie auf jemanden besondere Wut, die Sie unterdrücken müssen? Hat Sie jemand besonders gekränkt, wogegen Sie sich nicht wehren können?"

**Selbstmordphantasien**
Es bestehen anfangs aktiv intendierte (Auffinden der eigenen Person nach dem Suizid, Selbstvorwürfe der anderen), später sich passiv aufdrängende Todes- und Rachephantasien. Fragen: „Haben Sie schon daran gedacht, sich das Leben zu nehmen? Wie würden Sie es tun? Denken Sie bewußt daran oder drängen sich derartige Gedanken auf, auch wenn Sie es nicht wollen?"

### 9.2.2. Suizidthematik

- Verlust der Zukunftsplanung bei depressiven Syndromen.
- Nichtbewältigung psychosozialer Krisen (Zukunftsplanung, „Wie soll es weitergehen?"); der Suizid wird als Problemlösungsversuch bei Krisen, Enttäuschungen und Versagungen kognitiv vorbereitet (keine andere Wahl mehr haben).
- Eigene frühere Suizidversuche und Suizidankündigungen: Das Suizidrisiko ist besonders hoch im ersten Halbjahr nach einem Suizidversuch, etwa 10 Jahre nach einem Suizidversuch sind 5—10 % der Suizidanten verstorben.
- Vorkommen von Suiziden in der Familie oder in der Umgebung (Suggestivwirkung, erlerntes Fehlverhalten bei Krisen).
- Direkte oder indirekte Suizidankündigung: Mehr als die Hälfte der Personen mit späteren Suizidhandlungen haben dies vorher angekündigt. Etwa die gleiche Zahl hat in den 14 Tagen zuvor einen Arzt aufgesucht. Eine indirekte Suizidankündigung kann der Wunsch nach einem tiefen sorglosen Schlaf und nach Ruhe sein („Ich will nichts hören, nichts sehen") oder eine Äußerung von Überdruß („Mir ist alles über. Ich habe alles satt."). Auch Aufräumen, Verschenken, alles in Ordnung bringen, letzte Aufgaben erledigen, können darauf hinweisen. Manche Personen äußern Erschöpfung und Hilflosigkeit („Ich kann nicht mehr, halte es nicht mehr aus, fühle mich hilflos.").
- Äußerung konkreter Vorstellungen über die Art, Vorbereitung und Durchführung der Suizidhandlung, direkte Vorbereitung.
- Unheimliche Ruhe nach vorheriger Suizidthematik und Unruhe; nach der Phase der Ambivalenz hat sich die Person entschieden, der Entschluß ist getroffen.
- Selbstvernichtungs-, Katastrophen- und Sturzträume.

### 9.2.3. Krankheiten und Störungen

- Depressive Syndrome, vor allem zu Beginn und beim Abklingen; Beachtung folgender Zeichen: ängstlich-agitiert, schwere Schuldgedanken, wahnhafte hypochondrische Vorstellungen, schwere Insuffizienzgefühle, selbstquälerisch, lang dauernde zermürbende Schlafstörungen; 30 % aller Suizide werden von depressiven Personen durchgeführt.
- Psychosoziale Störungen (Neurosen, akute Streßreaktionen) mit ängstlich-agitiertem Verhalten, schweren Schlafstörungen, gehemmter Aggression; die Suizidhandlung kann bei Versagungen impulsiv als Kurzschlußhandlung auftreten; Folge chronischer Selbstwertstörungen bei Neurosen; unlösbar erscheinende Konflikte; Verlust menschlicher Beziehungen durch Tod, Scheidung, Trennung; Verlust von Kontakt durch Isolierung, Berentung; Verlust von Aufgaben und Zielen; Unglück; berufliche oder finanzielle Schwierigkeiten; bedrohende Ereignisse.
- Alkohol- und Medikamentenabhängigkeit: Der Alkoholkranke mit seinem spezifischen Verhalten und seinen spezifischen Problemen ist besonders gefährdet. Schon sein Trinkverhalten ist ein Selbstmord auf Zeit. Unter dem Einfluß sozialer Krisen, autoaggressiver Handlungen, einer Flucht vor der Realität und einem Appell an die versagende Umwelt wird daraus ein Selbstmord in der Zeit. Die Ambivalenz zwischen leben und sterben wollen ist besonders auffällig. Depressive Verstimmungen und Enthemmungen im Rausch komplettieren das erhöhte Suizidrisiko. Etwa ein Drittel der Suizidversuche werden von drogenabhängigen Personen durchgeführt. Die Suizidrate bei Alkoholkranken beträgt etwa 6 %, z. T. werden Zahlen bis 20 % angegeben. Der Suizid ist die zweithäufigste Todesursache nach der Leberzirrhose.
- Schizophrenien: Etwa 40 % der Patienten haben suizidale Handlungen vollführt oder haben Suizidgedanken.
- Psychosoziale Krisenzeiten: Pubertät, Gravidität, Puerperium, Klimakterium.
- Alte Menschen, vor allem Alleinlebende: Bei Vereinsamung, depressiven Verhaltensweisen (oft in larvierter Form) und einer Multimorbidität mit Schmerzen wird der Suizid zur Lösung der Lebensproblematik erwogen. Jeder zehnte Suizidversuch wird von über Sechzigjährigen durchgeführt. Vier Fünftel der Alterssuizide enden tödlich. Etwa 40 % der Suizidanten sind über 60 Jahre alt.
- Unheilbare Krankheiten oder als unheilbar angenommene Krankheiten.
- Persönlichkeitsstörungen: dissoziale Persönlichkeit, Borderline-Persönlichkeit, Frustrationsintoleranz mit inadäquater Verarbeitung von Erregungen.

Es ist auch zu beachten, daß eine fehlende tragfähige Arzt-Patient-Beziehung bei Risikopersonen (z. B. der abgewiesene oder unverstandene alte Rentner) das Suizidrisiko erhöht.

Durch gezielte Fragen sollte erkundet werden, wie ein Risikopatient seine Lebenssituation bewältigt: „Wie leben Sie? Wie werden Sie mit der Situation fertig? Wer hat Schuld? Haben Sie einen eigenen Anteil an der Krise?

Erwarten Sie Hilfe? Lehnen Sie Hilfe ab? Welche Bedeutung hat die jetzige Krise für Sie? Nennen Sie drei Stärken Ihres Verhaltens, durch die Sie mit Lebensproblemen fertig werden. Was wollen Sie bei sich ändern? Welche Ziele haben Sie? Was wollen Sie zuerst an sich ändern?“

## 9.3. Stadien der suizidalen Entwicklung

- Präsuizidales Syndrom, Suizid als Problemlösungsversuch.
- Ambivalenz im inneren und äußeren Verhalten: direkte Suizidankündigung, Hilferuf als Ventilfunktion und Appell, Kontaktsuche, Schicksal entscheiden lassen.
- Direkte Vorbereitung und Einstellung auf den Suizid: indirekte Suizidankündigung, konkrete Vorbereitungshandlung, Ruhe vor dem Sturm.
- Suizidhandlung.

## 9.4. Psychologische Aspekte

Es besteht stets ein Nebeneinander – mit unterschiedlicher Wichtung – von lebensverneinenden und lebensbejahenden Tendenzen, eine Ambivalenz zwischen Lebenwollen und Sterbenwollen. In den meisten Fällen wollen die Menschen nicht wirklich sterben, zumindest ist die Absicht nicht eindeutig. Nach einer Suizidhandlung, die zum Tode führen sollte, ist das Gros der geretteten Patienten zunächst froh, am Leben zu sein. Ganz selten ist der Suizid Ausdruck einer rationalen und freien Entscheidung, um eine Situation zu überwinden, der der Mensch auf andere Weise nicht zu entrinnen glaubt. Selten besteht ein völliger Rückzug vom sozialen Feld, damit niemand eingreifen kann. Die Unbestimmtheit des Ausgangs wird phantasiert: möge das Schicksal entscheiden, soll es ein Gottesurteil sein.

Die suizidale Handlung hat fast immer einen kommunikativen Aspekt, sie ist Appell um Hilfe, Rache am anderen. Niemand tötet sich selbst, der nicht auch einem anderen den Tod gewünscht hätte. Niemand, dem seine Mitmenschen genügend Liebe und Zuwendung zeigen, nimmt sich das Leben. Die Relation ist nur dadurch gestört, daß manche ein hohes, nicht erfüllbares Maß an Zuwendung brauchen. Die Nichtbewältigung krisenanfälliger und enttäuschender Beziehungen führt zur Isolierung und Resignation.

Schlaf und Tod sind im Erleben des Suizidalen nicht grundlegend verschieden. Die Phantasie von der Regression in eine harmonische Ruhe verführt zu suizidalen Handlungen, zur Einnahme einer Überdosis an Schlafmitteln.

Oft sind es belanglose Ereignisse, die bei suizidalen Kurzschlußhandlungen das Geschehen einleiten. Verbote, Enttäuschungen, Versagungen – der Griff zum Tablettenröhrchen wird zum Reflex. Wie schrieb Matthias Claudius in dem Gedicht „Fritze“:

„Nun mag ich auch nicht länger leben
Verhaßt ist mir des Tages Licht
Denn sie hat Franze Kuchen gegeben
Mir aber nicht."

## 9.5. Suizidprophylaxe

Eine effektive Suizidprophylaxe verlangt eine stabile Arzt-Patient-Beziehung und die Kenntnis der Risikofaktoren.

Eine besondere Beachtung erfordern Risikopatienten wie Depressive, Alkoholabhängige und isoliert lebende ältere Menschen sowie Patienten mit chronischen Erkrankungen, Malignomen und starken Schmerzen. Ein wichtiger Aspekt ist die Auswahl der Patienten, die unbedingt eine stationäre psychiatrische Behandlung benötigen. Risikopatienten nach einem Suizidversuch bedürfen besonderer Betreuung. Viele Menschen, die einen Suizidversuch unternahmen, waren im halben Jahr davor in ärztlicher Behandlung. Daraus ergibt sich die prinzipielle Möglichkeit, prophylaktisch wirksam zu werden. Der Hausarzt hat auch hier die besten Möglichkeiten, da er den Patienten und sein soziales Umfeld kennt. Die beste Suizidprophylaxe ist eine gute emotionale Beziehung zwischen Arzt und Patient, in der die Suizidproblematik offen angesprochen werden kann, maskierte Hilferufe rasch erkannt werden und das Thema der Aggression (wem gelten die Selbstmordimpulse, wem will er einen Denkzettel verpassen) zur Sprache kommt.

Das Gespräch ist das wichtigste Mittel bei der Prophylaxe, ggf. unterstützt durch ein aktives Handeln im Sozialfeld. Im Gespräch werden Konflikte bearbeitet. Der Patient erhält die Möglichkeit der Aggressionsentladung, und er gewinnt Mut bei der Bewältigung seiner Lebensproblematik. Die angebotene ständige Verfügbarkeit in Krisensituationen vermindert das Risiko. Der Arzt wird versuchen, auf Zeitgewinn zu arbeiten und Fortsetzungen des Gespräches anzubieten.

## 9.6. Fehleinstellungen

Zur Suizidprophylaxe gehört auch die Korrektur eigener Fehleinstellungen. Die problematischste falsche Ansicht besteht darin, daß Menschen, welche Selbstmord verüben, es vorher nicht sagen würden und jene, welche vom Selbstmord sprechen, es nicht tun. Das Wort vom demonstrativen Suizidversuch gewinnt einen Beiklang des Nichternsthaften, so daß das Wahrnehmen starker appellativer Anteile zur Verharmlosung und zur Abweisung des Appells führen kann. Es stimmt auch nicht, daß die Motive leicht auszumachen seien, daß Patienten mit einer infausten Krankheit kaum einen Suizid begehen würden und daß die meisten Menschen mit suizidalem Verhalten depressiv seien. Ebenso falsch ist die Meinung, daß Personen, die einen Suizid vollführen, den eindeutigen Wunsch zum Sterben hätten.

Unbewußte Fehleinstellungen, die von eigenen Ängsten genährt werden, zeigen sich darin, daß Signale einer erhöhten Suizidalität nicht wahrgenommen (keine schlafenden Hunde wecken) oder bagatellisiert (Schulterklopfen, „es wird schon wieder") werden. Der Arzt muß darüber reflektieren, was ein suizidaler Mensch in ihm auslöst: Angst, Aufregung, Unsicherheit, Fragen wie „Bin ich verantwortlich? Was hat er mir getan? Bin ich schuldig?" oder Ablehnung wie „Ich kann da sowieso nichts ändern". Das Verständnis für suizidales Verhalten wird durch die Kenntnis gefördert, daß Suizidgedanken bei jedem Menschen im Laufe des Lebens auftreten können. So kann der Arzt auch eigene suizidale Anteile (Resignation, Rückzug, Ruhebedürfnis, Passivität) entdecken.

Auffällig ist die nicht seltene Diskrepanz zwischen dem hohen Einsatz bei der Lebensrettung und der Gleichgültigkeit, mit der man dann den Betreffenden einer erneuten Suizidhandlung entgegengehen läßt. Der richtige Gedanke, Hilfe anzubieten, aber nicht aufzuzwingen, wird oft als Alibi benutzt, wenn der Patient das wenig überzeugende Angebot einer Nachbehandlung ablehnt. Es erfordert schon etwas Mühe, die verständliche Abwehr des Patienten gegen eine Medikalisierung oder Psychiatrisierung zu überwinden.

## 9.7. Situationsanalyse eines Suizidversuches

Die Situationsanalyse kann nur bei der Abschätzung der Ernsthaftigkeit der Selbsttötungsabsicht helfen.

- **Methode** (wie, womit)
- **Wirksamkeit:** absolut hoch (Überleben ohne ärztliche Intervention unwahrscheinlich), relativ hoch (Überleben durch nicht voraussehbare Intervention), relativ harmlos (Tod nur unter ungünstigen Verhältnissen) und absolut harmlos (Versuch objektiv nicht lebensbedrohlich). Die Intoxikationstiefe und Vorkehrung gegenüber einer Entdeckung korrelieren hoch mit der Selbsttötungsabsicht.
- **wievielter Suizidversuch**
- **Ernsthaftigkeit des Motivs**
- **Ort** (allein, anonyme Öffentlichkeit, Anwesenheit der zentralen Konfliktperson, erwartete Person)
- **Ankündigungen**
- **Vorbereitung** (planvoll, nicht planvoll)
- **Bedenk- und Entschlußzeit**
- **Wahrscheinlichkeit des Auffindens** (12-Stunden-Grenze als Hinweis auf Ernsthaftigkeit)
- **Korrektur der Suizidabsicht**
- **psychischer Zustand** vor Entschluß und z. Z. der Handlung (psychische Krankheit, Medikamente, Alkohol).

## 9.8. Krisenintervention

- Rasche Herstellung (Katastrophe!) einer Arzt-Patient-Beziehung mit Offenheit und Verständnis zum Suizidproblem, Vermittlung der ständigen Verfügbarkeit und Nähe (Hausarzt!), verständnisvolles-entängstigendes Gesprächsverhalten; der Arzt wird zum „Stellvertreter der Hoffnung", er wird die Krise möglichst lange offenhalten (Zeitgewinn, Abbau der Abwehr).
- Einschätzung des Schweregrades der Suizidalität: aktuelles Problem, beteiligte Bezugspersonen, Lebenssituation, fehlgeschlagene Problemlösungen, präsuizidales Syndrom, Risikofaktoren, Möglichkeiten der Hilfe durch andere Personen und der Selbsthilfe.
- Prüfung der eigenen Möglichkeiten zur Krisenintervention in Zusammenarbeit mit allen wichtigen Bezugspersonen; eventuell Überweisung zum Psychiater; eventuell stationäre Einweisung mit Einverständnis des Patienten; eventuell Einweisung des Patienten gegen seinen erklärten Willen nach dem Einweisungsgesetz.
- Vereinbarung einer Behandlung: kurzfristige Termine für Gespräche, Aufbau des Prinzips Hoffnung, Orientierung an kleinen Erfolgen, Finden von Selbstvertrauen, Aktivierung der Selbsthilfe, Reintegration in Familie und Arbeitsleben, Entspannungsübungen, Psychopharmaka (bei Notwendigkeit nur Tranquilizer in kleiner Menge verordnen).
- Gesprächsinhalte:
  Ängste, Schuld, Aggression, Traurigkeit, Hoffnungslosigkeit,
  psychosoziale Dynamik der krisenauslösenden Situation,
  Bewältigung oder Nichtbewältigung früherer Krisen,
  Stützung und Förderung des Selbstwertgefühls und der Selbstsicherheit,
  Ermutigung zu Aktivitäten,
  Selbstfindung des Sinns der Krise durch den Patienten.
- Beendigung der Krisenintervention:
  Selbsthilfepotential für eventuelle neue Krisen,
  eventuell Empfehlung einer Psychotherapie,
  Patient kann Problem bewältigen,
  Verfügbarkeit des Arztes besteht weiter.
- Nachkontakt für 6—8 Wochen: Information über die Reintegration in die soziale Umwelt; die gelungene Bewältigung der Krise „als Erfahrungswert für die Zukunft".

## 9.9. Notfallmaßnahmen

- Sicherung Vitalfunktionen (Maßnahmen der ersten ärztlichen Hilfe).
- Bei erhaltenem Bewußtsein und gesicherter Tabletteneinnahme Auslösen von Erbrechen (2—3 Teelöffel Kochsalz in ein Glas lauwarmes Wasser und schnell trinken lassen).
- Spurensicherung (z. B. Tablettenreste).

- Überprüfung der Notwendigkeit der stationären Einweisung in welche Einrichtung (internistische Intensivstation, chirurgische Intensivstation, psychiatrische Station); wegen eventueller Spätwirkungen ist jeder Verdacht auf eine Vergiftung einzuweisen.
- Einschätzung der weiteren Suizidgefährdung.
- Beruhigung des ansprechbaren Patienten und der beteiligten Personen.
- Gewährleistung der Beobachtung durch Angehörige bis zum Transport.
- Bei hochgradiger (psychotischer) Erregung Gabe von Diazepam oder Promethazin.

## 9.10. Maßnahmen nach einem Suizidversuch

Die Maßnahmen entsprechen weitgehend einer Krisenintervention. Wichtig ist die baldige Vereinbarung des ersten Termins. Die besondere Gefährdung im ersten Halbjahr ist zu beachten. Die Analyse der auslösenden Situation in ihrer dynamischen Beziehung zur Biographie und zu den Bezugspersonen erfolgt im konfliktzentrierten Gespräch. Psychopharmaka können bei ängstlich-depressiven und dysphorischen Verstimmungen kurzfristig verordnet werden (Tranquilizer, keine Hypnotika, Antidepressiva mit großer Zurückhaltung und in Abstimmung mit dem Psychiater). Die Grundkrankheit und die Schmerzen sind zu beachten. Das Gespräch wirkt entlastend, der Patient erlernt eine distanzierende Reflexion und orientiert sich wieder an der Zukunft. Das Angebot der ständigen Verfügbarkeit und der Zeitgewinn unterstützen die Selbstheilungstendenzen (vieles regelt sich von selbst). Eine routinemäßige Überweisung des Patienten in eine psychiatrische Ambulanz oder Klinik ist nicht gerechtfertigt. Die Arzt-Patient-Beziehung wird durch aktionistisches Verhalten (alles regeln wollen, Selbsthilfepotential des Patienten bleibt dürftig) oder eine Überbetonung von Trost und Mutmachen (Verzweifelte können dies als Spott empfinden) gestört. Das Ziel ist ein partnerschaftliches Arbeitsbündnis. Eine zeitweise supportive Haltung mit Stützung, Beruhigung, Entpflichtung und Vermeidung von Mißerfolgserlebnissen ist manchmal notwendig und hat ihren Stellenwert beim Aufbau der Arzt-Patient-Beziehung. Sie muß überleiten in die spätere Aktivierung, wenn die Probleme thematisiert und transparent sind. Eine Untergruppe mit einem hohen Risiko sollte in ständiger Nachbetreuung bleiben.

Probleme entstehen dadurch, daß der Patient dem Betreuungsangebot ausweicht, da durch den Suizidversuch eine Scheinlösung mit dem Konfliktpartner arrangiert wurde. Hier ist Zurückhaltung geboten, denn der Hinweis auf eine solche Scheinlösung kann den Patienten stark verunsichern und ihn eventuell in eine neue Krise stürzen. Hier sind die Hände gebunden.

# 10. Alkoholabhängigkeit

In einer Bevölkerung sind etwa 10 % Abstinente, 80 % Normalkonsumenten und 10 % Hochkonsumenten. 10 % trinken etwa 50 % des gesamten Konsums an Alkohol. Viele trinken wenig und wenige viel. Etwa 5 % der Bevölkerung wird direkt mit Problemen des Alkohols – Alkoholmißbrauch, Alkoholkrankheit – konfrontiert. Nach Schätzungen sind in den entwickelten Industrieländern Europas etwa 3 % der Bevölkerung über 16 Jahre alkoholkrank. Der Anteil der Frauen an den Alkoholkranken hat zugenommen (20–25–30 %).

## 10.1. Alkoholmißbrauch

Der Alkoholmißbrauch als Oberbegriff schließt die Alkoholkrankheit ein, es wird zwischen krankhaftem und nichtkrankhaftem Alkoholmißbrauch unterschieden.

Der nichtkrankhafte Alkoholmißbrauch ist wie folgt charakterisiert:

- Es handelt sich um einen Alkoholkonsum von dafür ungeeigneten Personen (z. B. Jugendliche, Kranke, Einnahme von Psychopharmaka), in einer ungeeigneten Menge, an einem ungeeigneten Ort (z. B. Arbeitsstätte, Krankenhaus und zu einem ungeeigneten Zeitpunkt (z. B. in der Arbeitszeit, Trinken mit Restalkohol zu Beginn der Arbeit, vor der Teilnahme am Straßenverkehr).
- Es handelt sich um ein abnormes regelmäßiges oder unregelmäßiges Trinkverhalten nach Menge, Frequenz, Variabilität und individueller Situation, das zu Verhaltensstörungen führt.
- Es handelt sich um ein individuelles Fehlverhalten in Form des Trinkens vom Alpha-Typ (Konflikt-, Problem- und Erleichterungstrinken mit beginnender psychischer Abhängigkeit) oder vom Beta-Typ (von soziokulturellen Gegebenheiten abhängiges Gelegenheitstrinken, z. B. Wochenendtrinken, Fernsehtrinken, Geldtagtrinken, Frühschoppentrinken).
- Es können alkoholbedingte Folgeschäden im körperlichen Bereich (z. B. Gastritis, Hepatopathie) und im psychosozialen Bereich (Unzuverlässigkeit, Nachlassen der beruflichen und sozialen Anpassung, dissoziales Verhalten in Form von Gewalttätigkeiten, Arbeitsbummelei, kriminellen Handlungen) auftreten.
- Es handelt sich um einen latenten Problembereich ohne Hinweise auf eine physische Abhängigkeit. Medizinische Hilfen sind in der Regel (abgesehen von Folgen im körperlichen Bereich) nicht erforderlich.

## 10.2. Formen

- Es besteht eine Abhängigkeit mit Kontrollverlust (Gamma-Typ). Kontrollverlust bedeutet, daß der Alkoholkranke ein Unvermögen hat, in bezug auf Menge und Situation kontrolliert zu trinken. Es kommt zum periodischen Kontrollverlusttrinken mit Vollräuschen.
- Es besteht eine Abhängigkeit mit Abstinenzverlust (Delta-Typ). Die Unfähigkeit zur Abstinenz beinhaltet das „Trinken-Müssen“, das kontinuierliche Trinken bei Verlust der Freiheit, sich des Alkohols zu enthalten. Der Gewohnheitstrinker ist auf einen bestimmten Alkoholspiegel angewiesen. Es treten rasch quälende Entzugserscheinungen auf.

Bei beiden Formen kommt es zur Toleranz sowie zur psychischen und physischen Abhängigkeit. Die Toleranz (Gewöhnung) beinhaltet das Bedürfnis nach deutlich zunehmenden Alkoholmengen, um die erwünschte Wirkung zu erreichen bzw. eine deutlich verminderte Wirkung bei regelmäßigem Trinken derselben Menge. Bei einer physischen Abhängigkeit treten nach dem Absetzen oder der Reduktion der Alkoholzufuhr Entzugserscheinungen auf.

Die Zeichen der physischen und psychischen Abhängigkeit zusammen mit den psychosozialen Störungen sind krankheitswertig (Alkoholkrankheit), die Patienten benötigen eine Behandlung. Das Nachlassen der sozialen und beruflichen Leistungen ist ein charakteristischer Folgezustand der Alkoholkrankheit.

## 10.3. Bedingungsgefüge und Risikofaktoren

Das Bedingungsgefüge für die Entstehung der Alkoholabhängigkeit umfaßt drei Faktorengruppen:

- Besonderheiten des Sozialfeldes.
- Genetisch und erlebnisreaktiv bestimmte unterschiedliche Reaktionsbereitschaft.
- Spezifischer Einfluß des Alkohols, durch seine Wirkung eine psychische und physische Abhängigkeit zu erzeugen.

Folgende Risikofaktoren sind von Einfluß:

- Fördernde soziale Bedingungen: Trinksitten (Anlässe, Druck auf den Einzelnen zum Mittrinken), Einstellung zum Alkohol (ein richtiger Mann ist trinkfest, Toleranz gegenüber der Trunkenheit).
- Sonderstellung der Droge Alkohol als Genußmittel, Nahrungsmittel, Rauschmittel, Gift.
- Modellverhalten von Bezugspersonen und Vorbildern (Film- und Fernsehhelden mit dem stereotypen „drink“).
- Unbewältigte Freizeit, passives Freizeitverhalten („Fernsehalkoholismus“, Nichtstun, Musikhören mit Alkohol).

- Dispositioneller genetischer Faktor (Ergebnisse von Zwillings- und Adoptionsuntersuchungen, genetische Variablen der Azetaldehyd-Dehydrogenase).
- Erfahrung der zeitweisen Minderung von Spannung und Angst, der Überwindung von Gehemmtheit und Kontaktstörungen.
- Zerrüttete Familienverhältnisse.
- Angehörige von Berufen, die mit der Alkoholproduktion und dem Alkoholvertrieb zu tun haben.
- Trinken der kritischen statistischen Tagesmenge über einen längeren Zeitraum; die kritische Menge liegt zwischen 20 g reinem Alkohol täglich als unschädliche Dosis und 80 g als sicher schädliche Dosis; bei Frauen niedrigere Gefährdungsdosis.

## 10.4. Psychologische Aspekte

Die Psychodynamik wird von Ambivalenzen geprägt. Am Anfang steht das ambivalente soziale Grunderlebnis. Das bisher tolerierte und geförderte Verhalten (Trinken im Rahmen der üblichen Trinksitten, Tolerierung von Exzessen, anerkannter trinkfreudiger Kollege) verkehrt sich mit der Abhängigkeit und ihren Folgen in das Gegenteil: er wird abgelehnt, man will nichts mehr von ihm wissen, kontrolliert ihn ständig, behakt ihn mit Vorwürfen, er erlebt Existenzbedrohung und soziale Ächtung.

Der Alkohol löst Angst und Spannung, führt aber auch zur Entladung angestauter Affekte. Die Unfähigkeit, Spannung zu ertragen, spielt offenbar bei der Entwicklung eines süchtigen Trinkverhaltens eine Rolle. Solange Mitmenschen als „Spannungsminderer" zur Verfügung stehen, besteht ein labiles Gleichgewicht in einer solch unausgewogenen Beziehung. Beziehungskrisen, Lösung von Bindungen schaffen neue Angst vor Spannung. Jetzt tritt das Surrogat Alkohol auf den Plan. Der Alkohol mindert die Spannung, es kommt zu einer Scheingeborgenheit und zur Steigerung des Lebens- und Selbstgefühls (Ich-Blähung). Andererseits fällt der Alkoholkranke rasch in regressives Verhalten zurück, er sucht Bedauern, Trost, verlangt ein Übermaß an Zuwendung.

Den autoaggressiven Tendenzen („Selbstmord auf Zeit", Exzesse am Rande des Zusammenbruchs, suizidales Verhalten) stehen fremd-aggressive Verhaltensweisen gegenüber („Ich tue genau das Gegenteil von dem, was Du erwartest"). Das sexuelle Verlangen ist unter Alkohol gesteigert, die Potenz aufgrund der Alkoholkrankheit eingeschränkt. Auf der einen Seite möchte er die Partnerin beherrschen, fühlt sich ihr nur im Rausch gewachsen, auf der anderen Seite ist er voll Reue, unterwürfig, läßt sich bemuttern. Er erlebt die Einsamkeit im Verlust tragfähiger Beziehungen, kann aber auch rasch oberflächliche Bindungen aufnehmen.

Die Beziehungskrisen entstehen im Spannungsfeld von Abhängigkeit und Autonomie, zwischen Verschmelzungswunsch und Trennungsangst. In der Familie gewinnen zentrifugale Kräfte die Oberhand. Das unzuverlässige und nicht voraussehbare, unberechenbare Verhalten des Abhängigen veranlaßt die anderen Familienmitglieder zur Vorsicht und zu Repressalien. Ambivalente Empfindungen herrschen vor. Das Pendeln zwischen Hoffnung und Enttäuschung führt zu einer feindseligen Einstellung, zu ständigen Vorwürfen, zu einem Gefühl der Sinnlosigkeit und Vergeblichkeit des Bemühens. Das Verhalten in der Familie wird individualisiert, jeder geht seine eigenen Wege. Der Alkoholkranke verliert seine Rolle in der Familie. Die gestörte Familie kann sich bei einer Abstinenz wieder restituieren. Auf der anderen Seite steht der Ausgang in Desorganisation und Desintegration mit Normlosigkeit, Isolierung, Auflösung und Scheidung. Die Partnerkonstellationen lassen manchmal bevorzugte Beziehungsmuster erkennen. Einmal der emotional labile Mann mit einem schwachen Über-Ich und die dominierende Frau mit einem starken Ich-Ideal. Oder der dominante starke Mann und die primär unsichere Frau. Und der sich regressiv anlehnende Mann mit einer älteren mütterlichen Frau.

Die oftmals vorhandene Ausgangssituation, daß Angst und Spannung schon bei kleineren Frustrationen unerträglich werden, weist darauf hin, daß die Abwehrverhaltensweisen unzureichend entwickelt sind. Behindern den Neurosekranken die Panzer seiner Abwehr, so ist der Alkoholkranke durch diesen fehlenden oder schwachen Panzer der Abwehr, durch diesen mangelhaften „Reizschutz nach innen" äußerst anfällig gegenüber Versuchungen und Versagungen. Es kommt zur Ohnmacht und Hilflosigkeit, auch schon deshalb, weil die Wünsche meist sehr groß sind und ohne Aufschub befriedigt werden sollen. Der Abhängige ist nicht imstande, sich lustvolle Befriedigung auf dem Wege normaler Konfliktlösung und Bewältigung, also durch Leistung, zu verschaffen. Er sucht eine regressive Form der Befriedigung und nutzt den Alkohol zur Stärkung seines Abwehrverhaltens. Der Alkohol schafft eine lustvolle Spannung, ein Freisein von Depression, ein Gefühl der Allmacht. Er bringt zwar auch das Gegenteil dieser Gefühle, dennoch überwiegt seine Funktion als symbolisches Liebesobjekt. Die Angst vor dem Verlust des Alkohols verstärkt die vorhandenen schwachen Abwehrverhaltensweisen. Der Alkoholkranke rationalisiert sein Trinkverhalten, leugnet, projiziert Schuld auf die Umwelt, verhält sich überangepaßt. Besonders typisch ist die starke Verleugnungstendenz: Konflikte werden benutzt, um von der Abhängigkeit abzulenken (Trinkalibi).

## 10.5. Entwicklungsphasen

**Präalkoholische Phase** (latente Abhängigkeit)
- gelegentliches, später konstantes Erleichterungstrinken,
- beginnende Toleranzentwicklung.

**Prodromalphase** (beginnende Abhängigkeit)
- Räusche mit Erinnerungslücken („black outs"),
- Toleranzentwicklung,

- heimliches Trinken,
- dauerndes Denken an Alkohol,
- gieriges Trinken,
- Schuldgefühle.
- Gruppe 1:
  Personen mit hohem Alkoholkonsum in Bezugsgruppen und mit ersten Schwierigkeiten seit 2–3 Jahren. Durch Hinweise besteht Einsicht in eine beginnende Abhängigkeit. Sie sind für eine Therapie motiviert und sind sozial integriert.
- Gruppe 2:
  Personen ohne Einsicht in eine beginnende Abhängigkeit, aber mit Einsicht in Probleme, sie versuchen eine Selbstorientierung auf ein kontrolliertes Trinken.

**Kritische Phase**

- Kontrollverlust,
- leichte Entzugserscheinungen (Tremor),
- morgendliches Trinken („Wiederhersteller"),
- Rationalisierung (Trinkerphilosophie mit Erklärungen, Rechtfertigungen und Entschuldigungen),
- Verlust anderweitiger Interessen,
- Konflikte in der Familie und am Arbeitsplatz,
- Beginn von verlängerten Räuschen.
- Gruppe 3:
  Personen mit einer langen Dauer des Alkoholabusus, erste Schwierigkeiten und Sanktionen seit ca. 4–5 Jahren, schwerwiegende Störungen der sozialen Funktionen, Randfigur in gestörter Familie, Nichterfüllung der Arbeitsaufgaben, Einsicht in Probleme, keine Einsicht in Abhängigkeit, Abstinenzversuche ändern durch die Stigmatisierung als Alkoholiker nicht die Familiensituation, Scheitern der Partnerschaft durch erneutes Trinken, neue Situation des Alleinseins als Ausgangspunkt des weiteren Entlastungstrinkens, Probleme bei der Arbeit nehmen deutlich zu.
- Gruppe 4:
  Allein lebende Jugendliche ohne stabile Bindungen aufgrund von Störungen in der Sozialisation, durch fehlende familiäre Stütze rasch auffällig.
- Gruppe 5:
  Jugendliche, die noch lange in der Abhängigkeit von den Eltern leben (Muttersohn).
- Gruppe 6:
  Ältere Alkoholiker (30–40 Jahre), die sich niemals von der Familie gelöst haben.
- Gruppe 7:
  Frauen von 40–50 Jahren, die aufgrund von familiären Spannungen und dem Erleben einer Isolation zum Konflikttrinken neigen, therapiewillig, anhänglich an die Betreuungsstelle.

**Chronische Phase**

- Abstinenzverlust,

- Beeinträchtigung kognitiver Leistungen,
- Verlust der Alkohol-Toleranz,
- Tremor und morgendliches Trinken sind die Regel,
- deutlicher sozialer Abbau,
- deutliche Entzugssyndrome.
- Gruppe 8:
  Sozial entwurzelte alleinstehende Alkoholkranke mit einer langen Krankheitsdauer, Alkoholkrankheit ist Rechtfertigung für einen dissozialen Lebensstil, Klinik wird in kritischen Situationen als Asyl angesehen (evtl. Erzwingen der Aufnahme).

## 10.6. Diagnostik

### 10.6.1. Fragen zum Abhängigkeitsverhalten

„Fühlen Sie sich ohne Alkohol gespannt, unruhig, nervös?"
„Haben Sie einen Kreis von Freunden und Bekannten, in dem viel getrunken wird?"
„Fühlen Sie sich sicherer, selbstbewußter, wenn Sie Alkohol getrunken haben?"
„Haben Sie zu Hause, auf der Arbeitsstelle oder an einem anderen Ort (Laube, Keller) einen heimlichen Vorrat an alkoholischen Getränken?"
„Sind Sie schon einmal wegen des Fahrens unter Alkohol gestellt worden?"
„Versuchen Sie unter allen Umständen, Alkohol zu bekommen, wenn Sie trinken wollen?"
„Suchen Sie Gelegenheiten, um ohne Wissen der anderen ein paar Gläser Alkohol zu trinken?"
„Haben Sie schon öfters an Selbstmord gedacht, wenn Sie Alkohol getrunken haben?"
„Haben Sie Durchschlafstörungen und werden wach mit Händezittern, Schwitzen, Unruhe und Angst?"
„Haben Sie Kribbeln und Taubheitsgefühl an den Füßen und Unterschenkeln, eine Schwäche in den Beinen, eine Gangunsicherheit bemerkt?"
„Leiden Sie häufig an Händezittern?"
„Haben Sie einen Brechreiz und ein Zittern am Morgen schon mit Alkohol kuriert?"
„Trinken Sie am Vormittag Alkohol?"
„Haben Sie nach den ersten Gläsern Alkohol ein unwiderstehliches Verlangen weiterzutrinken?"
„Denken Sie häufig an Alkohol?"
„Essen Sie zu Zeiten erhöhten Alkoholkonsums weniger?"
„Hat man Ihnen auf der Arbeitsstelle schon Vorhaltungen gemacht, Sie wegen einer ‚Fahne' angesprochen?"
„Trinken Sie lieber allein oder in Gesellschaft?"
„Haben Sie nach dem Trinken Gewissensbisse?"

„Beschäftigen Sie sich gedanklich mit dem Alkohol, erwarten Sie den Feierabend und das Wochenende, um trinken zu können? Beschäftigt Sie der Gedanke, jetzt etwas trinken zu müssen, wenn Sie an etwas anderes denken sollten?"
„Gibt es eine bestimmte Tageszeit, an der Sie fühlen, Alkohol zu sich nehmen zu müssen?"
„Bemerken Sie, daß Sie mehr Alkohol vertragen als andere, als trinkfest eingeschätzt werden, mehr Alkohol vertragen als früher?"
„Trinken Sie ein Glas Alkohol in einem Zuge aus, bestellen gewöhnlich einen ‚Doppelten', trinken die ersten Getränke in rascher Folge, trinken Alkohol vor dem Gang zu einer Feier?"
„Trinken Sie Alkohol zur Entspannung, um Streßsituationen besser zu bewältigen, um den Ärger zu vergessen, zum Einschlafen oder um körperliches Unbehagen zu beseitigen?"
„Leiden Sie an kurzen Gedächtnislücken nach Alkoholgenuß? Kommt es vor, daß Sie sich am Morgen nach vorabendlichem Alkoholgenuß nicht mehr an alles erinnern können, nicht wissen, wie Sie nach Hause gekommen sind?"
„Gibt es einen unvorhergesehenen Alkoholkonsum? Gehen Sie manchmal in eine Gaststätte und trinken mehr als geplant? Trinken Sie, obwohl Sie sich vorgenommen hatten, ohne Einkehr nach Hause zu gehen? Verlassen Sie als Letzter die Feier, obwohl Sie früher gehen wollten?"

### 10.6.2. Befunde

Eindeutige Befunde:
- Entzugssyndrome nach Unterbrechung oder Verminderung des Alkohols ohne Ersatz durch Psychopharmaka (grober Tremor, Halluzinationen, tonisch-klonische Anfälle, Delirium tremens).
- Alkoholbedingte Gedächtnislücken.
- Bedeutende Alkoholfolgekrankheiten (Hepatopathie, Pankreatopathie, chronische Gastritis, Anämie, Gerinnungsstörung, Polyneuropathie, hirnorganisches Psychosyndrom, Demenz).
- Psychische Abhängigkeit (Alkoholabusus trotz bekannter Kontraindikation und bekannten sozialen Negativfolgen, Kontrollverlust).

Verdachtsbefunde:
- Foctor alcoholicus.
- Facies alcoholica (Facies rubeosa et teleangiectatica mit chronischer Konjunktivitis).
- Laborwerte mit hoher Sensitivität und Spezifität: Gamma-Glutamyltransferase (GGT), Alaninaminotransferase (ALAT), Asparataminotransferase (ASAT), mittleres Erythrozytenvolumen (MCV), Kreatinin.
  Hinweisend: erhöhte GGT und ALAT und/oder ASAT; erhöhte GGT und erhöhtes MCV.

## 10.7. Entzugssyndrome

Alkoholentzugssyndrome können nach dem Absetzen oder der Reduktion der Alkoholzufuhr nach manifesten Trinkperioden bei einer mehrjährigen (5—10 Jahre) schweren Alkoholabhängigkeit auftreten. Der Entzug von Alkohol erfolgt bei Krankheiten, Krankenhausaufenthalten, auf Grund von Folgekrankheiten oder als erzwungene therapeutische Abstinenz.

**Akutes unkompliziertes Alkoholentzugssyndrom** (prädelirantes Syndrom)

**Leitsymptom:** grobschlägiger Tremor (Hände, Zunge, Lider)

Mindestens ein weiteres Merkmal:

- Übelkeit, Erbrechen.
- Vegetative Hyperaktivität: Tachycardie, Hyperhidrosis, Blutdruckschwankungen, Schlafstörungen.
- Reizbarkeit, depressive Verstimmung.
- Psychomotorische Unruhe.
- Gastrointestinale Störungen: Inappetenz, Unwohlsein, Oberbauchbeschwerden.
- Gedächtnisstörungen.

Es bestehen keine Orientierungsstörungen oder Halluzinationen.

**Therapie:** Magnesium- und Kaliumsubstitution (reichlich Obstsaft), 200 mg Vitamin $B_1$ täglich, Diazepam (Faustan® 40—80 mg tgl.) oder Chlordiazepoxid (Radepur® 50—100 mg tgl.) oder Promethazin (Prothazin® 50 bis 200 mg), Chlomethiazol (Distraneurin®) ist nur bei eindeutiger Zunahme der Symptomatik in Richtung eines Delirium tremens indiziert (Beginn mit 10 Kapseln à 300 mg, täglich eine Kapsel reduzieren). Zu beachten ist die befristete Gabe von Benzodiazepinen und Chlomethiazol (Abhängigkeit!).

**Protrahiertes unkompliziertes Alkoholentzugssyndrom**

Monate bis Jahre nach dem Abstinenzbeginn können zeitweise Entzugssyndrome mit Reizbarkeit, Verlangen nach Alkohol, vegetativen und somatischen Störungen auftreten. Es besteht Rückfallgefahr. Die Therapie erfolgt ohne Medikamente im Rahmen der Langzeitbehandlung des Alkoholkranken.

**Komplizierte Alkoholentzugssyndrome** sind tonisch-klonische Anfälle und das Delirium tremens. Das **Delirium tremens** ist die schwerste Form der Alkoholpsychosen. Es tritt bei etwa 15 % der Alkoholkranken auf. Der ununterbrochene und rauscharme Trinkstil (Delta-Alkoholismus, „Spiegeltrinker") fördert das Auftreten von Entzugsanfällen und Delirien. Es handelt sich um einen medizinischen Notfall, der eine sofortige stationäre Intensiv-Therapie erfordert.

**Klinische Symptome:**

- Grobschlägiger Tremor.
- Bewußtseinstrübung und Desorientiertheit.
- Psychomotorische Unruhe.
- Halluzinationen (meist optisch, Mikropsien).
- Vegetative Zeichen: Hyperhidrosis, Schlafstörungen, Tachykardie, Fieber.
- Gesteigerte Sensibilität.

Paraklinische Befunde: erhöhte ALAT, ASAT und GGT, Hb und Hk sind vermindert, Hypokaliämie, Hypomagnesiämie.

**Transportmedikation** (Begleitperson!): Diazepam (Faustan® 10—30 mg i. v.) und/oder Promethazin (Prothazin® 50—150 mg). Cave: Barbiturate.

## 10.8. Therapieprinzipien

- Positive Einstellung (verständnisvoll, offen, konsequent; nicht autoritär, moralisierend, ablehnend) und langdauernde Verfügbarkeit des Therapeuten.
- Früherkennung und Frühbehandlung sind prognostisch günstig (Widerstand des Patienten gegen die Diagnose einer Alkoholkrankheit ist zu beachten).
- Therapie und Rehabilitation sind ein jahrelanger Prozeß.
- Die ambulanten Betreuungsformen sind der entscheidende Teil der Therapiekette. Ein kurzer stationärer Aufenthalt mit anschließender intensiver Nachbetreuung ist wirksamer als eine lange stationäre Behandlung ohne Nachbetreuung. Jede klinische Behandlung kann immer nur Initialtherapie einer langjährigen ambulanten Betreuung sein. Bei einem ausreichenden Betreuungsangebot kann bei dem großen Teil der Alkoholkranken mit guter Motivation, leidlich guten familiären, beruflichen und sozialen Verhältnissen sowie nur geringer somatischer Schädigung die Therapie ambulant durchgeführt werden.
- Die stationäre Behandlung ist nur für Patienten mit einer mittelschweren Abhängigkeit — kurzzeitig auf einer Inneren Abteilung des Kreiskrankenhauses oder in einer Klinik für Alkoholkranke — oder einer schweren Abhängigkeit — monatelange Behandlung in einer Klinik für Alkoholkranke — indiziert. Die stationäre Behandlung wird überbewertet. Das geschützte Milieu reduziert eine reale soziale Verantwortung.
- Der Alkoholkranke benötigt bei den unterschiedlichen Krankheitsformen ein breit gefächertes Angebot von therapeutischen Möglichkeiten: ambulante Behandlung, Tagesklinik; kurzfristig, mittelfristig und langfristig stationär; spezielle Pflegeeinrichtungen.
- Die spezialisierte ambulante Leiteinrichtung für Alkoholkranke (Beratungs- und Betreuungsstelle) ist Hauptkettenglied einer gemeindenahen Behandlungskette: Hausarzt (Früherfassung, erste Maßnahmen der Frühbehandlung), Fachambulanz (soziopsychosomatische Diagnostik, Festlegung der differentiellen Indikation: welcher Alkoholkranke braucht zu welcher Zeit welche Therapie), Tagesklinik (vier Wochen Basistherapie für leichte und mittelschwere Alkoholkranke), Station für Alkoholkranke (3—4 Monate für schwer Alkoholkranke), Fachambulanz (2jährige Gruppentherapie und Nachsorge), therapeutischer Klub, hausärztliche Nachsorge. Die Behandlungskette ist so fest, wie die einzelnen Glieder miteinander kooperieren.
- Information und Aufklärung des Patienten und seiner Umwelt. Wichtig

ist das Wissen von einer auch in der Abstinenz latenten Krankheit. Die Umwelt soll vorurteilsfrei handeln und das soziologische Dilemma erkennen (Alkoholmißbrauch als Kavaliersdelikt, aber der Alkoholkranke wird abgelehnt); den Patienten als Persönlichkeit akzeptieren, aber auch keine Toleranz bei Fehlverhaltensweisen zeigen.

- Das Ziel der Therapie ist die absolute Abstinenz als bewußter einsichtiger Verzicht. Weiterhin geht es um die Behebung der Kompensation körperlicher und psychischer Störungen, um eine Persönlichkeitsreifung (offen, eigenständig, verantwortungsbewußt, Ertragen von Spannungen), um soziale Selbständigkeit, berufliche Integration und den Aufbau stabiler personaler Bindungen. Das kontrollierte Trinken sollte nicht als Therapieziel formuliert werden.
- Zurückhaltung bei der Gabe von Psychopharmaka; besser kleine Dosen Neuroleptika als die Gabe von Tranquilizer; Gefahr einer neuen (von der Pulle zur Pille) oder kombinierten (Pulle und Pille) Abhängigkeit.

## 10.9. Arzt-Patient-Beziehung

Eine ungenügende Ausbildung und geringe Kenntnis bei der schweren soziopsychosomatischen Störung der Alkoholkrankheit führen zur Ablehnung (willensschwach, krankheitsuneinsichtig, erfolglose und teure Behandlung, den Patienten möglichst schnell „loswerden“), zur Resignation oder zum verspäteten Eingreifen (Warten auf totalen somatischen Zusammenbruch, der Sicherheit im erlernten krankheitsorientierten Handeln gibt). Die negativen Erwartungen (sinnlos, schlechte Prognose, das wird sowieso nichts) programmieren einen Mißerfolg gerade bei den Patienten, die eine gute therapeutische Chance haben. Die oft zwiespältige Haltung zum Alkoholkranken entspricht der Haltung der Umwelt, die das Trinken ermutigt, den Säufer aber fallenläßt. Das Abwehrverhalten des Alkoholkranken wird nicht als psychischer Anteil der Alkoholkrankheit gesehen, sondern als Therapieunwilligkeit gedeutet. Damit wird die eigene Abwehr gegen die Behandlung begründet, beide gehen sich aus dem Wege.

In einem Klima aus Verboten, Sanktionen und Drohungen (z. B. mit Organschäden) kann sich keine therapeutische Beziehung entwickeln. Andererseits ist Konsequenz notwendig. Der Alkoholkranke sollte nicht auf sein Versagen angesprochen werden, sondern darauf, was er noch ist und kann.

Der Therapeut soll seine eigenen Abhängigkeiten reflektieren: Arbeitssucht, Vergnügen, Dingwelt, Sexualität u. a. Eine distanzierte Selbstreflexion verwehrt das absolute Vertrauen und die absolute Kontrolle, veranlaßt zum ständigen Fragen nach dem Umgang miteinander. Das Verhalten des überangepaßten, passiven, sich unterordnenden Alkoholkranken kann dazu führen, daß die therapeutische Aktivität eingelullt wird (wir wollen beide unsere Ruhe haben). Der Patient muß aktiv mitarbeiten, Ausdauer und Verantwortungsbewußtsein entwickeln. In der Beziehung zwischen dem verantwortungsbewußten Therapeuten und dem noch verantwortungslosen

Patienten wird der Therapeut nichts gegen, wenig für, aber alles mit dem Patienten tun. Er bietet eine angemessene Hilfe zur Selbsthilfe an. Der Patient muß die Verweigerung einer Übernahme der Verantwortung akzeptieren lernen.

Das apodiktische Abstinenzdenken („Ich habe Dich trockengelegt, wenn Du wieder feucht wirst, kannst Du gehen.") führt dazu, daß der erwartete, prophezeite Rückfall die endgültige Ablehnung sanktioniert. Der Therapeut will nicht wahrnehmen, daß der Rückfall ein Symptom der Grundkrankheit ist. Er bedeutet, wie bei anderen chronischen Krankheiten (z. B. Diabetes), nicht, daß die Therapie gescheitert ist. Gerade der mit dem Therapeuten und in der Gruppe verarbeitete Rückfall ist ein wichtiger Schritt im Bewältigungsverhalten. Es ist ein Vorurteil, im Rückfall ein Zeichen der Unheilbarkeit zu sehen.

Der Hausarzt hat eine diagnostisch-therapeutische Schlüsselfunktion bei der Früherfassung und Frühbehandlung. Er ist die erste Kontaktstelle, er ist verfügbar und garantiert die Anonymität bei geringer sozialer Stigmatisation. Der Hausarzt kennt die Masken der larvierten Alkoholkrankheit: Magen-Darm-Störungen, Herz-Kreislauf-Störungen, Müdigkeit, Erschöpfung, Leistungsabfall. Sein Kontakt zur Familie und zur Arbeitsstelle vermittelt ihm frühe Warnzeichen der sich entwickelnden Abhängigkeit. Der Hausarzt ist mit einer eigenen spezifischen Therapie der Alkoholkrankheit überfordert, aber er hat eine große Bedeutung als Nebentherapeut und als Partner bei der Bewältigung von Rückfällen.

# 11. Psychotherapie in der Sprechstunde

Es sollen hier nur einige Hinweise und Denkanstöße gegeben werden, um in der Ambulanz auch die Möglichkeiten psychotherapeutischen Handelns zu erkunden und zu erproben. Im einzelnen sei auf die entsprechende Fachliteratur verwiesen.

Die Psychotherapie in der allgemeinmedizinischen Sprechstunde orientiert sich an einer partnerschaftlichen Arzt-Patient-Beziehung (s. Kapitel 1, 3; Tabelle 1.13.) und an dem entsprechenden Gesprächsverhalten. Bei einer Psychotherapie wird die psychosoziale Ebene als methodischer Zugang bewußt reflektiert. Die Psychotherapie beeinflußt die psychosozialen ätiologischen und pathogenetischen Faktoren der Neurosen, begleitet die Therapie somatischer Erkrankungen, ist wesentlich bei der Behandlung psychosomatischer Erkrankungen und dient der Bewältigung vor allem chronischer Krankheiten.

Psychotherapie ist eine vereinbarte Behandlung von Störungen des Erlebens und Verhaltens unter bewußter Verwendung lehr- und lernbarer Techniken im Rahmen einer stabilen emotionalen Beziehung zwischen Therapeut und Patient.

Die Behandlungsvereinbarung beinhaltet seitens des Therapeuten eine fachliche Kompetenz, die Überzeugung von der Soziopsychogenese der Störung und die Aufklärung des Patienten über Inhalt, Ziel, Dauer und Organisation der Behandlung. Der Patient anerkennt die Psychogenese, ist motiviert und kann die Anforderungen erfüllen.

Im Vordergrund steht das Eingehen auf den „inneren Bezugsrahmen", die gemeinsame Entdeckung von belastenden und behindernden Gedanken, Gefühlen und Abwehrverhaltensweisen. Es ist sekundär, mit welchen Methoden das emotionale und kognitive Verständnis der Innenwelt des Patienten erreicht wird, um die Erlebnisverarbeitung einsichtig zu machen und Änderungen anzustreben. Die Bevorzugung des emotionalen oder kogniviten Zuganges ist im Einzelfall von den psychosozialen Problemen des Patienten und der persönlichen Einstellung des Therapeuten abhängig.

In einer Gruppe wird durch die anderen Gruppenmitglieder, den Therapeuten und die Gruppensituation selbst ein zusätzlicher Effekt erreicht. Der Patient erlebt Menschen, die ähnliche Störungen und Probleme haben; er erfährt, wie diese damit umgehen.

Probleme zwischen dem Therapeuten und dem Patienten sind zu beachten:

- „Hilfreich" sein aus persönlicher Befriedigung behindert die Aufgeschlossenheit für Probleme.

- Der Wunsch nach schneller Veränderung führt zur Enttäuschung bei langsamem Vorankommen.
- Der Therapeut „arbeitet" zu intensiv und behindert den Patienten in der Selbstaktivierung (Man kann miteinander essen, kauen muß jeder allein).
- Die eigenen Erfahrungen und Übertragungen werden als Interpretationsmaßstab genommen, ohne im Dialog den Bedeutungsgehalt zu erfragen und zu erfühlen.
- Der Therapeut fühlt sich inkompetent, unsicher und unfähig, er handelt kompensatorisch autoritär und beratend oder mit zu geringer Distanz (kumpelhaft).
- Der Therapeut will auf jede Frage eine Antwort geben, unmittelbar auf alles reagieren, er behindert die Selbstentfaltung des Patienten.

Es ist ein wesentliches Ziel des therapeutischen Gespräches, daß der Patient nach jedem Gespräch etwas mehr Klarheit über sich und sein Zusammenleben mit anderen Menschen gewonnen hat. Der Patient gewinnt Selbstvertrauen, sich aktiv mit jenen Problemen auseinanderzusetzen, denen er zuvor meinte, ausweichen zu können.

In Abhängigkeit von Beschwerdebild, dem Grundkonflikt und der Persönlichkeit werden folgende Therapieziele anvisiert:

- Beseitigung oder Reduzierung von Beschwerden, Spannungen, Ängsten, Befürchtungen.
- Verbesserte Bewältigung von Konflikten, lebensverändernden Ereignissen, Krankheit und Streß.
- Ich-Stärkung durch Erhöhung der Selbstsicherheit, des Selbstvertrauens, der Kompetenz, des Selbstwertes und der Selbstkontrolle.
- Verbesserung eines differenzierten Erlebens und Verhaltens, der Sensibilisierung von Gefühlen.
- Verbesserung der Selbsterkenntnis und Wahrnehmung der eigenen Person (Wie bin ich? Wie sehen mich die anderen? Gebe ich mich äußerlich, wie ich bin? Kenne ich meine Rollen?).
- Vertrauensfindung.

## 11.1. Konfliktzentriertes Gespräch

Das konfliktzentrierte Gespräch umfaßt folgende Schwerpunkte:

- Im Interview werden die wichtigsten Probleme, Schwierigkeiten, Konflikte, die auslösende Situation und der Fokus erarbeitet (s. Kap. 3. und 7.3.).
- Der zentrale Konflikt des Patienten (z. B. Kontaktbereich, Anspruch, Leistung) steht im Mittelpunkt der Gespräche.
- Es werden bei einer Vermeidung von Ratschlägen Alternativen erarbeitet und inadäquate Vorstellungen des Patienten infrage gestellt.
- Die Gesprächsaktivität hat weitgehend der Patient. Der Therapeut ist wertschätzend und akzeptierend, aber auch distanzierend und konfrontierend bei passiver Haltung des Patienten.

- Analyse und Bearbeitung von Fehleinstellungen zum Symptom und zur Lebenssituation anhand des realen Verhaltens.
- Gespräch mit dem Partner.

Das Ziel der Gespräche besteht in der Änderung innerer Einstellungen und Erlebnisweisen. Der Patient findet neue Lösungswege und Alternativen.

## 11.2. Gespräch bei psychosomatischen Störungen

Bei psychosomatischen Störungen muß das Gesprächsverhalten deren Besonderheiten berücksichtigen, vor allem, daß zwischen dem Konflikt und den Symptomen kein direkter Zusammenhang erkennbar ist und eine auslösende Situation meist nicht vorhanden ist.

- Ermöglichung und Erweiterung der verlorengegangenen Kommunikation in einer stabilisierenden Beziehungsform, in der der Patient sich angenommen und sicher fühlt und die eine zeitweise Regression gestattet.
- Das Bedürfnis des Patienten nach affektiver Neutralität und sicherer belastungsarmer Umwelt als Selbstschutz ist zu reflektieren sowie in der Nähe und Distanz zum Patienten auszuprobieren.
- Ein besonderes Augenmerk gilt dem nonverbalen Verhalten, welches sofort kommuniziert und verbalisiert werden sollte, um die Körpersprache in emotionales Verhalten zu übersetzen.
- Der Therapeut bietet sich dem Patienten zur Erfahrungssammlung an und gibt Sicherheit für die Reifung. Die oft jahrelange Beziehungstreue erfordert eine hohe Frustrationstoleranz des Therapeuten.
- Bearbeitung realer Erlebnisse.
- Abbau kausaler Attributionen über die Ursache der Störung.
- Sicherheit in der Ambivalenz bei der Annahme des Patienten als psychisch und organisch Kranker, ständige diagnostische Wachsamkeit. Der Patient muß erleben, daß der Therapeut ihn ernst nimmt und sich auskennt.
- Nutzung der Deutungen psychosomatischer Symptome für die Therapie.

## 11.3. Verhaltensorientiertes Gespräch

Das am Verhalten des Patienten orientierte Gespräch muß Bestandteil einer partnerschaftlichen Beziehung sein. Die Ratschläge, Ziele und Denkanstöße des Therapeuten sind nicht autoritär zu vermitteln. Dem Patienten wird sein Fehlverhalten transparent gemacht, er gewinnt durch die eigene Mitarbeit Erkenntnisse und übt diese im praktischen Handeln. Das erprobte Handeln wird im Gespräch analysiert. Zu diesen Gesprächen gehört auch die Analyse und Korrektur von Störungen in der Erziehung und Partnerschaft (s. 2.3.2.; 2.5.3.).

Die Tabelle 17. gibt einen Überblick über mögliche Fehlverhaltensweisen.

Das kognitiv orientierte Gespräch geht von der Annahme aus, daß nicht

Tabelle 17. Themen und Intervention bei psychagogischen Gesprächen

| Fehlverhalten | Therapeutische Intervention |
|---|---|
| ● Ursache des Fehlverhaltens liegt im eigenen „Defekt" (Ich bin ein aufgeregter Typ.) | ● Analyse des Verhaltens in der Beziehung zur gegenwärtigen Situation |
| ● Einsamkeit, Kontaktscheu | ● Aufbau von Freundschaften mit mehreren Personen, Kontakte herstellen und erhalten |
| ● Einseitige Orientierung auf geben, schenken und erfüllen | ● Wunsch nach Liebe und Freundschaft äußern, Forderung stellen, eigene Wünsche verbalisieren und durchsetzen |
| ● Negative Etikettierung des Verhaltens (Ich tauge nichts, schaffe nichts, bin eine Null, häßlich.) | ● Abbau negativer Selbsteinschätzungen, Verhaltensanalyse, alternative positive Selbstinstruktionen |
| ● Negatives Charakterbild (Ich bin schüchtern, kontaktarm, ängstlich.) | ● Positive Umformung (Weil ich etwas schüchtern bin, kann ich gut zuhören und bin ein guter Partner. Durch meine Angst bin ich sensibel und für den anderen wertvoll.) |
| ● Erfolge im Leben sind Zufälle | ● Erfolge sich anrechnen |
| ● Erwartungsängste, Spannungen | ● Angstanalyse, Angst mit Abstand betrachten, lockerer „innerer Dialog" mit der eigenen Angst (spaßig abwertend, humorige Distanz) |
| ● Neigung zum Grübeln | ● Grübeleien ins Absurde, Komische oder Phantastische steigern, Selbstdistanzierung |
| ● Abhängigkeit vom Urteil anderer | ● Urteil anderer nicht überbewerten; sich damit beschäftigen, wie man sich selbst sieht statt mit den Gedanken der anderen |
| ● Konflikten aus dem Wege gehen | ● Konfrontation statt Vermeidung |
| ● Glaube an Übermacht der Vergangenheit und des Schicksals | ● Vergangenheit ist vorbei, es gilt das gegenwärtige Leben und Erleben |
| ● Leben nur Leistung und „Krampf" | ● Zeit finden für Entspannung, Besinnliches, Kontakte, Hobby |
| ● Fehlschläge und Enttäuschungen beeinflussen stark negativ das Verhalten | ● das Positive in Fehlschlägen entdecken, Enttäuschung umprogrammieren im Sinne von Erfahrung und Reifung |
| ● Schuldvermittelnde Du-Kommunikation in der Partnerschaft (Du kommst immer zu spät ... Du machst nie ... hast Du wieder einmal großartig gemacht.) | ● Orientierung auf Ich-Sätze mit Darlegung der eigenen Gefühle (Ich ärgere mich, bin enttäuscht, daß Du ...) |
| ● Mauer des Schweigens in der Partnerschaft | ● Erlernen von Offenheit, Gefühle ansprechen |

Fortsetzung Tabelle 17.

| **Fehlverhalten** | **Therapeutische Intervention** |
|---|---|
| ● Furcht vor Fehlern und Kritik | ● Sich Fehler erlauben und Kritik ertragen können |
| ● Erfüllungspflicht bei Forderungen | ● Bitten ohne negative Gefühle abschlagen, Nein-sagen-können |
| ● Fehlerwartung, daß ein positives Verhalten immer positiv beantwortet wird | ● Schulung realer Erwartungshaltungen, Enttäuschung und Ablehnung als Risiko einplanen |

nur die Tatsachen, sondern auch die Interpretation der Tatsachen das Verhalten und die Kommunikation beeinflussen. Inwieweit mich das Radio des Nachbarn stört, hängt auch von der Beziehung und Einstellung zu diesem Nachbarn ab. Das kognitiv orientierte Gespräch ist bei Depressionen, Hilflosigkeit, Phobien, Ängsten, Kontakt- und Erziehungsschwierigkeiten indiziert.

Gesprächsinhalte:

- Analyse des „inneren Dialog". Wie kommentiert der Patient die Umgebung, was beinhalten seine Selbstinstruktionen und Selbstkommentare. Davon ausgehend wird eine positive Selbstkommunikation aufgebaut.
- Erlernen anhand von Beispielen, daß in die Beurteilung einer Situation frühzeitig das Urteil eingeht, ob man die Situation (oder Krankheit) bewältigt oder nicht, Bedeutung der „sich selbst erfüllenden Prophezeiungen".
- Erlernen der Bewertung des eigenen Verhaltens („Sie ärgert, daß ... Wie hätten Sie es besser machen wollen?").
- Training alternativer Selbstgespräche (Vorhandeln).
- Aufdeckung negativer und Erlernen positiver Selbstinstruktionen („Was geht Ihnen durch den Kopf, wenn ... Was denken Sie dabei?").
- Aufdeckung irrationaler Ideen.

  Beispiele:

  Die Meinung, es sei für jeden Menschen absolut notwendig, von jeder anderen Person in seinem Umfeld geliebt und anerkannt zu werden (Folgen: perfektionistisches Verhalten, um immer gut zu sein; Vermeiden von Wünschen und Forderungen; Abhängigkeit von der Wertschätzung anderer; tiefe Enttäuschung bei Ablehnung).

  Die Meinung, man sei nur dann wertvoll, wenn man in jeder Hinsicht kompetent, tüchtig und leistungsfähig sei (Folgen: zwanghaftes Leistungsstreben, Angst vor Risiko, alle Aufgaben übernehmen).

  Die Meinung von dem entscheidenden Einfluß der Vergangenheit.

  Die ständige Angst vor möglichen Gefahren.
- Problemanalyse: Kennzeichnung des Problems, Ernsthaftigkeit, Dauer, Ausmaß, Ort (zu Hause oder im Betrieb), Ursachen aus der Sicht des Patienten; anhand eines typischen Beispiels Empfindungen und Gedanken

mitteilen, die dem Problemverhalten vorausgingen, es begleiteten und darauf folgten.

- Selbstaktivierung fördern, Patient verbalisiert eigene Veränderungspläne, vom „ich möchte“ zum „ich will“, aktives Unterstützen und helfendes Fordern durch den Therapeuten (Sie wollen ... probieren Sie es mal ... wir spielen es mal durch.“).
- Aufdeckung und Überwindung von Denkfehlern: ständiges inneres Befragen, was andere über mich denken; Verallgemeinerung von Versagenssituationen (mißlungene Prüfung: „Mir gelingt nie was“). Eigenbeziehungen („Er ist verärgert über mich“), alle wissen mehr, die anderen sind besser, die kommende Aufgabe ist die schwerste, „Sollte- und Müßte-Tyrannei“ (zahlreiche nicht erfüllbare Forderungen an sich, „ich sollte ... ich müßte ...“), man lacht mich aus, das schaffe ich nie usw.
- Hausaufgaben (Wahrnehmung und Analyse des „inneren Dialogs“), Üben in konkreten Situationen.

## 11.4. Selbstsicherheitstraining

Die im Gespräch und im aktiven Handeln zu überwindende Selbstunsicherheit und zu übende Selbstsicherheit ist bei der Bewältigung von Konflikten, Problemen, lebensverändernden Ereignissen und Krankheiten von Bedeutung.

Aufklärungsphase

- Analyse von Ängsten und negativen Kognitionen (s. 9.3.).
- Information, daß jemand nur dann in der Lage ist, in einer Problemsituation realistisch und erfolgreich zu handeln, wenn er die Art und Bedrohung kennt, weiß, was zu tun ist und auch tun kann.
- Verhaltensanalyse: Vermeidungen, Entschuldigungen, gestörte Kommunikation (Blick zu Boden gerichtet, Abwendung, Zurückweichen, starrer Ausdruck, leise flüsternde Sprache, Wortfaulheit).
  Aktives Vermeiden: Abbruch unangenehmer Kontakte, Flucht vor Problemen (weggehen), verstecken, abwenden, Ersatzhandlungen.
  Passives Vermeiden: Beruhigungsmittel, gedankliche Abwesenheit, Schweigen, „ich habe nicht aufgepaßt“.
  Verleugnendes Vermeiden mit positiver Umdeutung: „Ich habe etwas anderes vor, keine Lust“ (statt: „Ich blamiere mich“), „Ich habe kein Interesse, die Leute sind mir zu dumm, ich brauche Ruhe.“
- Vorbereitung auf Probleme
  Selbstinstruktionen: „Es kann mich nicht aus der Fassung bringen; ich weiß, wie ich damit zurechtkomme; ich kann die Situation bewältigen; ich glaube an mich, nehme es nicht so ernst, gehe mit Humor ran; ich stelle mich der Herausforderung, mache einen Plan; ich denke über das Problem und nicht über die Angst nach; meine Angst ist da, damit ich das Problem und die Aufgabe erkenne, wie bei einer Premiere; ich brauche etwas Angst und Spannung für die Bewältigung; wenn ich meine

Ideen unter Kontrolle habe, ist es gut; die Wirklichkeit ist nie so schlimm wie der Schrecken der Phantasie; meine Selbstgespräche stärken mich; behalte klaren Kopf; denke nach, was zu tun ist."
Übungen: Zuwenden, Blickkontakt, Herantreten, freundliches Gesicht, klar und deutlich sprechen, nein sagen ohne Entschuldigung, sicheres Auftreten.

- Konfrontation mit Problemen, Instruktionen bei Überwältigung: „Mache einen Schritt nach dem anderen; ruhig Blut, ich schaffe es schon; erstmal tief Luft holen; denke nicht an die Angst, sondern daran, was zu tun ist; bleibe ruhig, sei kühl; ich komme da schon heraus; ich lasse mich nicht herumkriegen; entspanne dich; versuche, kooperativ und konstruktiv zu sein; nimm es leicht; wenn es anders kommt, kann ich es auch; lauf nicht weg; überlege, was zu tun ist; bewerte die Angst von 0—10 und beobachte sie."
- Selbstbelohnung (Bekräftigungen): „Ich habe es gut geschafft; es war gar nicht so schlimm; es wird von Mal zu Mal besser."

Die kognitiven Analysen und Übungen zur Problem- und Streßbewältigung werden individuell erarbeitet. Der Patient lernt individuell zugeschnittene Selbstanweisungen. Die Selbstgespräche und Selbstinstruktionen sind durch die Selbstüberredung, die Aufmerksamkeitsablenkung und die kognitive Steuerung wirksam (Selbstanweisungen). Die Übungen werden mit Entspannungsverfahren gekoppelt (z. B. autogenes Training).

## 11.5. Entspannungsverfahren

Das wichtigste Verfahren ist das autogene Training, welches von dem Nervenarzt J. H. Schultz entwickelt wurde. Der Grundgedanke ist, daß nervöse Störungen als Folge innerer Spannungen nicht ohne aktive Mitarbeit des Patienten behoben werden können. Das Ziel besteht darin, einen dem Streßvorgang entgegengerichteten erholsamen Ruhezustand vorsätzlich herbeizuführen und durch regelmäßiges Training diesen Regulationsvorgang so zu verstärken, daß der Organismus verschiedensten Belastungen besser gewachsen ist. Es kommt beim autogenen Training darauf an, einen willkürlichen Einfluß auf sonst unwillkürliche Funktionen durch einen Vorgang der Autosuggestion zu erlernen. Die Technik ist in der einschlägigen Literatur beschrieben. In einem stufenweisen Programm werden durch 2- bis 3mal tägliches Üben folgende Übungen erlernt:

- Ruheübung („Ich bin ganz ruhig."). Diese Grundübung bringt eine Ruhetönung und wird im Übungsablauf mehrmals angewendet.
- Schwereübung („Mein rechter Arm, linker Arm, beide Arme, rechtes Bein, linkes Bein, beide Beine, ganzer Körper sind ganz schwer.")
- Wärmeübung („Mein rechter Arm ... ganzer Körper ist ganz warm.")
- Herzübung („Mein Herz schlägt ganz ruhig und gleichmäßig.")
- Atemübung („Es atmet mich ganz ruhig.")
- Bauchübung („Der Bauch ist strömend warm.")

- Kopfübung („Stirn ist angenehm kühl, der Kopf frei und leicht.“)
- Rücknahme der Autosuggestion („Arme fest, tief atmen, Augen auf!“)

Das autogene Training kann mit anderen Verfahren kombiniert werden. Nach Beherrschen der Übungen können formelhafte Vorsatzbildungen (Gleichgültigkeitsformeln, Selbstinstruktionen) mit dem Patienten erarbeitet und in den Übungsablauf eingebaut werden: „Ich schlafe ganz ruhig, fest und tief.“ (vor dem Einschlafen), „Grübeln ist ganz gleichgültig.“, „Ich liebe ganz ruhig, sicher und frei.“, „Kopf ist klar und konzentriert.“, „Ich fühle mich sicher.“.

Die von E. Jacobson entwickelte „progressive Relaxation“ hat das Ziel, den Patienten zur willkürlichen Verringerung von Muskelverspannungen zu befähigen. Der Patient lernt eine differentielle Entspannung derjenigen Muskeln, die bei einer bestimmten Arbeitshaltung zum Verkrampfen disponiert sind. Zugleich erlernt er eine globale Ruhigstellung. Die vier Hauptteile der Jacobson-Entspannungstechnik in der Modifikation von Wolpe sind:

- Entspannung der Arme.
- Entspannung von Gesicht, Hals, Nacken, Schultern und Rückenoberteil.
- Entspannung von Brustkorb, Bauch und Rückenunterteil.
- Entspannung von Hüften, Oberschenkel und Waden sowie völlige Entspannung des ganzen Körpers.

Durch eine wiederholte Anspannung und nachfolgende Entspannung einzelner Muskelgruppen wird die spezifische Diskriminationsfähigkeit für das muskuläre Erleben erhöht.

Bei der konzentrativen Entspannung – einer in der Regel von Fachphysiotherapeuten durchgeführten Methode – erfolgt eine verstärkte Zuwendung zu Spannungs- und Lösungsvorgängen im ruhenden und bewegten Körper. Es wird die Fähigkeit einer intensiven Empfindung und Wahrnehmung des Körpers geschult. Bei regelmäßiger Anwendung wird der Übende in die Lage versetzt, unterschiedliche Spannungsgrade der Muskulatur wahrzunehmen und zu beeinflussen.

# Literatur


AMERICAN PSYCHIATRIC ASSOCIATION (1980). Diagnostic and statistical manual of mental disorders, third edition (DSM-III). Washington DC, American Psychiatric Association. Deutsch: Diagnostisches und statistisches Manual psychischer Störungen (DSM-III). Deutsche Bearbeitung und Einführung von K. KOEHLER und H. SASS, Beltz, Weinheim – Basel 1984.

ANGERMEYER, M. C., DÖHNER, O. (Hrsg.): Chronisch kranke Kinder und Jugendliche in der Familie. Enke, Stuttgart 1981.

ANSCHÜTZ, F.: Indikationen zum ärztlichen Handeln. Springer, Berlin – Heidelberg – New York 1982.

ARGELANDER, L.: Das Erstinterview in der Psychotherapie. Wiss. Buchgesell., Darmstadt 1970.

BALINT, M., ARNSTEIN, P. H., BALINT, E.: Fokaltherapie. Suhrkamp, Frankfurt/Main 1973.

BALINT, M.: Der Arzt, sein Patient und die Krankheit. Klett, Stuttgart 1957.

BALINT, M.: Therapeutische Aspekte der Regression, die Grundstörung. Klett, Stuttgart 1970.

BAUMANN, R., HECHT, K. (Hrsg.): Stress, Neurose, Herz-Kreislauf. Akademie-Verlag, Berlin 1977.

BECKMANN, D., DAVIES-OSTERKAMP, S., SCHEER, J. W.: Medizinische Psychologie. Springer, Berlin – Heidelberg – New York 1982.

BELLAK, L., SMALL, L.: Kurzpsychotherapie und Notfallpsychotherapie. Suhrkamp, Frankfurt/Main 1972.

BLUMENTHAL-BARBY, K. (Hrsg.): Betreuung Sterbender. Volk und Gesundheit, Berlin 1987.

BÖSEL, R.: Physiologische Psychologie. de Gruyter, Berlin – New York 1981.

BRANDT, H., GRETHE, H., KUMINEK, K.: Der Hausarzt in der entwickelten sozialistischen Gesellschaft. Zschr. ärztl. Fortb. 80 (1986), 561–564.

CHANASCHWILI, M. M., HECHT, K.: Neurosen. Theorie und Expriment. Akademie-Verlag, Berlin 1984.

DÖRNER, K., PLOG, U.: Irren ist menschlich. Lehrbuch der Psychiatrie/Psychotherapie. Psychiatrie-Verlag, Rehburg – Loccum 1984.

DÜHRSSEN, A.: Die biographische Anamnese unter tiefenpsychologischem Aspekt. Vandenhoeck & Ruprecht, Göttingen – Zürich 1981.

DÜHRSSEN, A.: Risikofaktoren für die neurotische Krankheitsentwicklung. Zschr. Psychosom. Med. 30 (1984) 18–42.

EICHER, W. (Hrsg.): Sexualmedizin in der Praxis. Fischer, Stuttgart – New York 1980.

ELLIS, A.: Die rational emotive Therapie. Das innere Selbstgespräch bei seelischen Problemen und seine Veränderung. Pfeiffer, München 1977.

ERIKSON, E. H.: Identität und Lebenszyklus. Suhrkamp, Frankfurt/Main 1979.

ERNST, C., LUCKNER, N. v.: Stellt die Frühkindheit die Weichen? Forum der Psychiatrie (Hrsg. J. GLATZEL, H. KRÜGER, C. SCHARFETTER). Enke, Stuttgart 1985.

Ernst, K.: Psychogene Entwicklungen – Verlauf, Heilung, Chronifizierung. In: Heimann, H., Foerster, K.: Psychogene Reaktionen und Entwicklungen. Fischer, Stuttgart – New York 1984.

Ewert, G., Hüttner, H., Keune, H., Kopske, C., Wiesner, G. E.: Der Patient in der Sprechstunde. Volk und Gesundheit, Berlin 1981.

Ferstl, R.: Determinanten und Therapie des Eßverhaltens. Springer, Berlin – Heidelberg – New York – Tokyo 1980.

Feuerlein, W.: Alkoholismus – Mißbrauch und Abhängigkeit. 2. Aufl. Thieme, Stuttgart 1979.

Feuerlein, W.: Selbstmordversuch oder parasuizidale Handlung? Nervenarzt **42** (1971): 127–130.

Freud, A.: Das Ich und die Abwehrmechanismen. Kindler, München 1964.

Freud, S.: Studienausgabe (Werke). Hrg. von A. Mitscherlich, A. Richards, J. Strachey (10 Bd.). Fischer, Frankfurt/Main 1969–1975.

Frick-Buder, V., Platz, P.: Psychosomatische Probleme in der Gynäkologie und Geburtshilfe. Springer, Berlin – Heidelberg – New York – Tokyo 1984.

Geyer, M.: Das ärztliche Gespräch. Volk und Gesundheit, Berlin 1985.

Göllnitz, G., Külz, J., Uschakow, G. K.: Zur Kompensation und Dekompensation in der kindlichen Entwicklung. Fischer, Jena 1980.

Grethe, H., Grosse, G., Junghanns, G., Köhler, C.: Leitfaden der Allgemeinmedizin. Volk und Gesundheit, Berlin 1984.

Grond, E.: Praxis der psychischen Altenpflege. Betreuung körperlich und seelisch Kranker. Banaschewski, München – Gräfelfing 1978.

Hartmann, E.: Arzneimittel gegen Schlafstörungen. Internist **19** (1978): 552–556.

Hautzinger, M.: Beratung und Behandlung von Adipositas durch ein verhaltenstherapeutisches Programm. Med. Mschr. **31** (1977): 397.

Haynes, R. B., Taylor, D. W., Sackett, D. L.: Compliance-Handbuch. Übersetzt von A. Schrey und E. A. Noak. Oldenburg, München – Wien 1982.

Heim, E., Augustiny, K., Blaser, A.: Krankheitsbewältigung (Coping) – ein integriertes Modell. Psychother. med. Psychol. **33** (1983): 35–40.

Heite, H. J., Wokalek, H.: Männerheilkunde. Fischer, Stuttgart – New York 1980.

Hertz, D. G., Molinski, H.: Psychosomatik der Frau. Entwicklungsstufen der weiblichen Identität in Gesundheit und Krankheit. Springer, Berlin – Heidelberg – New York 1981.

Herzer, H., Herzer, R.: Nonverbale Kommunikation und Arzt-Patient-Beziehung. Z. ärztl. Fortbild. **78** (1984): 671–673.

Höck, K., Hess, H.: Der Beschwerdefragebogen (BFB), ein Siebtestverfahren der Neurosendiagnostik für Ärzte und Psychologen. Deu. Verl. d. Wiss., Berlin 1975.

Höck, K., Hess, H.: Der Verhaltensfragebogen (VFB) – ein ergänzendes Siebtestverfahren zum Beschwerdefragebogen (BFB). Deu. Verl. d. Wiss., Berlin 1976.

Höck, K., König, W.: Neurosenlehre und Psychotherapie. Fscher, Jena 1979.

Höck, K.: Psychosomatik I. Theorie und Praxis. Psychotherapie und Grenzgebiete Bd. 7 (Hrg. K. Höck und M. Vorwerg), Barth, Leipzig 1986.

Höck, K., Seidel, K. (Hrsg.): Psychotherapie und Gesellschaft. Deu. Verl. d. Wiss., Berlin 1976.

Hoffmann, S. O.: Psychoneurosen und Charakterneurosen. In: Kisker, K. P., Lauter, H., Meyer, J.-E., Müller, C., Strömgren, E. (Hrsg.): Psychiatrie der Gegenwart 1. Neurosen. Psychosomatische Erkrankungen. Psychotherapie. Springer, Berlin – Heidelberg – New York – Tokyo 1986.

Jacobson, E.: Progressive Relaxation. University of Chicago Press, Chicago 1938.

Jährig, K.: Das Kind in der Allgemeinpraxis. Fischer, Jena 1985.

Jellinek, E. M.: Das Problem Alkoholismus. Hrg. A. Habe. Thieme, Stuttgart 1956.

Jores, A. (Hrsg.): Praktische Psychosomatik. Huber, Bern — Stuttgart — Wien 1981.
Katschnig, H. (Hrsg.): Sozialer Streß und psychische Erkrankung. Fortschritte der Sozialpsychiatrie (Hrsg. M. Bauer et al.). Urban & Schwarzenberg, München — Wien — Baltimore 1980.
Kind, H.: Psychiatrische Untersuchung. 2. Aufl. Springer, Berlin — Heidelberg — New York 1979.
Kisker, K. P., Lauter, H., Meyer, J.-E., Müller, C., Strömgren, E. (Hrsg.): Psychiatrie der Gegenwart 1. Neurosen. Psychosomatische Erkrankungen. Psychotherapie. Springer, Berlin — Heidelberg — New York — Tokyo 1986.
Klumbies, G.: Psychotherapie in der Inneren und Allgemeinmedizin. Hirzel, Leipzig 1980.
Knabe, H.: Der Arzt auf dem Lande und seine Helfer. Volk und Gesundheit, Berlin 1976.
König, W., di Pol, G., Schaeffer, G.: Autogenes Training. Ein Grundriß. Fischer, Jena 1983.
Kohler, Ch.: Kommunikative Psychotherapie. Fischer, Jena 1968.
Kühne, G.-E., Grünes, J. U.: Das strukturierte psychopathologische Erfassungssystem (SPES). Thieme, Leipzig 1983.
Kulawik, H.: Psychodynamische Kurztherapie. Thieme, Leipzig 1984.
Kulawik, H.: Psychotherapie bei somatischen Erkrankungen und Funktionsstörungen. Fischer, Jena 1984.
Lange, V.: Psychiatrische Genetik. Therapiewoche **36** (1986): 2916—2924.
Langer, G., Heimann, H. (Hrsg.): Psychopharmaka. Grundlagen und Therapie. Springer, Wien — New York 1983.
Laplanche, J., Pontalis, J. B.: Das Vokabular der Psychoanalyse. Suhrkamp, Frankfurt/Main 1972.
Leonhard, K.: Akzentuierte Persönlichkeiten. Volk und Gesundheit, Berlin 1968.
Leonhard, K.: Individualtherapie der Neurosen. Thieme, Leipzig 1981.
Luban-Plozza, B. (Hrsg.): Die Praxis der Balintgruppen — Beziehungsdiagnostik und Therapie. Lehmann, München 1974.
Luban-Plozza, B., Mattern, H., Wesiack, W. (Hrsg.): Der Zugang zum psychosomatischen Denken. Hilfen für den niedergelassenen Arzt. Springer, Berlin — Heidelberg — New York — Tokyo 1983.
Matakas, F., Berger, H., Koester, H., Legnao, St.: Alkohol als Karriere. Springer, Berlin — Heidelberg — New York — Tokyo 1984.
Meerwein, F.: Das ärztliche Gespräch. 2. veränderte und überarb. Aufl. Huber, Bern — Augsburg — Wien 1974.
Meerwein, F. (Hrsg.): Einführung in die Psycho-Onkologie. Huber, Bern 1981.
Meyer-Probst, B., Teichmann, H.: Risiken für die Persönlichkeitsentwicklung im Kindesalter. Rostocker Längsschnittstudie. Thieme, Leipzig 1984.
Mitscherlich, A.: Krankheit als Konflikt. Studien zur psychosomatischen Medizin. Suhrkamp, Frankfurt/Main 1966.
Mitscherlich, A.: Krankheit als Konflikt. Studien zur psychosomatischen Medizin II. Suhrkamp, Frankfurt/Main 1967.
Müller-Küppers, M.: Die Sexualität und ihre Bedeutung für die Entwicklung von Kindern und Jugendlichen. In: Eicher, W. (Hrsg.). Sexualmedizin in der Praxis. Fischer, Stuttgart — New York 1980.
Neumann, J., Grünes, J. U., Seidel, K.: Leitfaden der psychiatrischen Untersuchung. Thieme, Leipzig 1986.
Nissen, G. (Hrsg.): Psychiatrie des Kleinkind- und Vorschulalters. Huber, Bern — Stuttgart — Wien 1983.

NISSEN, G. (Hrsg.): Psychiatrie des Pubertätsalters. Huber, Berlin – Stuttgart – Wien 1985.

PIAGET, J.: Psychologie der Intelligenz. 2. Aufl. Rascher, Zürich – Stuttgart 1966.

PLATTIG, K.-H., KOCHER, R.: Psychopharmakotherapie bei Schmerzzuständen. In: LANGER, G., HEIMANN, H. (Hrsg.): Psychopharmaka. Grundlagen und Therapie. Springer, Wien – New York 1983.

PÖLDINGER, W.: Die Abschätzung der Suizidalität. Huber, Bern – Stuttgart 1968.

RASPE, H.-H.: Aufklärung und Information im Krankenhaus. Vandenhoeck & Ruprecht, Göttingen 1983.

RAUCHFLEISCH, U.: Dissozial. Entwicklung, Struktur und Psychodynamik dissozialer Persönlichkeiten. Vandenhoeck & Ruprecht, Göttingen 1981.

RECHENBERGER, H.-G.: Kurzpsychotherapie in der ärztlichen Praxis. Lehmann, München 1974.

REIMER, C. (Hrsg.): Suizid. Ergebnisse und Therapie. Springer, Berlin – Heidelberg – New York 1982.

RICHTER, H. E.: Eltern, Kind, Neurose. Psychoanalyse der kindlichen Rolle. Reinbek b. Hamburg 1967.

RICHTER, H. E.: Patient Familie. Reinbek b. Hamburg 1970.

RIEMANN, F.: Grundformen der Angst. München – Basel 1977.

RINGEL, E. (ed.): Selbstmordverhütung. Huber, Bern – Stuttgart – Wien 1969.

RUDOLF, G.: Untersuchung und Befund bei Neurosen und psychosomatischen Erkrankungen. Beltz, Weinheim – Basel 1984.

SCHEER, J. W., BRÄHLER, E. (Hrsg.): Ärztliche Maßnahmen aus psychologischer Sicht – Beiträge zur psychologischen Medizin. Springer, Berlin – Heidelberg – New York – Tokyo 1984.

SCHEPANK, H.: Epidemiologie psychogener Störungen. In: KISKER, K. P., LAUTER, H., MEYER, J.-E., MÜLLER, C., STRÖMGREN, E. (Hrsg.): Psychiatrie der Gegenwart 1. Neurosen. Psychosomatische Erkrankungen. Psychotherapie. Springer, Berlin – Heidelberg – New York – Tokyo 1986.

SCHMIDT, H.-D.: Allgemeine Entwicklungspsychologie. Dt. Verl. d. Wiss., Berlin 1970.

SCHMIDT, L. R.: Psychologie in der Medizin. Thieme, Stuttgart – New York 1984.

SCHMITZ, K., K. ERNST und S. DÖTTGER: Betreuung Alkoholkranker. Volk und Gesundheit, Berlin 1986.

SCHÖNPFLUG, W., SCHÖNPFLUG, U.: Psychologie. Urban & Schwarzenberg, München – Wien – Baltimore 1983.

SCHOTT, G., SEIDEL, K.: Psychopharmakotherapie. Volk und Gesundheit, Berlin 1982.

SCHÜFFEL, W., FASSBENDER, C. F. (Hrsg.): Beiträge aus der Psychosomatischen Medizin. Springer, Berlin – Heidelberg – New York – Tokyo 1984.

SEIDEL, K., SCHULZE, H. A. F., GÖLLNITZ, G.: Neurologie und Psychiatrie. 2. Aufl., Volk und Gesundheit, Berlin 1980.

SIEGRIST, J., HALHUBER, J. (Hrsg.): Soziological and psychophysiological aspects of myocardial infarction. Springer, Berlin – Heidelberg – New York – Tokyo 1981.

SIEGRIST, J., HENDEL-KRAMER, A. (Hrsg.): Wege zum Arzt. Urban & Schwarzenberg, München – Wien – Baltimore 1979.

SIFNEOS, P. E.: The Prevalence of „Alexithymic“ characteristics in Psychosomatic Patients. Psychother. Psychosom. **22** (1973): 255—263.

SPEIERER, G.-W.: Patientenorientiertes Gespräch. Münch. Med. Wschr. **123** (1981): 389—394.

SPIEGEL, R.: Psychopharmakotherapie bei Schlafstörungen. In: LANGER, G., HEIMANN, H. (Hrsg.): Psychopharmaka. Grundlagen und Therapie. Springer, Wien – New York 1983.

SPITZ, R.: Die Entwicklung der ersten Objektbeziehungen. Klett, Stuttgart 1960.

STENGEL, E.: Selbstmord und Selbstmordversuch. Fischer, Frankfurt/Main 1969.

STRIAN, F.: Angst. Grundlagen und Klinik. Springer, Berlin – Heidelberg – New York – Tokyo 1983.

STURM, E.: Renaissance des Hausarztes. Springer, Berlin – Heidelberg – New York – Tokyo 1983.

SULLIVAN, H.: Das psychotherapeutische Gespräch. Fischer, Frankfurt/Main 1976.

TÖLLE, R.: Persönlichkeitsstörungen. In: KISKER, K. P., LAUTER, H., MEYER, J.-E., MÜLLER, C., STRÖMGREN, E. (Hrsg.): Psychiatrie der Gegenwart 1. Neurosen. Psychosomatische Erkrankungen. Psychotherapie. Springer, Berlin – Heidelberg – New York – Tokyo 1986.

WATZLAWIK, P., WEAKLAND, J. H., FISCH, R.: Lösungen. Zur Theorie und Praxis menschlichen Verhaltens. Huber, Bern – Stuttgart – Wien 1974.

WEGEHAUPT, H.: Der Arzt und seine Diagnose. In: POHLMEIER, H. (Hrsg.). Medizinische Psychologie und Klinik. Verl. f. Angewandte Psychol., Stuttgart 1982.

WERNER, R.: Problemfamilien – Familienprobleme. Deu. Verl. d. Wiss., Berlin 1982.

WESIAK, W.: Grundzüge der psychosomatischen Medizin. 2. Aufl. Springer, Berlin – Heidelberg – New York – Tokyo 1984.

WESIAK, W.: Psychoanalyse und praktische Medizin. Grundzüge der Neurosenlehre, Psychotherapie und psychosomatischen Medizin. Klett-Cotta, Stuttgart 1980.

WILLI, J.: Die Zweier-Beziehung. Reinbek b. Hamburg 1975.

WIRSCHNIG, M., STIERLIN, H.: Krankheit und Familie. Klett, Stuttgart 1982.

WOLFRAM, H., NEUMANN, J., WIECZOREK, V.: Psychologische Leistungstests in der Neurologie und Psychiatrie. Thieme, Leipzig 1986.

ZEPF, S.: Klinik der psychosomatischen Erkrankungen. In: KISKER, K. P., LAUTER, H., MEYER, J.-E., MÜLLER, C., STRÖMGREN, E. (Hrsg.): Psychiatrie der Gegenwart 1. Neurosen. Psychosomatische Erkrankungen. Psychotherapie. Springer, Berlin – Heidelberg – New York – Tokyo 1986.

ZIMBARDO, P. G.: Psychologie. Springer, Berlin – Heidelberg – New York – Tokyo 1983.

ZIMMERMANN, M., HANDWERKER, H. O. (Hrsg.): Schmerz. Konzepte und ärztliches Handeln. Springer, Berlin – Heidelberg – New York – Tokyo 1984.

# Sachwortverzeichnis

**Neu 1989!**

# Der kardiologische Notfall

Von Doz. Dr. med. habil. WILFRIED HEIDEL, Nordhausen

**Reihe „Für die medizinische Praxis“.** 2., überarbeitete Auflage.
Etwa 200 Seiten, 60 Abbildungen, 20 Tabellen, 14,5 cm × 21,5 cm, Leinen,
DDR etwa 34,– M; Ausland etwa 42,– DM
ISBN 3-334-00276-4 Bestellnummer: 534 715 5

Im Gegensatz zur ersten Auflage ist den therapeutischen Problemen entschieden mehr Raum für eine kritische Sichtung zugewiesen. Hier ist auch die Entwicklung in den letzten Jahren am stärksten spürbar. Diese findet besonders in den Kapiteln des kardiogenen Schocks, der ischämischen Herzkrankheit, der hypertonischen Krise ihren Niederschlag. Auf den aktuellen Stand und die therapeutische Bedeutung der instrumentellen und operativen Verfahren wurde besonders hingewiesen und diese einer eingehenden Analyse unterzogen. Zusätzlich werden die Probleme der Reanimation ausführlicher als bisher im Zusammenhang mit den neuen Empfehlungen dargestellt.

Bestellungen nur an den Buchhandel erbeten

SEMPER BONIS ARTIBUS
VEB GUSTAV FISCHER VERLAG JENA